इंजीनियर डी॰ के॰ प्रभाकर

द्वारा रचित

कांसीराम चरित मानस
“कांसीरामामायण”

(खंड काव्य के रूप में)

NOTION PRESS

NOTION PRESS

India. Singapore. Malaysia.
ISBN xxx-x-xxxxx-xx-x

भीमचरित मानस भीमायण

विषय सूची

प्रस्तावना

जब भी हम मान्यवर कांसीराम की बात करते हैं तो भारतवासी उन्हें दलित उत्थान को समर्पित एक नेता के रूप में ही देखते हैं और उन्हें दलित राजनीति के पैरिकार के रूप में ही प्रस्तुत करते हैं। वह यह भूल जाते हैं कि मान्यवर कांसीराम ने न केवल दलितों को सत्ता तक लाने के लिए संघर्ष किया, बल्कि भारत के सभी शोषितों, पीड़ितों, श्रमिकों, अल्पसंख्यकों अर्थात बहुजनों के उत्थान के लिए संघर्ष किया बल्कि देश को पहली दलित महिला मुख्यमंत्री देकर एतिहासिक काम किया।

यह तो सभी जानते हैं कि मान्यवर कांसीराम ने पंजाब के हिन्दू धर्म की प्रसिद्ध रमदसिया सिक्ख जाति में जन्म लिया था जिसे उस समय अछूत के रूप में ही देखा जाता था। एक वीर लड़ाका शासक रमदसिया सिक्ख समुदाय को कैसे और कब अछूत बना दिया गया, यह एक शोध का विषय है। किन्तु यह सत्य है कि जन्म लेते ही मान्यवर कांसीराम को जातिगत विषमता और नफरत के घूंट पीने पड़े।

अनेक बार उन्हें जातिगत सामाजिक उत्पीड़न का शिकार होना पड़ा। किन्तु मान्यवर कांसीराम अपमान के घूंट पीकर भी अपनी शिक्षा को पाने के लक्ष्य प्राप्त करने पर अडिग रहे और अपने संघर्षों के बल पर वह बीएससी तक की शिक्षा गृहण कर पाए।

किन्तु इतना होने पर भी हिन्दू समाज के जातिवाद के अपमान ने उनका पीछा नहीं छोड़ा। शिक्षा प्राप्त कर वह जब डीआरडीए में नौकरी करने पुणे पहुंचे तो वहां भी उन्हें

जातिगत भेदभाव का सामना करना पडा। वहाँ भी उन्हें जातिगत भेदभाव के कारण रहने को किराए का मकान तक नहीं मिल सका और वहाँ सरकारी कार्यालय में हुये दलित अपमान के विरोध में अपनी नौकरी से त्यागपत्र दे दिया।

जब उन्होने भारत में दलितों के साथ व्याप्त असमानता और जातिगत शोषण का अनुभव किया, बहुजन समाज के साथ हो रहे अत्याचारों को देखा, तो वह अपना अपमान भूल गए और उन्होंने प्रण लिया कि वह इन शोषित, पीड़ित, दलित, पिछड़ों, अल्पसंख्यकों और बहुजनों को न्याय दिलाने के लिए जीवन भर संघर्ष करेंगे। तब वह समाज सेवा के साथ ही राजनीति में भी कूँद पड़े।

फिर उन्होने पीछे मुड़कर नहीं देखा, चाहे वह बैकवर्ड एंड माइनॉरिटी कम्युनिटीज एम्प्लोयी फेडरेशन अथवा बामसेफ संगठन के गठन का मामला हो अथवा दलित शोषित समाज संघर्ष समिति अर्थात डीएसफोर जैसे सामाजिक संगठन की बात हो, वह निडर होकर अपने निर्णय पर अडिग रहे।

उन्होने कांग्रेसियों तथा भारतीय जनता पार्टी जैसे हिन्दूवादी राजनैतिक दलों के दवाव में न आकर कई राजनैतिक फैसले लिये। उन्होंने समय समय पर बहुजन विरोधी मानसिकता के दलों से समझोते भी किये, लेकिन वह जानते थे कि इनके साथ रहने से बहुजनों को बहुत अधिक कुछ हासिल नहीं होगा, इसलिए बाद में उन्होने उनसे किनारा भी किया।

बाद में उन्हें तत्कालीन प्रधानमंत्री और भारतीय जनता

पार्टी के शीर्ष नेता श्री अटल बिहारी बाजपेयी द्वारा भारत का राष्ट्रपति बनाने का प्रस्ताव भी दिया लेकिन वह जानते थे कि इससे शोषित, पीड़ित, दलित, पिछड़ों, अल्पसंख्यकों श्रमिकों और महिलाओं को न्याय दिलाने के लिए कार्य में बाधा आयेगी। इसलिए उन्होंने वह प्रस्ताव खारिज कर दिया और कहा कि वह तो प्रधान मंत्री ही बनाना चाहते हैं। और वह इसके लिए बहुजन समाज को मज़बूत करना चाहते हैं।

कांसीराम के मूवमेंट का मैं भी साक्षी रहा हूँ, मैंने भी उनके साथ मिलकर प्रत्यक्ष रूप से उनके साथ काम किया है। चाहे वह बामसेफ संगठन रहां हो अथवा दलित शोषित समाज संघर्ष समिति अर्थात डीएसफोर रही हो, मैंने इन सब में सक्रिय रहकर मान्यवर कांसीराम के सानिध्य में रहकर काम किया है। इसलिए उनकी कार्य प्रणाली का तथा सांगठनिक क्षमता का मुझे पूरा अनुभव है।

मान्यवर कांसीराम के जीवन के इन पहलुओं पर कई पुस्तकें उपलब्द्ध है और मैंने भी कई पुस्तकें लिखकर समाज को समर्पित की हैं। किन्तु एक खंड काव्य के रूप में, कांसीराम चरित मानस के रूप में इसका सर्वदा ही आभाव है। अतः मैंने निश्चय किया की एक श्रेष्ठ खंड काव्य के रूप में `कांसीराम चरित मानस कांसीरामायण` की रचना करके समाज को समर्पित करूँ। मैं अपने प्रयास में कितना सफल हुआ हूँ, यह तो प्रबुद्ध पाठकगण ही बताएँगे।

अतः इस विषय के बिभिन्न खंडों को जन उपयोगी रूप में प्रकट करने की मैंने कोशिश की है। आशा है कि यह आम जनमानस को विशेष रूप से उपयोगी होगी। साथ ही बहुजन समाज के लोग रामायण के स्थान पर अखंड

`कांसीराम चरित मानस कांसीमायण` का पाठ अपने घरों पर विशेष उत्सवों पर करवाएंगे जिससे सामाज में जागृति उत्पन्न हो सके।

आशा है प्रबुद्ध पाठकगणों को मेरा यह प्रयास पसंद आएगा। भविष्य में आपको और भी अच्छे अच्छे विषय के शोध संग्रह पुस्तक के रूप में देता रहूँ, ऐसा आशीर्वाद दें।

इंजीनियर डी॰ के॰ प्रभाकर

मान्यवर कांसीराम जन्म जयंती, १५ मार्च २०२२

भूमिका

मान्यवर कांसीराम साहब को शोषित पीड़ित दलितों का रहनुमा और अल्पसंख्यकों, श्रमिकों व बहुजनों का उद्धारक ऐसे ही नहीं कहा जाता है। इन वर्गों के उत्थान के लिए उन्होने जीवन भर संघर्ष ही नहीं किया, बल्कि आजीवन सन्यासी का सा जीवन जिया है। कभी कभी स्वयं भूखे रहकर तो कभी आधा पेट भोजन करके भी इन वर्गों की हालत का अध्ययन करके समझा और उनके हितार्थ संगठानिक कार्य किये हैं। बाद में राजनीती के माध्यम से उन्हें सत्ता की चावी सौंपकर सत्ता का स्वाद भी चखाया है।

उनके इन संघर्षों में उनके प्रारभिक साथी दीनाभाना का भी पूरा योगदान रहा है जिन्होने पुणे में एक्सप्लोसिव रिसर्च एंड डेवलपमेंट लेबोरेटरी की नौकरी के दौरान बाबा साहब डॉ. भीमराव आंबेडकर की जयंती एवं बुद्ध पूर्णिमा पर सरकार द्वारा छुट्टी रद्द किये जाने का पुरजोर विरोध किया था, जिसके लिए दीनाभाना को निलंबित कर दिया गया था। तब मान्यवर कांसीराम साहब ने अपने साथी कर्मचारियों को लेकर इसका विरोध किया और अंतत सफलता पाई थी।

किन्तु बात यहीं ख़त्म नहीं हुई इससे सवर्ण अधिकारियों ने षड्यंत्र करके मान्यवर कांसीराम साहब को भी नौकरी से सस्पेंड करा दिया। यह बात मान्यवर कांसीराम साहब को हज़म नहीं हुई और एक दिन उन्होंने उस अधिकारी को जिसने उन्हें सस्पेंड किया था उसे कार्यालय में ही पीट दिया। तत्पश्चात उन्होंने नौकरी से ही त्यागपत्र दे दिया और सामाजिक और राजनैतिक कामों में व्यस्त हो गए।

तब उन्होंने अपने अनुसूचित जाति व अनुसूचित जनजाति के सरकारी कर्मचारी तथा अधिकारियों के साथ

मिलकर एक यूनियन बनाई और अपने अधिकारों की लड़ाई लड़ने लगे। इस दौरान उन्होंने महाराष्ट्र के अन्य केन्द्रीय तथा राज्य के सरकारी कार्यालयों में नौकरी करने वाले अनुसूचित जाति व अनुसूचित जनजाति के सरकारी कर्मचारी तथा अधिकारियों से संपर्क किया और उनको संगठित कर संघर्ष करने की प्रेरणा देकर उनको यूनियन का सदस्य बनाया।

फिर सबने मिलकर अनुसूचित जाति, अनुसूचित जनजाति, पिछड़े व अल्पसंख्यक वर्ग के सरकारी कर्मचारी तथा अधिकारियों को साथ लिया तथा बैकवर्ड एंड माइनॉरिटी कम्युनिटीज एम्प्लोयी फेडरेशन अथवा बामसेफ संगठन की स्थापना करके अपने संगठन को विशाल रूप दिया। इसके बाद वह शोषित, पीड़ित, दलित, पिछड़ों, अल्पसंख्यकों श्रमिकों और महिलाओं को न्याय दिलाने के अपने मिशन में आ रही बाधाओं की परवाह न करते हुये आगे बड़ते रहे।

जब बैकवर्ड एंड माइनॉरिटी कम्युनिटीज एम्प्लोयी फेडरेशन अथवा बामसेफ संगठन ने पूरे भारत में अपना विस्तार कर लिया तो सरकारी कर्मचारी व अधिकारियों के अतिरिक्त समाज के अन्य वर्गों को जोड़ने के उद्देश्य से दलित शोषित समाज संघर्ष समिति अर्थात डीएसफोर नामक सामाजिक संगठन को खड़ा कर दिया।

इसी दौरान दिल्ली में उन्होंने बुद्धिस्ट रिसर्च सेंटर की भी स्थापना करके बाबा साहब डॉ. भीमराव आंबेडकर के मिशन को आगे बढाने का काम भी अपने हाथ में लिया। दलित शोषित समाज संघर्ष समिति अर्थात डीएसफोर नामक संगठन के माध्यम से सामाजिक कार्यों के साथ साथ राजनैतिक कार्य भी करने प्रारम्भ कर दिए। दलित शोषित समाज संघर्ष समिति अर्थात डीएसफोर के माध्यम से कई बड़ी रैलियों का भी

सफल आयोजन किया गया और समाज को अपना सन्देश देने में कामयाब रहे।

दलित शोषित समाज संघर्ष समिति अर्थात डीएसफोर की कामयाबी से उत्साहित होकर सन उन्नीस सौ चौरासी में अंततः बहुजन के राजनैतिक संगठन " बहुजन समाज पार्टी" का एलान बाबा साहब डॉ. भीमराव आंबेडकर के जन्म दिवस चौदह अप्रैल उन्नीस सौ चौरासी को कर दिया। दलितों व बहुजनों की इस राजनैतिक पार्टी ने उनमें उत्साह का संचार कर दिया। क्योंकि इससे पूर्व दलितों की राजनैतिक पार्टी बाबा साहब डॉ. भीमराव आंबेडकर द्वारा स्थापित "रिप्लिकन पार्टी ऑफ़ इंडिया" ही थी जिसको कांग्रेस के द्वारा खंड खंड में बिभाजित करवा दिया था तथा इसके एक मुख्य खंड को तो कांग्रेस में ही समायोजित करवा लिया था और दूसरा खंड श्री रामदास अठावले के नेतृत्व में एनडीए का हिसा है और भारतीय जनता पार्टी की सरकार में भागीदार भी है।

मान्यवर कांसीराम साहब की दूरदर्शिता के कारण कुछ ही समय में "बहुजन समाज पार्टी" भारतवर्ष के दलित शोषित पीड़ित अल्पसंख्यक बहुजनों की मुख्य पार्टी बन गयी। इतना ही नहीं सन उन्नीस सौ तिरानवे आते आते यह पार्टी यूपी में सत्तासीन भी हो गयी और तीन जून उन्नीस सौ पिच्चानवे को बहुजन समाज पार्टी ने देश के सबसे बड़े प्रदेश उत्तर प्रदेश की पहली दलित (जाटव) महिला को भी मुख्यमंत्री के रूप में सत्तासीन किया।

मान्यवर कांसीराम साहब के विषय में लिखना तो सूरज को दीपक दिखाने के बराबर ही है। एक सन्यासी का सा जीवन व्यतीत करने वाले मान्यवर कांसीराम तो अनंत हैं और उनकी कथा भी अनंत है। उन पर जितना भी शोध किया जाय,

जितना भी उन पर मनन किया जाय, उन के जीवन के और उनके संघर्षों के नए नए आयाम प्रकट हो ही जाते हैं।

यह संकल्प तो उन्होंने बहुत पहले ही ले लिया था कि वह वापस अपने घर अब कभी भी नहीं जायेंगे। यहाँ तक कि वह अपने पिता की मृत्यु पर भी अपने घर पंजाब नहीं गए। साथ ही उन्होंने निर्णय लिया था कि वह आजीवन अविवाहित रहेंगे और शादी नहीं करेंगे। वह कोई घर भी नहीं बनायेंगे और न ही कोई बैंक अकाउंट खोलेंगे। अपने निजी कार्यों के लिए न तो कोई धन लेंगे और न ही कोई नौकरी करेंगे अथवा वेतन लेंगे। इस वचन का उन्होंने आजीवन निर्वाह किया और एक सन्यासी का सा जीवन जिया।

इतना ही नहीं उन्होंने तो अपना पूरा जीवन ही बहुजन समाज के उत्थान के लिए समर्पित कर दिया था। उन पर कई बार यह आरोप भी लगे कि वह किसी भी दल से स्थाई मित्रता बनाकर नहीं रखते हैं। इस पर मान्यवर कांसीराम साहब का कहना था कि उनकी स्थाई मित्रता तो केवल बहुजन समाज के उत्थान की नीतियों से है, बाक़ी सब तो उनके रास्ते के घटक हैं।

अंत में उन्होंने अपनी राजनैतिक विरासत बहुजन समाज पार्टी की कर्ताधर्ता जाटव समाज की शान बहिन कुमारी मायावती को सौप दी थी। जिसे बहिन मायावतीजी ने अभी तक संभाल कर रखा है और बहुजन समाज के उत्थान के लिए नए नए प्रयोग कर रहीं हैं। सन दो हज़ार बाईस के उत्तर प्रदेश विधान सभा के चुनावों में पार्टी को शर्मनाक हार का सामना भी करना पडा है और केवल एक ही विधायक जिताने में पार्टी सफल रही है, लेकिन इस से सवक लेकर पार्टी ने जमीनी स्तर पर काम करना प्रारम्भ कर दिया है।

मान्यवर कांसीराम साहब के मानने वाले अभी भी उनके पद चिन्हों पर चलकर उनके सपनों को पूरा करने के काम में लगे हुए हैं। जगह जगह केडर केम्पों के माध्यम से समाज में अपनी बात पहुंचा रहे है। और इस प्रकार बाबा साहब डॉ. भीमराव आंबेडकर तथा मान्यवर कांसीराम जी के कार्यों को जन जन तक पहुंचाकर उनके मिशन को पूरा करने का संकल्प दिला रहे हैं।

जब मेरे मन में यह विचार उत्पन्न हुआ कि मान्यवर कांसीराम साहब के संघर्षमय जीवन और उनके कामों को एक खंड काव्य के रूप में प्रस्तुत करूं तो मेरे सम्मुख अनेक समस्याएँ उत्पन्न हुई। उनके इस कार्य को काव्य रूप देना उतना आसान नहीं था जितना कि प्रथम बार देखने में लग रहा था। मुझे इस पर चिंतन एवं मनन करने में कई माह लग गए। हर बार उनका एक नया रूप सामने प्रकट हो जाता।

और अंत में कड़ी मेहनत और शोध पूर्वक तथ्यों को लेकर यह गृन्थ बनकर तैयार हुआ है जिसे जन मानस की भाषा में ही जनमानस को समर्पित किया गया है। अब प्रश्न उपस्थित हुआ कि इसका प्रारंभ कैसे और कहाँ से किया जाय तो अन्य हिन्दू गृथों की भांति देवी देवताओं की उपासना करने के स्थान पर मुझे यह ठीक लगा कि इसे विषय प्रवेश के माध्यम से उनमें प्रवेश किया जाय।

तब विषय प्रवेश की भूमिका बनी और समकालीन परिस्थितियों से लेकर अब तक की परिस्थितियों का उद्दरण उसमें समाहित किया गया है। मैंने इस पुस्तक में मान्यवर कांसीराम साहब के जीवन तथा उनके अधिकांश संघर्षों को उकेरने का प्रयास किया है लेकिन उनका जीवन और संघर्षों का विस्तार तो अनंत है जिनको एक पुस्तक में समाहित किया जाना संभव ही नहीं है।

कुल मिलाकर इसमें दो हज़ार दो सौ तिरेपन चौपाइयों, दोहों आदि का प्रयोग किया गया है। अतः कुछ विषय प्रसंग छूट भी गए होंगे जिनका मुझे गहरा दुख है और उसके लिए हृदय से क्षमा चाहता हूँ।

साहित्य कला है जीवन भर की,
जो कभी न लेती पूर्ण विराम।
जब तक कलम यह हाथ रहेगी,
साहित्य सृजन चले अविराम॥.....

प्रथम स्कंध

विषय प्रवेश

प्रथम सुमिरन गुरुदेव का, जिनसे मिलता सब ज्ञान।
उनकी कृपा पाकर मुझे, मिला कांसीराम संज्ञान॥(१)

दूजे सुमिरन उनके गुरु, कर उनके चरण रज़ पान।
बाधाएँ दूर कर भीम शिष्य, का आगे करूँ बखान॥(२)

तृतीय सुमिरन उनका करूँ, जो शोषित के भगवान।
बाबा साहब डॉ. भीमराव आंबेडकर, रूप हुए महान॥(३)

बहुत पुरानी बात नहीं, जब भारत स्वतंत्र हो आया था।
बाबा ने संविधान बनाया, दलितों के मन भाया था॥(४)

राजनैतिक आरक्षण पाकर, दलित प्रातिनिधि सामने आये।
लेकिन वे गांधी के बन्दर, आँख कान मुंहू बंद पाये॥(५)

केवल दल के भोंपू बनकर, वह दिखलाई देते थे।
सवर्ण वोट पाने की खातिर, उनके लिए ही जीते थे॥(६)

चमचे बन कर बैठ गए वह, सवर्ण वोट की लाचारी।
अपनों को अनदेखा करना, बड़ी लगी थी बीमारी॥(७)

प्रतिनिधि मूक बधिर बन बैठा, अपनों पर की तानाशाही।
ठेकेदार सवर्ण का बनकर, अपनों की थी घोर तवाही॥(८)

सामाजिक व्यबस्था में भी, किया बहुत बड़ा घोटाला था।
नव उदारवाद को लेकर, आरक्षण पर डाला ताला था॥(९)

बैकलोग बढता जाता था, इतिहास हुआ वह काला था।
लौ फूटी थी अन्धकार में, एकता का दिया उजाला था॥(१०)

तब बहुजन हित पैदा होकर, कांसी भूमि पर दिए दिखाई।
जिस बहुजन को दास बनाया, चमचायुग की बात बताई॥(११)

छोडी नौकरी जो सरकारी, जब भीम जयंती छुट्टी नहिं पाई।
बहुजन का हित लगे साधने, अपनी शादी रास न आई॥(१२)

अविवाहित आजीवन रहना, भीम प्रतिज्ञा उसने खाई।
बहुजन संग रिश्ते को बांधा, बहुजन की थी करी भलाई॥(१३)

बहुजन को संगठित करने को, बामसेफ की राह बताई।
शोषित पीड़ित और दलित को, दफ्तर दफ्तर ढूंढें भाई॥(१४)

आरक्षण से पाकर नौकरी, जो थे समाज से दूर हो गए।
बहुजन कहकर लगे साधने, भीमराव का मिशन कह गए॥(१५)

बाबा का जो काम अधूरा, अब उसको पूरा करना था।
शिक्षित जन को आगे लाकर, संगठित करके लड़ना था॥(१६)

जातिवाद ने गुलाम बनाया, इसका परित्याग भी करना था।
जो भी मनुवाद को माने, अब उससे भी तो लड़ना था॥(१७)

शोषित के शोषण की कीमत, भरपाई की मांग उठी।
भीमराव ने जो समझाया, बहुजन जनता मांग उठी]॥१८)

दफ्तर दफ्तर ढूंढें बहुजन, बामसेफ संग गए लाये।
दफ्तर दफ्तर संघ बनाकर, नई चेतना सब पाए॥(१९)

फिर स्थानीय क्षेत्र पर उनके, जो भी संगठन बनकर आये।
जिले जिले में मीटिंग करके, बहुजन को आगे लाये॥(२०)

साइकिल भ्रमण करें कांसी जब, सुनने को बहुजन आयें।
जहां शाम हो जाती थी, वहां बहुजन विश्राम कराएं॥(२१)

खाली खाट पर सो जाते थे, इससे वह बहुजन मन भाये।
फिर उत्तर प्रदेश आकर के, संगठन को मज़बूत बनाए॥(२२)

दलित पिछड़े अल्पसंख्यक को लेकर, कांसी जब सामने आये।
हुई एकता जब समाज में, वह मनुवादियों को नहिं भाये॥(२३)

जब बामसेफ मज़बूत हुआ तो, डीएस फोर की नींव पडी।
सामाजिक संगठन बनाकर, गाँव गाँव चल पडी कड़ी॥(२४)

दिन में नौकरी करते बहुजन, उसके बाद गाँव जाते।
करें संगठित खुद समाज को, उनको सब बातें बतलाते॥(२५)

कांसीराम अपनी साइकिल से, गाँव गाँव मीटिंग में जाते।
सत्ता की चावी बतलाकर, दलित भागीदारी सिखलाते॥(२६)

दो कपडे ले चलें मान्यवर, एक पहनकर दूजा धो सुखाते।
ऐसा जीवन देखा सबने, तो उनके अनुयाई बन जाते॥(२७)

प्रभाकर भी उनके संग चला था, छोड़ नौकरी सरकारी।
अंतरिक्ष बिभाग वैज्ञानिक था पहले, की समाज सेवादारी॥(२८)

कांसीराम से प्रेरणा लेकर, घर घर जा जय भीम कहा।
शोषित पीड़ित और दलित हित, वह बहुजन के संग रहा॥(२९)

सन चौरासी आते आते, जब राजनीति की मांग उठी।
बहुजन समाज पार्टी बनवाकर, सबमें ले उमंग उठी॥(३०)

सो कांसीराम थे सर्वेसर्वा, था राजनीति का जो व्यवहार।
कांसी और मुलायम मिल गए, पाकर के जनता का प्यार(३१)

मिले मुलायम कांसीराम, मैदान छोड़ गए जय श्रीराम।
सत्ता पर अधिकार कर लिया, और कर लिया अपना नाम(३२)

यहाँ की बातें यहाँ छोड़कर, आगे की बात बताते हैं।
भीम मिशन नव अंकुर पाया, यह सबको बतलाते हैं(३३)

रमदसिया परिवार में जन्मे, यह कासीराम बताते हैं।
रमदसिया वंश की अब हम, आगे कथा सुनाते हैं(३४)

जो जो इसमें संत हुए, प्रभाकार उनको बतलायेंगे।
वर्तमान क्या हाल हुआ, यह भी सामने लायेंगे(३५)

द्वितीय स्कंथ

मान्यवर कांसीराम का रामदासिया वंश

बहुत पुरानी बात नहीं जब, संत रविदास महान हुए।
उन को जो माने रमदसिया, ऐसे उनके जहान हुए॥(१)

वैसे तो इनको भारत में, चमार कहकर बोला जाता।
किन्तु अलग भी कहकर, भेद विकट खोला जाता॥(२)

भारत वर्ष के पंजाब प्रांत में, दलित अनेकों बसते हैं।
इन्हीं दलितों के बीच में देखो, रमदसिया भी बसते हैं॥(३)

वे अधिकतर तो सिख ही होते हैं, कहीं हिन्दू भी देखे जाते।
किन्तु दायरा अछूत वर्ग का, उससे अलग न हो पाते॥(४)

है जातिवाद तो देखा जाता, पर अत्याचार नहिं होता।
सिख धर्म का असर हुआ है, समता ममता जो बोता॥(५)

एक समय राजा एवं प्रजा पर, धर्म ग्रंथों का अधिकार था।
धर्म अनुसार आचार व्यवहार, जाति ही उसका आधार था॥(६)

आज धर्मांध धर्म सत्ता, काफी हद तक समाप्त हो आई है,
अतः धर्म निरपेक्ष लोकतंत्र, व खुली अर्थव्यवस्था आई है॥(७)

सारा विश्व तानाशाही से, लोकतंत्र की ओर अग्रसर है
जो शोषणवाद से मानववाद, की ओर अग्रसर है॥(८)

विश्व धर्मांधता से सहिष्णु, धार्मिकता की ओर बढ रहा है।
धर्मनिरपेक्ष भारतीय लोकतंत्र में, जीवन व्यतीत हो रहा है॥(९)

किन्तु आधुनिक जीवन में, अभी भी धर्म का महत्व है।
सभी धर्मों के लोगों में, धार्मिक कट्टरवाद का तत्त्व है॥(१०)

वे अपने पारंपारिक, रीति रिवाजों का पालन करते हैं
अपने धर्म संघ की शक्ति, का भी प्रदर्शन करते हैं॥(११)

और कुछ लोग धर्म नाम पर, खूब राजनीति भी करते हैं।
धार्मिक ध्रुवीकरण करके, अपना उल्लू सीधा करते हैं॥(१२)

भारत के हिन्दू धर्म में लगभग, चार हज़ार छः सौ जातियां हैं
जिनमें तीन हज़ार पांच सौ सत्ताईस, सवर्ण जातियां हैं॥(१३)

और एक हज़ार एक सौ आठ, जातियां सिर्फ अछूतों की है।
जिनका आपस में रोटी बेटी का, कोई भी नहीं सम्बन्ध है ॥(१४)

सामाजिक सुधार के सभी प्रयोग, अछूत जातियों पर होते हैं।
इसलिए वे धर्म और जाति से, अब स्वयं दूर ही रहते हैं॥(१५)

ऐसी भावना दलित समाज में, अब निर्मित हो गई है।
मैं किसी धर्म को नहीं मानता, ऐसी संख्या बड़ गई है॥(१६)

मैं फलां धर्म का हूँ परंतु, प्रवृत्ति से धार्मिक नहीं हूँ मानते हैं
मेरा जन्म फलां धर्मीय माता, पिता से हुआ जानते हैं॥(१७)

इसलिए वही मेरा धर्म है, परंतु जीवन में धर्म नहीं मानता हूँ
सामाजिक सांस्कृतिक जीवन में, परंपरा को मानता हूँ॥(१८)

लेकिन देवी देवताओं को, नहीं मानता यह चल पडा है
इसके बावजूद किसी न किसी, धर्म के साथ खडा है॥(१९)

अब यह उस व्यक्ति की, सामाजिक आवश्यकता भी है
और सामाजिक एकता, के लिए आवश्यक भी है॥(२०)

क्योंकि हर व्यक्ति को धर्म की, आवश्यकता नहीं रहती है
लेकिन व्यक्ति समूह को, धर्म की आवश्यकता रहती है॥(२१)

धर्म से सवर्ण हिन्दूओं ने, अछूतों को बहिष्कृत कर दिया।
फिर भी अछूतों ने उसका, कोई प्रतिकार नहीं किया॥(२२)

अछूत जाति के कुछ लोग, हिन्दू धर्म में जबरदस्ती पड़े रहे
और कुछ लोग धर्म परिवर्तन, करके उनसे लड़ते रहे॥(२३)

चूंकि अछूतों को भी, अपने लिए धर्म की आवश्यकता थी।
धर्म परिवर्तन बाद भी, जातीय कर्मों की आवश्यकता थी॥(२४)

इसलिए वहां भी उनको, जातीय नामों से ही जाना जाता रहा।
दुर्गंधयुक्त जातियों का नाम, उनके माथे पर अंकित रहा॥(२५)

वहां भी वह पीढ़ी दर पीढ़ी, गंदगी भरे काम करवाते रहे
अन्याय अत्याचार चुपचाप सहन कर, गांव के बाहर रहे॥(२६)

फिर किसी तरह वह अपना, जीवन यापन करते रहे।
उनके समाज को सदियों तक, अछूत ही कहे जाते रहे॥(२७)

इस समाज को महात्मा गांधी ने, चतुराई से बदनाम किया
इस समाज को अपमानित कर, उसे हरिजन नाम दिया॥(२८)

कुछ समय पश्चात अब, इन्हें दलित भी कहा जाता है।
अस्पृश्य बहिष्कृत गरीब को, दलित कहा ही जाता है॥(२९)

मगर कमजोर दुर्बल को ही, 'दलित' नहीं कहा जाता है।
इस के शिक्षित धनी को भी, 'दलित' ही कहा जाता है॥(३०)

चालाकी से इसके मजबूत, व्यक्ति को 'दलित' कहा जाता है
इससे समाज को गरीब एवं, कमजोर दिखाया जाता है॥(३१)

क्या सवर्ण गरीब कमजोर, व्यक्ति भी 'दलित' नहीं है।
कहीं यह 'दलित' बनाए रखने, की साजिश तो नहीं है?॥(३२)

ब्राहमणवादी सनातनी मनु ने, हिन्दू धर्म को ऐसा मारा चांटा
ब्रह्मण क्षत्रीय वैश्य शूद्र और, अति शूद्र वर्गों में बांटा॥(३३)

और उनको क्रमशः सतोगुण, रजोगुण तमोगुणी बतलाया,
गुणहीन व अस्पृश्य गुण, रखने वाले को शूद्र बताया॥(३४)

मनुष्य स्वभाव अनुसार हिन्दू, समाज वर्गीकरण किया गया है।
किन्तु जन्म आधार बताकर, फिर से अंतर किया गया है॥(३५)

पंजाब में सम्मान पाते कांसीराम

अछूतों का हिन्दू समाज में, समावेश भी किया गया है
धर्मशास्त्रों ने सवर्ण हिन्दू को ही, हिन्दू कहा गया है॥(३६)

अछूतों को हरिजन दलित आदि, कहकर गाली दी जाती है।
इसीलिये ऐसी संज्ञा देकर, कौम अपमानित की जाती है॥(३७)

शून्य की खोज भारत में हुई. शून्य से गणित की खोज हुई।
गणित का उपयोग करके, अंतरिक्ष तक की खोज हुई॥(३८)

पिन से परमाणु बम तक, खोज विदेशी वैज्ञानिक ने की है।
यहाँ गणित सिर्फ ग्रह तारों, कुंडली तक सीमित की है॥(३९)

इसका उपयोग हस्तरेखा, और भविष्य बताने हेतु किया गया।
कोई हिन्दू धर्मशास्त्र, और पुराणों से आगे क्यों नहीं गया॥(४०)

इसलिए उन्होंने शूद्र हेतु, ज्ञान के दरवाजे बंद रखे थे।
उन्होंने सामाजिक न्याय के, कार्य तक भी बंद रखे थे॥(४१)

जातिवादी व्यवस्था को बना, रखने में कई पीढियां लगा दी।
लगभग आठ सौ साल, मुसलमानों की सत्ता रखवा दी॥(४२)

और लगभग ढाई सौ साल, अंग्रेजों की गुलामी कराई।
इसमें हिन्दू धर्म परम्पराओं, की रक्षा की करवाई॥(४३)

वे अपने ही धर्म के शूद्र एवं, अछूतों का शोषण करते रहे।
उनको खूब दवाकर रखा, और अत्याचार करते रहे॥(४४)

भारत में अछूतों की लगभग, ग्यारह सौ आठ जातियां थीं।
अछूतों की स्थिति जैसे, 'आगे कुंआ पीछे खाई' थी॥(४५)

मुसलमान भी अछूतों पर, हिन्दू कहकर अत्याचार करते थे।
सवर्ण हिन्दू अछूत जाति, मानकर अत्याचार करते थे॥(४६)

इसलिए हजारों अछूतों ने, मुस्लिम धर्म स्वीकार किया था।
अत्याचार मुक्ति आशा में, अछूतों ने स्वीकार किया था॥(४७)

आशा थी हिन्दूओं के अत्याचारों से, छुटकारा मिल जाएगा।
मगर वहां भी उनके साथ, अछूत सा व्यवहार किया गया॥(४८)

अंग्रेजी काल में हजारों अछूतों ने, इसाई धर्म स्वीकार किया।
आज भी अनेक अछूतों ने, ईसाई धर्म ही अपना लिया॥(४९)

लेकिन वहां भी उन्हें निचले, दर्जे का ही माना जाता है।
उन्हीं का नीच पेशा देकर, इसाई धर्म में लाया जाता है॥(५०)

फिर हिन्दू धर्म आधारित, कई संत महापुरुष आगे आये।
अछूतों के प्रति वह अपनी, दया प्रेम और करुणा लाये॥(५१)

दया भाव देकर अछूतों का, कुछ अनुपात में धर्मांतरण रोका।
संपूर्ण भारत के अछूतों को, इस्लाम में जाने से रोका॥(५२)

ईसाई धर्म में धर्मांतरित होकर, हिन्दू धर्म नष्ट कर दिया होता।
इनको धर्मांतरण रोकने से, अगर बाध्य न किया होता॥(५३)

संत महापुरुषों ने अस्पृश्यता को, लेकर उनको न्याय दिया।
दलितों के सामाजिक, आर्थिक उन्नति का कार्य किया॥(५४)

इतिहास गवाह है कई संत, इसी अछूत जाति में जन्मे लिये।
अस्पृश्यता का अनुभव करके, महान संत रविदास हुए॥(५५)

परमपूज्य डॉ. बाबा साहब, अम्बेडकर ने ऐसा काम किया।
अछूतों को समाज व्यवस्था में, वैधानिक सम्मान दिया॥(५६)

और सम्मान दिलाने को, वर्ण व्यवस्था विरुद्ध संघर्ष किया।
अपमान सहा वलिदान किया, तब जाकर सम्मान लिया॥(५७)

वह थी विक्रम सवंत चैदह सौ, तेंतीस की माघ सुदी पंद्रास।
दुखियों के कल्याण हित प्रगटे, श्री भगवान रविदास॥(५८)

वराणसी सीर गोवर्धनपुर में, माघ सुदी पूर्णिमा छुआ।
दुखियों के कल्याण वास्ते, जन्म संत रविदास हुआ॥(५९)

जब अस्पृश्यता ऊंचनीच का पालन, कठोरता से होता था।
तब रविदास का मानव, कल्याणकारी उपदेश होता था॥(६०)

जिसे सुनकर राजा नागरमल, राणा वीर बघेल सिंह आगे आये।
सिकंदर लोधी राणा संग्राम सिंह, राजा चंद्र प्रताप आये॥(६१)

राजा अलावदी बादशाह बिजली खान, राणा रतन सिंह आये।
महारानी झालीबाई, महाराणा कुंभाजी अपनापन लाये॥(६२)

बेबी कर्माबाई महान संत मीराबाई, बेबी भानमति शिष्य हुए।
संत गोरखनाथ राजा महाराजा, रविदास जी के शिष्य हुए॥(६३)

भगवान रविदास ने जाति के कारण, हीनता महसूस नहीं की।
'मेरी जाति विखियात चमार',डंके की चोट से बात कही॥(६४)

भगवान रविदास ने समस्त चर्मकार, समाज गौरवान्वित किया।
अछूत समाज का सेवाभाव, बताकर उसे प्रकट किया॥(६५)

भगवान रविदास जी कहते हैं, हमें अस्पृश्यता नहीं गंवारा।
चार बरण बेद से प्रकट भये, आदि जनम हमारा॥(६६)

ब्राह्मण क्षत्रीय वैश्य शूद्र, यह चार वर्ण वेदों से पहले का है।
ऐसा तुम कहते हो लेकिन, चर्मकार वेदपूर्व काल का है॥(६७)

इस प्रकार सवर्ण हिन्दू धर्म, और चर्मकार अलग होता हैं।
इनका किसी रूप में, कोई संबंध स्थापित नहीं होता है॥(६८)

अर्थात चर्मकार समाज, सवर्ण हिन्दू धर्म से पूरी तरह अलग है।
और चर्मकार समाज, सवर्ण हिन्दू में नहीं समाविष्ट है॥(६९)

यह कहते हुए रविदास ने, हिन्दू वर्ण व्यवस्था को धक्का दिया।
हिन्दू को विदेशी बतलाकर, मूल जाति को पक्का किया ॥(७०)

काशी बनारस निकट बस्ती निवासी, मेरी जाति के लोग हैं।
मरे हुए जानवरों को खींचकर, ले जाते हर रोज हैं॥(७१)

ऐसा कह भगवान रविदास ने, अपने को चर्मकार बताया।
समाज का दुःख विश्व के, सामने लाकर सबको बताया॥(७२)

उनके लगभग प्रत्येक दोहे में, 'कहे रविदास खलास चमारा'।
कहकर संपूर्ण भारत में बिखरे, समाज को कहा चमरा॥(७३)

चर्मकार समाज के हृदय में, आत्म सम्मान स्थापित किया।
संपूर्ण भारत के चर्मकारों को, समाज का आदर्श दिया॥(७४)

भगवान रविदास नाम पर, चर्मकार समाज की आस है।
यह एक जुट हो सकता है, इसका हमें पूर्ण विश्वास है॥(७५)

चर्मकार समाज का प्रतिनिधित्व, करने वाले एक साथ आयेंगे।
सरकारी अधिकारी विधायक, सांसद इन्कलाब लायेंगे॥(७६)

राजनितिक पार्टियों के नेता जब, अपने लोगों के बीच होते हैं।
तो उनके हितों पर जोर शोर से, चिल्लाते दिखाई देते है॥(७७)

लेकिन सरकारी कार्यालयों, विधानसभा पार्टी में नहीं बोलते हैं।
चर्मकार समाज के बारे, में एक शब्द भी नहीं खोलते है॥(७८)

वहां पर उन्हें सबके सामने, अपनी जाति पर शर्म आती है।
उन्हें संविधानिक संरक्षण प्राप्त है, फिर भी शर्म आती है॥(७९)

संपूर्ण भारत गांव कस्बों में, चर्मकार समाज बड़े पैमाने पर है।
बहुसंख्यक होने पर भी, समाज में नहीं मजबूती पर है॥(८०)

भारत में ना ही चमार ताकत का, किसी को अहसास है।
और न हीं चमार को, ऊपर आने का पूरा विश्वास है॥(८१)

अगर इनकी ताकत का, अहसास दूसरों को दिलाना है।
तो सबसे पहले इन्हें अपना, स्वाभीमान जगाना हैं॥(८२)

आज रविदासी कहते हैं कि, समाज में खूब एकता लाओ।
राजनैतिक सत्ता पाने को, अपनी जाति मत छिपाओ॥(८३)

दफ्तर में अपनी जाति का नाम, बिना शर्माए हुए बताओ
जय रविदास जय भीम, नमो बुद्धाय का जयकार लगाओ॥(८४)

भगवान रविदास मंदिर, यु. के.

जब यह ऐसा करेंगे तो, यकिन मानिए यह रंग लाएगा।
यह दूसरे से नहीं दबेंगे, दूसरा इनसे दब जाएगा॥(८५)

कहते हैं जात पात के फेर मही, उरझी रहयी सब लोग।
मनुष्यता को खात हयी, रविदास जात का रोग॥(८६)

जाति पाति के चक्रव्यूह में, फंसने से रोग पीड़ित हो जाते हैं।
स्वाभिमान शून्य चर्मकार, समाज में नीचे गिरते जाते हैं॥(८७)

जाति पाति चक्रव्यूह तोड़कर, बाहर आने की ऊर्जा चाहिए।
इसके साथ शक्ति और, स्वाभिमान जागृत होना चाहिए॥(८८)

अब जाति पाति के विरुद्ध बगावत, करने का साहस लाइए।
सर्व समाज के सामने, स्वाभिमान पैदा होना चाहिए॥(८९)

इसलिए भगवान रविदास ने, चमार जाति सम्मान बढाया है।
और चर्मकार समाज का, गौरवपूर्ण इतिहास बताया है॥(९०)

उन्होंने कहा "जनम जात कूं छाड़ि करि, करनी जात प्रधान"।
आगे कहा "इहयो चासा धरम, कहे रविदास बखान"॥(९१)

हमारे जन्म के साथ ही जुड़ा, अस्पृश्यता दाग मिटाना होगा।
और भगवान रविदास बताए, सच्चा मार्ग अपनाना होगा॥(९२)

तब जाकर चर्मकार समाज को, सामाजिक प्रतिष्ठा प्राप्त होगी।
'बेगमपुरा शहर को नाउ' की, रविदास वाणी लानी होगी॥(९३)

'कहि रविदास खलास चमारा, जो हम सहरी सू मीत हमारा।
स्वतंत्र अध्यात्मिक मार्ग, 'रविदासिया ही धर्म' हमारा॥(९४)

सब दुःखों का अंत करने, आह्वान भगवान रविदास करते हैं।
संपूर्ण भारत में अस्पृश्यों की, बड़ी अवादी को कहते हैं॥(९५)

लगभग छब्बीस करोड़ की, आबादी होने पर भी मजबूर हैं।
आए दिन अस्पृश्य समाज पर, अमानुषिक अत्याचार है॥(९६)

कहीं उनके घर जलाने की, कहीं उनको गोली से उड़ाने की।
कहीं उनके कत्ल की, कहीं उन्हें गाँव से भगा देने की॥(९७)
कहीं उनकी महिलाओं के, शील हरण आदि करने की।

कहीं बालिका बलात्कार, कहीं उनके अपहरण की॥(९८)

अब ऐसे अत्याचार हो रहे, जिसकी बोली नहीं फूट सकती।
जिसकी कल्पना भी सभ्य समाज में, नहीं की जा सकती॥(९९)

यह अत्याचार दलित पर, सवर्ण हिन्दूओं द्वारा ही किये जाते हैं।
लेकिन दलितों द्वारा संगठित, प्रतिकार न किये जाते हैं॥(१००)

इसलिए रविदास जी कहते है, एकजुट होकर रहो अधीरा।
सत संगति मिली रहीए माधो, जैसे मधूप मखीरा॥(१०१)

जैसे छत्ते के इर्द गिर्द मधुमक्खियाँ, एकजुट होकर रहती हैं।
विपत्ति काल में एकजुट होकर, शत्रु पर टूट पड़ती हैं॥(१०२)

उसी तरह चांभार ढोर मला मादिगा, मोची आदि जागें।
चमार जाटव भंगी बलाई, मेघवाल बैरवा सभी जागें ॥(१०३)

कोली जुलाहा दुसाध परमार, समगर रेगर आदि साथ आयें।
विभिन्न चमारों जातियों में, विभक्त समाज को संग लायें॥(१०४)

'रविदासिया' नामक छत्ते में आकर, एक संघ में एकजूट जाएँ।
इसमें समाज की सुरक्षा है, इसमें मिल एक हो जाएँ॥(१०५)

क्योंकि छत्ते पर पत्थर मारने की, हिम्मत कोई नहीं करता।
शेर से लोग डरते हैं, उसका सामना कोई नहीं करता॥(१०६)

'रविदासिया धर्म' अपनाकर, अपना डर निकाल फेंकना है।

उसके बाद हमसे लोग डरेंगे, यह हमको कर देना है॥(१०७)

मां बहनों की तरफ कोई, आंख उठाकर नहीं देख सकेगा।
छब्बीस करोड़ जनसंख्या, ताकत वाला समाज चलेगा॥(१०८)

'रविदासिया' नाम से ही, हमारे समाज की सुरक्षा होगी।
'रविदासिया' पर सर्वस्व, समर्पित की जरुरत होगी॥(१०९)

फिर आनेवाली पीढ़ियों को कभी, कोई तकलीफ नहीं होगी।
"रविदासिये शेर गरजेंगे, बाकी सारे भागेंगे" बुलंद होगी॥(११०)

परम पूज्य डॉ. अम्बेडकर का, अछूत समाज मे जन्म हुआ।
उन्होंने लगभग 32 वर्षों तक, शिक्षा ले आसमान छुआ॥(१११)

दस सालों मे इंग्लैंड, अमेरिका में जाकर अध्ययन किया।
समाजशास्त्र मानवशास्त्र इतिहास, आदि में नाम किया॥(११२)

राजनीति अर्थशास्त्र आदि, विषयों का भी अध्ययन किया।
एम.ए. पीएच.डी.(कोलंबिया), डी. एससी.(लंदन) किया॥(११३)

एलएल. डी. (कोलंबिया), डी. लिट. (उस्मानिया), लेकर की।
बार एट लॉ (लंदन) आदि, सभी उपाधियां प्राप्त की॥(११४)

उन्नीस सौ उन्नीस मे पहली बार, जब शोषित को सम्मान मिला।
सात करोड़ अस्पृश्यों को, मतदान का अधिकार मिला॥(११५)

दोहरे मत की मांग उन्होंने, 'साउथबरो कमीशन' सामने रखी।

कमीशन ने बात मानकर, शूद्र आज़ादी की बात रखी॥(११६)

उन्नीस सौ इकत्तीस मे इंग्लैड का, गोलमेज अधिवेशन भी था।
अछूतों का प्रश्न सामाजिक ही, नहीं राजनीतिक भी था॥(११७)

राजनीतिक समस्या रूप में, इसका विचार किया जाना था।
ऐसा स्पष्ट कर अछूतों के दुख, विश्व सामने लाना था॥(११८)

अछूत समाज स्वतंत्र वर्ग है, यह हिन्दू समाज का अंग नहीं है।
इसको हिन्दू समाज में, कोई भी सम्मान प्राप्त नहीं है॥(११९)

जगातील सर्वात मोठे भगवान रविदास सत्संग भवन, जालंधर, पंजाब

इसलिए मुसलमान ईसाई, सिख की तरह उनको हक चाहिए।
अछूतों को स्वतंत्र सत्ता में, योग्य हिस्सा मिलना चाहिए॥(१२०)

यह मांग परमपूज्य डॉ. अम्बेडकर ने, अंग्रेजों के समक्ष किया।
लेकिन इस मांग का महात्मा, गांधी ने तीव्र विरोध किया॥(१२१)

गांधी ने कहा मुसलमानों को, जो भी चाहिए वो दे दूंगा।
ईसाई समाज को जो भी, आवश्यक होगा दे दूंगा॥(१२२)

युरोपियन अथवा एंग्लो इंडियन, के हक को मैं न्याय करुंगा।
किसी भी अल्पसंख्यक, सिखों मांगो को बहाल करूंगा॥(१२३)

लेकिन अछूतों को सूई की नोंक, जितने अधिकार नहीं दूंगा।
हरिजन हिन्दू समाज अंग है, उससे अलग न होने दूंगा॥(१२४)

राजनीतिक अधिकारों का इतना, तीव्र विरोध गांधी ने किया।
भारत के सात करोड़ अछूतों को, इतना लाचार किया॥(१२५)

परमपूज्य बाबा साहेब ने, गांधी के विरोध को ताक पर किया।
गोलमेज अधिवेशन में अछूतों का, पूरा पक्ष पेश किया॥(१२६)

जैसे हिन्दू मुसलमान सिख, एंग्लो इंडियन स्वतंत्र वर्ग है।
उसकी ही तरह अछूत जाति भी, एक स्वतंत्र वर्ग है॥(१२७)

अछूत हिन्दू धर्म में समाविष्ट नहीं है, उन्होंने यह सिद्ध किया।
राज सत्ता में अछूतों को भी, सत्ता में भागीदार किया॥(१२८)

सत्तरह अगस्त सन बत्तीस को, ब्रिटिश सरकार ने संज्ञान लिया।
प्रधानमंत्री रैम्से ने तब, कम्यूनल अवार्ड घोषित किया॥(१२९)

अन्य की तरह अछूत समाज को, पृथक निर्वाचन क्षेत्र दिया।
मतदान में अछूतों को, दोहरे मत का अधिकार दिया॥(१३०)

अछूतों को दिए दोहरे मताधिकार के, विरोध में गांधी आये।
बीस सितंबर सन बत्तीस को, आमरण अनशन लाये॥(१३१)

यरवदा, पूणे की जेल में गांधी ने, आमरण अनशन शुरू किया।
गांधी ने अपनी बात पर, बाबा साहब को मजबूर किया॥(१३२)

दोहरे मताधिकार का अधिकार, सब समाप्त करवा दिया।
आरक्षित पदों पर समझौता, करने को मजबूर किया॥(१३३)

इसी शर्त पर बाबा साहब और, गांधी में पूना समझौता हुआ।
इसीको 'पूना पैक्ट' अथवा 'पूना समझौता' नाम दिया॥(१३४)

पूना पैक्ट से भारत के समस्त, अछूतों के बीच में चेतना आई।
जो उनके राजनैतिक एवं, सामाजिक अधिकार लाई ॥(१३५)

इससे परम पूज्य बाबा साहेब ने, जीने का सुखमय मार्ग दिया।
दलित को केवल आरक्षण में, संरक्षण काफी नहीं किया॥(१३६)

सामाजिक राजनीतिक शैक्षणिक, आर्थिक अधिकार चाहिए।
इस उद्देश्य में लगे संगठनों को, स्थाई स्वरूप चाहिए॥(१३७)

कालांतर में बंट जाने से, कोई भी व्यक्ति बंधा नहीं रहता है।
धार्मिक संघ में व्यक्ति का, भावनात्मक जुड़ाव रहता है॥(१३८)

हिन्दू अछूतों का अपना, तब कोई भी स्वतंत्र धर्म नहीं था।
धर्म संघ शक्ति न होने से, अस्पृश्यों का भाव नहीं था॥(१३९)

भारत के समस्त अछूतों की, स्वतंत्र धार्मिक पहचान हो।
संघ शक्ति और व्यवस्था में, सामाजिक दर्जा प्राप्त हो॥(१४०)

भगवान रविदास मंदिर, इंग्लंड

इसलिए परमपूज्य डॉ. अम्बेडकर ने, धर्मांतर की घोषणा की।
चौदह अक्टूबर छप्पन को, बौद्ध धर्म की दीक्षा ली ॥(१४१)

फिर लाखों के जनसमूह को, खुद बौद्ध धर्म की दीक्षा दी।
विश्व के बौद्ध धर्मियों से, प्रेमानुबंध स्थापित कर दी ॥(१४२)

इस बौद्ध धर्म क्रांति में, लाखों अछूतों ने धर्मांतरण किया।
जिन्हें धर्मातरण के पश्चात, नव बौद्ध का नाम दिया॥(१४३)

लेकिन विडम्बना यह रही कि, वहां भी इनके साथ वही हुआ।
जो अन्य धर्मों में होता रहा है, बोद्धों में भी वही हुआ (१४४)

मुस्लिम ईसाई सिख, और जैन धर्म इन्हें अपना नहीं समझते हैं।
हिन्दू धर्म के लोग दलित, हरिजन कहकर दूर रखते हैं॥(१४५)

चर्मकार समाज में असंगठित, ग्यारह सौ आठ जातियां है।
प्रत्येक जाति की अपनी, अलग अस्तित्व कहानियाँ हैं॥(१४६)

अनेक सवर्ण हिन्दू लोगों की, शाबासी लेने में लगी हुई हैं।
अपने चमारपन को पीढ़ियों से, बरकरार रखी हुई हैं॥(१४७)

यहां तक कि उनको अहसास नहीं है, कि वे पराए घर में हैं।
और पराए घर में अपमान के, अलावा कुछ भी नहीं है॥(१४८)

आज भी चर्मकार समाज में, एकता का नितांत अभाव है।
कुछ लोग सोचते हैं कि, हमारा नहीं कोई भाव है॥(१४९)

चुपचाप अत्याचार सहन करके भी, अब तक सम्मोहित हैं।
अछूत हरिजन दलित की, उपाधि से अपमानित हैं॥(१५०)

यह समाज अपनी जाति का, नाम बताते हुए शर्माता है।
परंतु मैं हिन्दू हूं ऐसा वह, अभिमान से बताता है॥(१५१)

दूसरी ओर सवर्ण हिन्दू, अपनी जाति खुलकर बताते हैं।
पहले अपनी जाति बताते, फिर हिन्दू कहलाते हैं ॥(१५२)

हिन्दू धर्म समाविष्ट सवर्ण हिन्दू, को सामाजिक दर्जा प्राप्त है।
इसलिए सवर्ण हिन्दू जातियां, एकजुटता को प्राप्त हैं॥(१५३)

अज्ञान अशिक्षा गरीबी रहन सहन का, उनमें भेद नहीं होता।
विशिष्ट व्यवसाय से उसे, जाति को दूर नहीं किया होता॥(१५४)

किसी सवर्ण जाति के व्यक्ति से, कोई बड़ा अपराध हुआ।
तो जाति को लक्ष्य बनाकर, कभी नरसंहार नहीं हुआ॥(१५५)

लेकिन अछूत की गलती पर, सवर्ण जातियां एक हो जाती हैं।
अछूत समाज को सबक सिखाने को, एक हो जाती हैं॥(१५६)

साधु संत महात्मा समाज सुधारकों ने, गला फाड़कर बताया।
जातिभेद अस्पृश्यता को, हिन्दू धर्म का कलंक बताया॥(१५७)

परंतु एक भी सवर्ण नहीं मानता कि, हिन्दू धर्म कलंकित है।
प्रत्येक सवर्ण मानता है, केवल अछूत कलंकित हैं॥(१५८)

इसीलिए जिस हिन्दू धर्म को, हम अपना धर्म मानते हैं।
उस हिन्दू धर्म के बंधु हमें, अछूत जाति ही मानते हैं॥(१५९)

जीवित रहने का अधिकार, हिन्दू धर्मशास्त्रों ने छीन लिया है।
इन्होने ही ये शोषण की, व्यवस्था को इन पर थोप है॥(१६०)

आज मिल रही सहूलियतें, संवैधानिक अधिकार रहे हैं
वह भारतीय संविधान के, अनुसार ही मिल रहे हैं॥(१६१)

महान संत भगवान रविदास

इनमें तो कभी भी संबिधान संशोधन, अमेंडमेंट हो सकता है।
लेकिन हिन्दू धर्मग्रंथों में, अमेंडमेंट नहीं हो सकता है॥(१६२)

इसलिए आज भी अछूत को, कलंकित अपवित्र ठहराते हैं।
जिस हिन्दू धर्म को हमें, वह अपना धर्म समझाते हैं॥(१६३)

धर्म के कानून एवं नियमों के, कारण ही यह दुर्दशा हुई है।
हिन्दू धर्म के नियम कानून की, सनातनी पहचान हुई है॥(१६४)

सवर्ण हिन्दू जाति के लोग, इन धर्मग्रथों को पूरा मानते है।
इनमें दिए गए नियमों कानूनों का, पूरा पालन करते हैं॥(१६५)

इसलिए जब तक हम, इस 'हिन्दू धर्म' से जुडे रहेंगे।
तब तक इसके कानून हमें, कलंकित करते रहेंगे॥(१६६)

चाहे कोई व्यक्ति माने या ना माने, हमें संघर्ष तो करना होगा।
हमारे सामाजिक न्याय वास्ते, हमें लड़ते रहना होगा॥(१६७)

दलितों ने अपने लिए सवर्ण जाति के, लोगों से संघर्ष किया।
इसने दलित सवर्ण के बीच, कटुता दुश्मनी पैदा किया॥(१६८)

इसलिए अब स्वतंत्र 'रविदासिया धर्म', स्वीकार करना होगा।
इससे झगड़े के लिए कोई, कारण ही बाकी नहीं रहेगा॥(१६९)

क्योंकि तब हमें धार्मिक और, सामाजिक हक मिलकर रहेगा।
जिसमें अपने खुद के धर्म का, नियम क़ानून रहेगा॥(१७०)

उनके लिए हमें सवर्ण हिन्दू लोगों से, संघर्ष नहीं करना पड़ेगा।
ना ही उनके सामने, अधिकार वास्ते गिड़गिड़ाना पड़ेगा॥(१७१)

विश्व के किसी धर्म में, किसी भी व्यक्ति को प्रवेश मिलता है।
हिन्दू धर्म में सवर्ण माता के, गर्भ में आना पड़ता है॥(१७२)

धर्म दीक्षा लेकर अथवा धर्मांतरण कर, उसी जाति में रहता है।
अछूतों को सवर्ण हिन्दू, कभी नहीं बनाया जा सकता है॥(१७३)

लेकिन साजिश वश निम्न जातियों को, हिन्दू धर्म में रखा है।
ताकि संख्या कम ना हो जाए, ऐसा हमने देखा है॥(१७४)

डॉ. आंबेडकर ने अपने, राजनीतिक सफर की शुरूआत की।
पंद्रह अगस्त छत्तीस, 'स्वतंत्र मजदूर पार्टी' स्थापना की॥(१७५)

उस पार्टी से मुंबई में चुनाव भी, लड़े और जीतकर आये।
जब ब्रिटिश सरकार की, 'स्टैनले कमेटी' समक्ष आये॥(१७६)

तब उनसे कहा गया कि, आप अस्पृश्यों के नेता कैसे हैं।
क्योंकि इस पार्टी में तो, सभी जाति धर्म के लोग जैसे हैं॥(१७७)

तभी डॉ. अम्बेडकर ने, स्वतंत्र मजदूर पार्टी को बर्खास्त किया।
फिर बीस जुलाई ब्यालीस को, एक नया संकल्प लिया॥(१७८)

नागपूर में 'शेड्यूल्ड कास्ट फेडरेशन', नाम संगठन बनाया।
अस्पृश्य वर्ग ने भी उसे, तब हँसी खुषी से अपनाया॥(१७९)

स्वतंत्र राष्ट्रीय पार्टी स्थापित कर, देशभर में अपनी बात रखी।
अस्पृश्य समाज की व्यथा, 'स्टेनले कमेटी' समक्ष रखी॥(१८०)

आज भी छब्बीस करोड़ अस्पृश्य, अपमान का घूँट पी रहा है।
हिन्दू धर्म के दलित रूप में, दबाव तले जी रहा है॥(१८१)

दलित समाज के नेता लेखक, चिंतक इनकी निंदा कर रहे हैं।
ब्राह्मणवाद और मनुवाद पर, टीका टिपण्णी कर रहे हैं॥(१८२)

ब्राह्मणवाद मनुवाद भारत के चमार, जाति की समस्या नहीं है।
प्रचलित कानून अंतरजातीय, विवाह से समस्या नहीं है॥(१८३)

चमार जातियों की सबसे भी, बड़ी समस्या भी आज यही है।
कि उनका अपना कहने को, कोई धर्म ही नहीं है॥(१८४)

कारण है इतनी जनसंख्या में, व्यवसायिक समानता रही है।
पहचान होने के बावजूद, चमार जाति एक संघ नहीं है॥(१८५)

सवर्ण अनेक जातियों मे बंटा हुआ, उपरी तौर पर दिखता है।
अनेक पक्ष विपक्ष की, पार्टीयों के प्रमुख बने दिखता है॥(१८६)

वे एक दूसरे के ऊपर, किचड उछालते भी नहीं थकते हैं।
परंतु हिन्दू धर्म के नाम पर, सब एक जुट हो दिखते हैं॥(१८७)

और देवी देवताओं के उत्सवों में, अपनी ताकत दिखाते हैं।
मुस्लिम भी धर्म के नाम पर, मस्जिदों में एक हो जाते हैं॥(१८८)

ईसाईयों में अनेक पंथ है, वे सभी पार्टियों में शामिल पाते हैं।
परंतु वे धर्म के नाम पर, चर्चों में एक जुट हो जाते हैं॥(१८९)

चमारों की अनेकों जातियों का, नहीं अपना कोई धर्म है।
ना कोई मंदिर ना कोई मस्जिद, ना ही कोई चर्च है॥(१९०)

वे तो आज तक दूसरों के, धर्म को ही अपना धर्म मानते हैं।
दूसरों के मंदिर जाते हैं, तब भी कहां इक्कठे हो पाते हैं॥(१९१)

जैसे हिन्दू मंदिर मुस्लिम मस्जीद, सिख गुरूद्वारा बनाते हैं।
ईसाई चर्च बौद्ध बौद्ध विहार, आदि में धर्म निभाते हैं॥(१९२)

वे गांव कस्बों में धर्म की धरोहर, निर्माण में जान लगाते हैं।
पर चमार रमदसिया नहीं, उसी प्रकार जोर लगाते हैं॥(१९३)

इन्हें प्रत्येक गांवों कस्बों में, बस्तियों में जोर लगाना होगा।
वहां भगवान रविदास का मंदिर, भी बनवाना होगा ॥(१९४)

जनपद तहसील स्तर पर, रविदास भवन लाना होगा।
उसके लिए हमे अपना, सर्वस्व अर्पण करना होगा॥(१९५)

तभी हमारी आगामी पीढ़ियां, 'रविदासिया धर्म' की होंगी।
रविदास के मंदिरों में, एकजुट हो एक संघ होंगी॥(१९६)

संपूर्ण भारत में कमेरे समाज के, रूप में पहचान प्राप्त होगी।
तब सबसे बड़ी राजनीतिक, सामाजिक ताकत होगी॥(१९७)

केवल स्वतंत्र धर्म न होने से, इनकी गंदी पहचान हुई है।
हमारे क्रियाकलापों को भी, अप्रतिष्ठा प्राप्त हुई है॥(१९८)

ईसाई धर्म का कोई व्यक्ति, जब जूतों की दुकान लगाता है।
उससे नफरत नहीं की जाती, वह पहचान बताता है॥(१९९)

कोई भी मुसलमान व्यक्ति जब, चमड़े का व्यवसाय करता है।
उससे नफरत नहीं की जाती, वह भी पहचान बताता है॥(२००)

परंतु जब भी हमारा चर्मकार बंधु, अपना होटल भी खोलता है।
'चमार का होटल' कहा जाता है, वह पहचान छुपाता है॥(२०१)

और उसे जाति आधारित नफरत, का पात्र बनाया जाता है।
उसका होटल बंद होने का, खतरा पैदा हो जाता है॥(२०२)

इसलिए, वह किसी तरह, जाति छिपाकर व्यवसाय करता है।
शर्मा वर्मा सिंह आदि बनकर, अपनों से कट जाता है॥(२०३)

सामाजिक शैक्षणिक आर्थिक, राजनीतिक दृष्टि से जो आगे हैं।
सर्व सम्पन्न चर्मकार समाज के, बंधु कहें हम हिन्दू है॥(२०२)

और कहते हैं कि हिन्दू धर्म से, अस्पृश्यता खत्म हो गई है।
सम्पन्नता से जातिगत, ऊंच नीचता समाप्त हो गई है॥(२०४)

अंतरजातीय विवाह हो रहे हैं, और ब्राहमण पत्नी लाते हैं।
सवर्ण हिन्दूओं के साथ हम, बैठकर खाना खाते हैं॥(२०५)

जाति आधारित भेद भाव का, मूल प्रश्न ही खत्म हो गया है।
अतः चर्मकार समाज से, अलग धर्म का विचार गया है॥(२०६)

यदि मान भी लिया जाए कि, हिन्दू धर्म वास्तव में बदला है।
अस्पृश्य को धर्म में समा लेने की, प्रक्रिया को बदला है॥(२०८)

परंतु, प्रश्न है चांभार ढोर, माला मादिगा कब सम्मान पायेगा।
मोची चमार भंगी परमार, जाटव क्या साथ पायेगा॥(२०९)

मेघवाल बलाई दुसाध, समगर रेगर आदि सब साथ चलेगा।
अस्पृश्य जातियों को क्या, सवर्ण हिन्दू दर्जा मिलेगा॥(२१०)

बल्कि भारतीय समाज व्यवस्था में, जन्म आधार प्रधान है।
व्यक्ति समाज की केवल, योग्यता का नहीं सम्मान है॥(२११)

आर्थिक शैक्षणिक और राजनीतिक, क्षेत्र में प्रगति है खलती।
उस व्यक्ति समाज को, सामाजिक प्रतिष्ठा नहीं मिलती॥(२१२)

जिस समाज के घटक है, उसमें हमारी जो जाति चलती है।
इस पर व्यक्ति या समाज की, प्रतिष्ठा निभर्र करती है॥(२१३)

दलित हरिजन यह पहचान, अछूत हिन्दू का दाग मिला है।
जो दुर्भाग्यवश माता पिता से, वंश परम्परा से मिला है॥(२१४)

क्योंकि उस समय धर्म परिवर्तन, करना उन्हे संभव नहीं था।
परंतु आज संभव है, धर्म परिवर्तन अब नया नहीं है॥(२१५)

धर्म परिवर्तन मूलभूत अधिकार, होने पर क्या देने वाले हैं।
क्या नीच कलंकित अछूत की, विरासत देने वाले हैं॥(२१६)

तो झूठे हिन्दूत्व का बुरका, ओढ़कर क्यों जाति छिपाते हो।
तो संपूर्ण भारत के बंधु, एक साथ क्यों नहीं आते हो॥(२१७)

धार्मिक समानता और न्याय की, राजनीतिक शक्ति प्रदान करें।
आदर्श समाज हित, 'रविदासिया धर्म' स्वीकार करें॥(२१८)

भारत में रविदासिया समाज की, राजनीतिक शक्ति बढ़ानी है।
रविदासिया समाज की पहल पर, धर्म एकता लानी है ॥(२१९)

डॉ. अम्बेडकर द्वारा अपनाया, बौद्ध मूल धर्म नहीं बन पाया।
इसलिए आज अब, रविदासिया समाज सामने आया॥(२२०)

आओ हम सभी अपने हर, विधानसभा क्षेत्र में काम करें।
और 'रविदासिया समाज, समितियों का गठन करें॥(२२१)

रविदासिया समिति सभी चमार, जातीयों की एक समिति होगी।
संपूर्ण भारत के प्रत्येक क्षेत्र में, एक एक समिति होगी॥(२२२)

यह समिति सभी जगह,'रविदासिया धर्म का काम करेगी।
यह कमेटी क्षेत्र के भाईयों का, डाटा जमा करेगी॥(२२३)

विधानसभा कमेटी अध्यक्ष से, जमा डाटा एकत्रित करगी।
उसमें से अगली कमेटी दो, वर्षों के लिए चुनी जाएगी॥(२२४)

वे अन्य किसी भी धर्म की श्रद्धा, अंधश्रद्धा नहिं करेंगे।
परम्परा देवी देवताओं पर, टिपण्णी नहीं करेंगे॥(२२५)

वे ऐसा कोई आचरण नहीं करेंगे, जिससे झगडा पैदा हो।
हिन्दू व रविदासिया के, बीच द्वेष या दूरी पैदा हो॥(२२६)

'रविदासिया धर्म प्रचार प्रसार वास्ते, कमेटी बनाई जायेंगी।
कमेटी स्थापना हमारे धर्म गुरु, द्वारा ही की जाएगी॥(२२७)

भगवान रविदास की जयंती, साल में एक बार की जायेगी।
माघ पूर्णिमा को रविदास, जयन्ती मनाई जाएगी॥(२२८)

रविदासिया समाज समिति का, एक विधानसभा क्षेत्र होगा।
वहां एक रविदासिया भवन का, निर्माण करना होगा॥(२२९)

तथा वह हमारे समाज का, धर्म संघ व विचारपीठ होगा।
जहां समाज जागृति तथा, समस्या का निराकरण होगा॥(२३०)

रविदासिया समाज समिति, क्षेत्र के चर्मकार समाज सभा लेगी।
सभी जातियों के लोगों की, वह पूरी जानकारी लेगी॥(२३१)

प्रत्येक परिवार की आर्थिक, शैक्षणिक व व्यावसायिक होगा।
डाटाबेस जानकारी जमा करने का, काम किया जाएगा॥(२३२)

ऐसे रमदसिया समाज में, जब कांसीराम ने जन्म लिया।
भगवान रविदास और, समाज से तब प्रेरणा लिया॥(२३३)

बाबा साहब डॉ. आंबेडकर का, भीम मिशन जाना।
और बाबा साहब को, अपने गुरु सामान माना॥(२३४)

धन्य हुआ यह रविदास वंश, जिसने पाए थे कांसीराम।
बहुजन को एकत्र किया, अमर हो गया उनका नाम॥(२३५)

शासन सत्ता की राह दिखाई, वोट का महत्व समझाया।
शोषित पीड़ित और दलित में, राजनैतिक चेतना पाया॥(२३६)

तृतीय स्कंथ

मान्यवर कांसीराम का जन्म और उनके माता पिता

भारत के पंजाब प्रांत में, जो जिला रूपनगर बसता है।
उसी ज़िले के भीतर देखो, ग्राम 'ख्वासपुर' रमता है॥(१)

उसी गाँव 'ख्वासपुर' में देखो, एक फौजी परिवार हुआ।
रमदसिया परिवार विकट था, उसका धर्मांतरण हुआ॥(२)

धर्मांतरण से सिख हो गया, सिख धर्म मेंआवाद हुआ।
शूरवीर और महावीर था, जिसने डर को नहीं छुआ॥(३)

कांसीराम के दादा देखो, ढेलो राम उनका नाम हुआ।
आर्मी के रिटायर्ड जवान थे, जातिवाद को नहीं छुआ॥(४)

रमदसिया चमार कहलाते, पर चमड़े का नहिं काम किया।
किन्तु अछूत का जीवन मिलता, उनको पड़ता वहां जिया॥(५)

खुशहाल और समृद्ध परिवार था, धर्म मानकर चलता था।
रीति रिवाज़ धार्मिक होते, नित भजन कीर्तन चलता था॥(६)

ढेलो राम फौजी के पुत्र हुए, जो श्री हरी सिंह नाम कहाए।
सात भाइयों में सबसे बड़े थे, आदर भाव से खूब नहाए॥(७)

हरी सिंह का विवाह हुआ तो, उनको पत्नी सुन्दर रूप मिली।
नाम उनका बिशन कौर था, खुशहाल ससुराल मिली॥(८)

बिशन कौर धार्मिक महिला थी, सिख समुदाय से आई थीं।
सिख रामदासिया मायका उनका, सो अछूत कहाई थीं॥(९)

पति हरी सिंह अशिक्षित थे, किन्तु शिक्षा से उन्हें था प्यार।
खुद मेहनत कर साक्षर हो गए, पत्नी भी साक्षर की यार॥(१०)

हरि सिंह का जीवन महका, उन्नीस सौ चौंतीस जब आया।
पंद्रह मार्च की सुवह निराली, उन्होंने पुत्र रत्न पाया॥(११)

विवाह बाद परिवार बड़ा तो, कई सुन्दर संतानें पाईं।
तीन पुत्र और चार पुत्री संग, परिवार ने ली अंगडाई॥(१२)

सबसे बड़े कांसीराम थे, सो सबका आदर पाते थे।
लाड प्यार में बचपन बीता, प्रेम में खूब नहाते थे॥(१३)

छोटी बहिन स्वर्ण कौर थीं, जो उनका आदर करतीं थीं।
सरदार शेरनी दिखतीं थी, और नहिं किसी से डरतीं थीं॥(१४)

दूसरी बहिन कुलवंत कौर थी, उनसे चिपकी रहती थी।
कांसीराम से उसे लगाव था, बातें करती रहती थी ॥(१५)

एक भाई दलवीर सिंह थे, दूजे दरवारा सिंह कहाए।
एक हुए गुरु चरण सिंह, सबने अपनापन दिखलाए॥(१६)

चौथे भाई हरवंश सिंह थे, पड़ने में सब थे आला।
कांसीराम अधिक पड पाए, मेहनत से उनको पाला ॥(१७)

कांसीराम जब जग में आये, दलितों के हालत ठीक नहीं थे।
घृणा द्दष्टि देखा जाता था, सामाजिक अवशान वही थे॥(१८)

जो हष्ट पुष्ट था बदन गठीला, सुन्दरता की थे वह खान।
लाड प्यार सभी करते थे, सब देते थे उन पर जान॥(१९)

जब बडे हुए स्कूल चले तो, पहली कक्षा में प्रवेश पाया।
लकड़ी की पट्टी पर पड़ते, खडिया से सब लिखवाया॥(२०)

हिंदी पंजाबी अक्षर लिखते, गिनती भी लिखते सुन्दर।
खुद ही लिखते खुदी मिटाते, कक्षा में बैठे अन्दर॥(२१)

पड़ने की इक्षा देखी तो, तब मास्टर ने उनको बोला।
एक साल में दूसरी कक्षा, उन्नति करके मन डोला॥(२२)

माता पिता केवल साक्षर थे, शिक्षा को मन भारी था।
बच्चों को ऊंची शिक्षा देकर, ऊपर लाना जारी था॥(२३)

बचपन से ही कांसीराम को, जल तैराकी से प्यार था।
जब भी उनको मौक़ा मिलता, मित्रों संग तैयार था॥(२४)

स्कूल से जब छुट्टी मिलती, सीधे ही घर को आते थे।
फैंक फांक कर बस्ता अपना, तैराकी को जाते थे॥(२५)

इससे कसरत हो जाती थी, सो बदन गठीला मिलता था।
मन मस्तिष्क भी ताज़ा रहता, चेहरा उनका खिलता था॥(२६)

पांचवी की परीक्षा पास करी तो, हुई प्रसन्नता भारी थी।
जो जो सपने मन में जागे, अब आगे की बारी थी॥(२७)

रामदासिया सब हुए इकट्ठे, समाज ने अपनी इज्जत मानी।
उत्सव जैसा माहोल बना, उसका नहीं था कोई सानी॥(२८)

सबने कांसीराम को देखा, सुन्दर मुखड़ा उन्नत भाल।
ऊंचा सबका नाम करेगा, माता ने जन्मा यह लाल ॥(२९)

खुशी हुए थे सब नर नारी, और सबने देखा खिला खिला।
कांसी आगे पड़ने जाएगा, एक सुर में सन्देश मिला ॥(३०)

यहाँ की बातें यहाँ पर छोडो, अब आगे की सुनों कहानी।
जो जो मुझको याद आ रहा, उसको कहता सुनो जवानी॥(३१)

चतुर्थ स्कंथ
मान्यवर कांशीराम की शिक्षा

कक्षा पांच से आगे पढ़ने, सरकारी कालेज में प्रवेश लिया।
रोपर में जब प्रवेश मिला तो, कभी नहीं फिर रेस्ट लिया॥(१)

रूपनगर गवर्नमेंट कॉलेज से, हाई स्कूल जब पास किया।
प्रथम क्लास नंबर पाए थे, सबने उनका गुणगाण किया॥(२)

उनकी रूचि विज्ञान विषय में, वैज्ञानिक बनाना चाहते।
इसीलिये विज्ञान को लेकर, इंटर में जाना चाहते॥(३)

इंटर में प्रवेश मिला तो, विज्ञान विषय के छात्र बने।
प्रयोग करते रहे लेब में, विज्ञान के हमराह बने॥(४)

जब भी उनको फुर्सत मिलती, क्रिकिट खेला करते थे।
क्रिकिट के वह बने खिलाड़ी, नहीं किसी से डरते थे॥(५)

खेल में झगडा हो जाता था, जो बड़ी जाति के लड़के थे।
मेलजोल भी हो जाता था, जो पड़ने में वह बड़के थे॥(६)

इंटर पास किया प्रथम डिविजन, भौतिक विज्ञान थी सुखदाई।
गणित में नंबर खूब मिले थे, केमिस्ट्री उनके मन भाई॥(७)

इंटर पास गवर्नमेंट कॉलेज से, विश्वविद्यालय की राह मिली।
सरकारी कॉलेज विश्वविद्यालय, टेस्ट दिया जगह मिली॥(८)

बीएससी डिग्री प्रवेश लिया, मेहनत खूब तमाम किया।
रमदसिया चमार का लड़का, उसने अपना नाम किया॥(९)

सन उन्नीस सौ छप्पन आया, तब बीएससी की डिग्री ली।
अच्छे नंबर से पास किया था, मेरिट में भी जगह मिली॥(१०)

रमदसिया चमार समाज में, तब बच्चे कम ही पड पाते थे।
वह भी विज्ञान विषय को लेकर, कहीं कहीं दिख पाते थे॥(११)

इसी बात को लेकर उनके घर, शादी वाले आ जाते थे।
नए नए प्रलोभन देते, पर उनको रास नहीं आते थे॥(१२)

छोटी बहिन का विवाह हो गया, एक भाई विवाह को आया।
भाई का भी विवाह हो गया, पर उनको न मन भाया॥(१३)

कांसीराम बाबा डॉ. अम्बेडकर, के रास्ते पर चलना चाहते।
उनके जीवन से प्रभावित थे, समाज सेवा करना चाहते॥(१४)

डॉ. अम्बेडकर जयन्ती मनवाते, जो उनके संगी साथी थे।
चंदा कर भीम त्यौहार मनाते, जो उनके सहपाठी थे॥(१५)

बीएससी करके खाली बैठे थे, रोजगार राह पकड़ी।
अच्छी नौकरी खोज रहे थे, बेकारी थी जो जकड़ी॥(१६)

उन्नीस सौ अट्ठावन वर्ष हुआ तो, जीवन में नई राह मिली।
"डिफेन्स रिसर्च एंड डेवलपमेंट आर्गेनाइजेशन, मिली॥(१७)

डी. आर. डी. ओ. विभाग सरकारी, उसमें अब चला सिला।
एक्सप्लोसिव रिसर्च एंड डेवलपमेंट लेबोरेटरी में मिला॥(१८)

बीएससी भौतिक शास्त्र में करके, वह पुणे को हुए रवाना।
"सहायक वैज्ञानिक" का पद पाकर, नई राह का परवाना॥(१९)

जो संबिधान ने दिया आरक्षण, सरकारी नौकरी करने को
भारत सरकार आरक्षण नीति से, चले नौकरी करने को॥(२०)

किन्तु वहां भी जातिवाद था, सो नौकरी करना भारी था
मनुवादी सहयोग न करते, इससे उनका मन भारी था॥(२१)

सो इसकी बातें आगे करेंगे, अब विषय दूसरा लेते हैं
कांसीराम मन बीत रहा जो, उसकी खबर अब लेते हैं॥(२२)

पंचम स्कंध

अक्खड़ कांसीराम की नौकरी और आंबेडकर जयन्ती

मान्यवर कांसीराम समाज में, जातिवाद सहते रहते थे।
दलितों के प्रति अत्याचारों से, वह काफी आहत रहते थे॥(१)

इसी कड़ी पर आगे चलते, जब सन उन्नीस सौ पैसठ आया।
चौदह अप्रैल अम्बेडकर जयंती, का उत्सव होने आया॥(२)

भारत सरकार ने घोषणा की, सार्वजनिक अवकास नहीं होगा।
दलितों ने विरोध किया, आंबेडकर जयन्ती का क्या होगा॥(३)

कांशीराम इससे आहत थे, डॉ. अम्बेडकर उनके नायक थे।
विरोध स्वरुप खड़े हो गए, दलितों के वह नायक थे॥(४)

वह आकस्मिक अवकाश मांगकर, छुट्टी लेना चाहते थे।
उनके कुछ संगी साथी भी, इस पर उनसे सहमत थे॥(५)

किन्तु प्रशासन बात न मानी, उनके अवकाश को मना किया।
एक नई फिर जंग छिड़ गयी, जातिवाद का जहर पिया॥(६)

बिना अवकाश मनी भीम जयंती, सबने ऑफ़िस गोल किया।
प्राशासन को रास न आया, उसने अपना मन कडा किया॥(७)

नोटिस जारी हुआ सभी को, फिर उत्तर माँगा एक दिन में।
क्योंकर के यह चली परम्परा, मनी भीम जयंती ऑफ़िस में॥(८)

बोले कांसीराम उत्तर में, डॉ. अंबेडकर शोषित के भगवान हुए।
भगवान जयंती अनुचित कैसे, वह संबिधान के जनक हुए॥(९)

हमने भी उनकी जयंती मनाली, हमने क्या जो गलत किया।
हमारे भी आदर्श अलग हैं, हमने राष्ट्र हित काम किया॥(१०)

पच्चीस प्रतिशत भीम अनुयायी, उनकी एक बड़ी अवादी है।
प्रतिवर्ष मनेगी भीम जयंती, अब छुट्टी हो सरकारी है॥(११)

किन्तु प्रशासन बात न मानी, आदेश किया सरकारी था।
एक दिवस का कटेगा वेतन, जो न दलित हितकारी था॥(१२)

कांसीराम विरोध पर अड़ गए, दलितों को अपने संग लिया।
बन गई यूनियन अनुसूचित की, सबने जब संकल्प लिया॥(१३)

अनुसूचित जाति जनजाति कर्मी आये, शेर दहाड़े मीटिंग में।
अत्याचार अब नहीं सहेंगे, ले लिया यह निर्णय मीटिंग में॥(१४)

सबने पदाधिकारी का चुनाव कर, अध्यक्ष बनाए कांसीराम।
वह दलितों के नेता बन गए, करने लगे दलित हित काम॥(१५)

एक्सप्लोसिव रिसर्च एंड डेवलपमेंट लेबोरेटरी, काम न मिलता।
डीआरडीओ यूनिट पुणे में, जिसमें भी सम्मान न मिलता॥(१६)

जातिवाद का जहर घोलकर, जब मनुवादी ने बहुत सताया।
सरकारी दफ्तर में देखो, अत्याचार ने सवक सिखाया॥(१७)

नहीं दिया ऑफ़िस को कमरा, गेरिज़ में ऑफ़िस खुलवाया।
डॉ. अंबेडकर तस्वीर लगाकर, यूनियन दफ्तर चलवाया॥(१८)

राजी नहीं प्रशासन इस पर, बंद करने को दबाव बनाया।
दफ्तर पर अड़ गया सिंह, अपनी बात वहां मनवाया॥(१९)

धीरे धीरे काम यूनियन का, बढ़ता जाता था प्रतिदिन।
नए नए जन मिलते जाते, करते सबका मार्ग दर्शन॥(२०)

अब पिछड़े भी आ मिले यूनियन, उनको भी अब राह मिली।
उनके साथ भी जातिवाद था, संगठन से इमदाद मिली॥(२१)

अल्पसंख्यक समुदाय बहुत कम, नौकरियों को पा पाता था।
शिक्षा की थी बड़ी समस्या, सो पार न कोई पाता था॥(१६)

अल्पसंख्यक समुदाय जुड़ा तो, संख्या हो गयी भारी थी।
रात दिन लगना पड़ता था, और नौकरी की लाचारी थी॥(२२)

मिलकर बैठे साथ यूनियन, अपनी समस्या सबको बतलाई।
समाज सेवा विस्तार है करना, ऐसी राह बनकर आई॥(२३)

नौकरी करना हुआ असंभव, सो राह नई अब पकड़ेंगे।
जो जो अत्याचार हो रहा, संगठन से सबको जोड़ेंगे॥(२४)

नए संगठन बनवाने को, फिर दफ्तर दफ्तर किया मंथन।
जो आरक्षण से नौकरी पाकर, छिपकर बैठे थे सज्जन॥(२५)

मनुवादी अधिकारी उनको, पसंद नहीं जब करते थे।
नए नए रोड़े अटककर, मार्ग में बाधा बनते थे ॥(२७)

बिना बात आरोप लगाकर, नौकरी से ससपेंड किया।
अपमानित भी किया बहुत, समाज सेवा का दंड दिया ॥(२८)

कांसीराम ने पकड कर पीटा, जिसने उनको सस्पेंड किया।
मनुवादी सब शोर मचाते, शेर ने अपनी राह लिया ॥(२९)

प्रशासन का दबाव पडा तो, दी छोड़ नौकरी सरकारी।
अपने अंतर्मन की आवाज़ पर, चला अकेला ब्रह्मचारी॥(३०)

दलित समाज उत्थान करूंगा, बीड़ा उसने उठा लिया।
शोषित पीड़ित जो समाज में, उसका भी उत्थान किया॥(३१)

भारत में फैले जातिवाद पर, बड़े शोध का काम किया।
फिर अपना पूरा जीवन, दलितों के ही नाम किया॥(३२)

दलित हितों के रक्षा करने, जो कदम बढ़ाने शुरू किये।
दलित सहकर्मी साथ में लेकर, नए सिरे से काम किये॥(३३)

अनुसूचित जाति और जनजाति को, अपने साथ किया भारी।
पिछड़ों का भी साथ मिल गया, संग मिले सब हितकारी॥(३४)

अल्पसंख्यक भी आये संग में, पड़े लिखे नौकर सरकारी।
एक संस्था की स्थापना करने, मिल बैठे सबकी लाचारी॥(३५)

"बैकवर्ड एंड माइनॉरिटी कम्युनिटीज एम्प्लोयी फेडरेशन"।
उसका नाम रखा सबने मिल, बामसेफ की नई जेनरेशन॥(३६)

उन्नीस सौ छिहत्तर वर्ष हुआ तो, पहला कार्यालय आया।
नई दिल्ली में आकार ले रहा, सपना था सच्च हो पाया॥(३७)

अगली कड़ी "बुद्धिस्ट रिसर्च सेंटर" की, स्थापना भी हो आई।
तब कांसीराम के नेतृत्व में, जो संगठन ने ली अंगडाई॥(३८)

कांसीराम पहले व्यक्ति थे, जो बाबा साहब के अनुयाई।
जिसने शोषित समाज की, अपनी सोती कौम जगाई॥(३९)

राजनितिक चेतना जागृत कर, जगह जगह परचम लहराया।
किसी ने भी ना सोचा था, ऐसा उसमें उत्साह उफ्नाया॥(४०)

बाबा साहब ने संबिधान माध्यम से, शोषित को दरवाज़े खोले।
उनके विकास के लिए बंद, सब दरवाजों के ताले खोले॥(४१)

लेकिन विकास रूपी दरवाजे को, जो पहचानने में देर हुई।
कांसीराम ने कर दिखलाया, नए विकास की राह छुई॥(४२)

बाबा साहब ने दलितों को, मनोबल प्राप्त का आह्वान किया।
कांसीराम ने समाज के, 'मनोबल' को मजबूत किया॥(४३)

कांसीराम वह महान पुरष है, जिन्होंने देश में नया किया।
अपना निजी 'स्वार्थ' छोड़कर, समाज हित कार्य किया॥(४४)

अपनी माँ को लिखी चिठ्ठी में, कांसीराम ने यह कहलाया।
उन्होंने 'शोषित समाज' को ही, अपना परिवार बताया॥(४५)

वर्तमान में दलित समाज को, अब फिर से ऐसा लगता है।
कांसीराम जैसे महापुरुषों की, अत्यंत आवश्यकता है॥(४६)

कांसीराम ने दलितों के हित, बहुत सारे आंदोलन चलाये।
साइकिल और पद यात्रायें की, अपने थे सब ठोर बनाए॥(४७)

उन्नीस सौ इक्यासी वर्ष हुआ तो, नया संगठन तैयार किया।
"बामसेफ" के समनांतर, सामाजिक दल तैयार किया॥(४८)

"दलित शोसित समाज संघर्ष समिति" का गठन किया।
डीएसफोर उसको कहते थे, गाँव गाँव प्रचार किया॥(४९)

शोषित पीड़ित और दलित ने, उसे जोर से अपनाया।
नई चेतना उसमें आई, तो नया नेतृत्व उभर पाया॥(५०)

डीएसफोर से सब घवराते, मनुवाद की उखड़ गई गिल्ली।
शासन भी उनकी सुनता था, सबको मिलती नई तसल्ली॥(५१)

षष्ठम स्कंथ:

जब कांसीराम को जातिगत भेदभाव का सामना करना पड़ा

जातिवाद था बड़ा भयंकर, पड़े लिखों को भी ना छोड़े।
शिक्षा स्वस्थ्य और संस्कारों की, योग्यता को भी ना जोड़े॥(१)

पुणे में भी कांशीराम्र को, खूब अपमान झेलना पडा।
नौकरी में भी जातिगत भेदभाव का, सामना करना पड़ा॥(२)

अछूत समझ कोई काम न देता, खानपान में करते भेद।
केन्टीन में अलग बैठते, थे मनुवादी रखते मनभेद॥(३)

पुणे शहर में जातिवाद था, गिलास में कोई चाय न देता।
अपना कुल्लड आप उठाते, खानपान में संग न देता॥(४)

देख देख अपमान की बातें, मन उनका जलता रहता।
किन्तु अकेला सिंह फस गया, अपने मन की जो कहता॥(५)

सो अपने वस्त्र स्वयं धोते थे, पड़े रहते अपने कमरे में।
प्रतिदिन यही सोचते रहते, करें कल्पना अपने मन में॥(६)

इस घटना का उनके मन पर, था काफी बड़ा प्रभाव पड़ा।
सन उन्नीस सौ चौंसठ में, शोषित की लड़ाई लड़ना पडा॥(७)

दलितों और बहुजन समाज के, वे ऐसे पेरोकार बन गए।
उनका हक़ दिलवाने को, फिर वह एक्टिविस्ट बन गए॥(८)

पहले उन्होंने रिपब्लिकन पार्टी, ऑफ इंडिया को सपोर्ट किया।
लेकिन आरपीआई ने खुलकर, कांग्रेस का सपोर्ट किया॥(९)

जिससे उनका मोहभंग हो गया, फिर उन्होंने निर्णय लिया।
एससी एसटी एम्पलाई, एसोसिएशन का गठन किया॥(१०)

इससे उनमें साहस जागा, तो वह खुलकर सामने आये।
जो अछूत छिपकर बैठे थे, उनको अपने संग लाये॥(११)

आरक्षण से नौकरी पाकर, जो समाज से दूर हो गए।
उनको घर जाकर समझाया, और पुनः वापस ले आये॥(१२)

इस तरह जातिवाद से लड़ने का, प्रश्न एक जब खड़ा किया।
फिर सबने मिलकर साथ में, लड़ने का संकल्प लिया॥(१३)

अपने ऑफ़िस से आगे बढकर, अन्य दफ्तरों को भागे।
एससी एसटी एम्पलाई खोजे, उनको बांधे एक धागे॥(१४)

जगह जगह पर संघ बनाए, फिर मोती से मोती जोड़ा।
एक एक को खोज निकाला, कोई ना दफ्तर छोड़ा॥(१५)

इससे एक नई शक्ति बन गई, उनका भय सब दूर हुआ।
नया संघ दलितों का बन गया, दलितों में उल्लास हुआ॥(१६)

फिर उन्होंने पिछड़ों को जोड़ा, अल्पसंख्यक को साथ लिया।
तब बहुजन ने आगे आकर, बामसेफ का गठन किया॥(१७)

पिच्चासी प्रतिशत बहुजन की संख्या, पन्द्रह प्रतिशत मनुवादी।
फिर भी बहुजन की दशा निराली, घोर गरीबी दिखलादी॥(१८)

बहुजन की कोई बात न सुनता, सो बामसेफ संज्ञान लिया।
मनुवादी मालिक बन बैठा, बहुजन को सब दूर किया॥(१९)

जब बामसेफ मज़बूत हो गया, हर दफ्तर शाखा खोली।
जहां भी कोई आँख दिखाता, सब मिलकर चलती टोली॥(२०)

सरकारी दफ्तर के साहब, अपने समाज निकट आये।
वहां देखा अपमान समाज का, सब अपने पर पछताए॥(२१)

हुयी समाज संगठन की जरूरत, सबने मिल प्रस्ताव किया।
कांसीराम से मिलकर सबने, अपने मन की बात किया॥(२२)

कांसीराम ने सोचा परखा, फिर यह निर्णय कर डाला।
बनेगा अब संगठन समाज का, डीएसफोर बना डाला॥(२३)

बामसेफ का कैडर चलता, जब गाँव गाँव प्रस्थान किया।
गाँव गाँव डीएसफोर स्थापना, करके उनको काम दिया॥(२४)

कैडर केम्प समाज में करके, सबको जो था समझाया।
इसका गहरा असर पडा, समाज ने इसको अपनाया॥(२५)

डीएसफोर एक शक्ति बन गया, गाँव गाँव आगे बढता।
दिनभर कर मेहनत मजदूरी, शाम को था कैडर चलता॥(२६)

केडर केम्प में बातें होतीं, जो पड़े लिखे सब समझाते थे।
ज्योतिबाराव और सावित्री बाई, फुले को सब अपनाते थे॥(२७)

झलकारी बाई को सामने लाकर, अवन्ती बाई को बतलाया।
छत्रपति शाहूजी महाराज को, जब समाज सामने लाया॥(२८)

बाबा साहब डॉ.अंबेडकर के, सब किये संघर्ष सुना डाले।
भारतीय संबिधान के निर्माता के, भूले अहसान बता डाले॥(२९)

इससे जाग्रति हुई समाज में, फिर बहुजन ने ली अंगडाई।
कांसीराम के उस केडर ने, फिर से सोती कौम जगाई॥(३०)

यहाँ की बातें यहाँ पर छोडो, अब आगे की सुनों कहानी।
कांसीराम का राजनीती में, कैसे प्रवेश हुआ सुनो जुवानी॥(३१)

सप्तम स्कंथः

मान्यवर कांसीराम का राजनीति में प्रवेश

कांसीराम ने बामसेफ और, डीएसफोर गज़ब मज़बूत किया।
दिल्ली में दफ्तर खोला था, उत्तर प्रदेश में काम किया॥(१)

उत्तर प्रदेश की राजनीति में, नब्बे का दशक बदलाव का था।
कांग्रेसी कमज़ोर पड़ रहे, दक्षिणपंथी अलगाव का था॥(२)

ये वही दिन हैं जब, अगड़ा आधिपत्य कमज़ोर हुआ।
उत्तर प्रदेश में जब, सवर्ण राजनीति कमजोर हुआ॥(३)

इस समय मुलायम सिंह यादव, राजनीति में उभर रहे थे।
कांसीराम के बामसेफ और, डीएसफोर पनप रहे थे॥(४)

तो मुलायम सिंह यादव, राजनीतिक के पुराने खिलाड़ी थे।
वे उन्नीस सौ नवासी में, प्रदेश के मुख्यमंत्री हो गए थे॥(५)

सन उन्नीस सौ सतहत्तर में, राम नरेश यादव सरकार में थे।
मंत्रिमंडल के सदस्य रहे, और सहकारिता मंत्री भी थे॥(६)

लेकिन मुलायम सिंह यादव का, यह उभार सवर्ण मर्जी पर था।
प्रदेश की सवर्ण जातियों के, साथ ताल मेल बिठा कर था॥(७)

यहाँ तक कि यूपी के मुख्यमंत्री, वे उनके वल पर ही बने थे।
वीपी सिंह के जन मोर्चा और, चंद्र शेखर मदद से बने थे॥(८)

फिर मंडल राजनीति शुरू हुई, जिसका व्यापक असर हुआ।
उत्तर प्रदेश तथा बिहार समेत, कई राज्यों में असर हुआ॥(९)

मध्यवर्त्ती असर की यादव, कुर्मी लोध जातियों को लाभ हुआ।
पिछड़ी राजनीति शिखर पहुँचीं, जिसने आसमान छुआ॥(१०)

लेकिन दलित राजनीति में तब तक, स्वतंत्र पैठ नहीं बनाए थे।
नौकरशाही में आरक्षण से, बस आर्थिक उन्नति पाए थे॥(११)

यह पूर्व कांग्रेसी सरकारों की, अनुकंपा से माना जाता था।
राजनीति में उनका उभार, तब तक नहीं हो पाया था॥(१२)

अनुसूचित जाति को तब, राजनीति में हरिजन बोला जाता था।
जो उनका सम्मान नहीं, उन्हें अपमान से बोला जाता था॥(१३)

लेकिन कांग्रेस में सवर्ण के, आधिपत्य की ही चलती थी।
वहाँ हरिजनों की स्थिति, हक़ से कुछ लेने की नहीं थी॥(१४)

उनका खाता पीता वर्ग अपनी, दोयम स्थिति से खिन्न था।
नौकरियों में आरक्षण से, वे समृद्ध तो हुए पर भिन्न था॥(१५)

मगर समृद्धि के साथ में, उन्हें आत्म सम्मान भी चाहिए था।
दलितों ने कोशिश की, किंतु वह नहीं मिल पाया था॥(१६)

कांशीराम ने जो दलित और पिछड़े, सरकारी कर्मी साथ लिए।
उनको लेकर एक संगठन, बामसेफ को खड़ा किये॥(१७)

उसका फ़ीडबैक था कि, दलित पिछड़े हर तरह से सक्षम हैं।
राजनैतिक चेतना के वल, सत्ता तक पहुँचने में सक्षम हैं॥(१८)

किंतु प्रदेश में सरकार बना लेंगे, इसकी कल्पना नहीं थी।
इसी बीच दो बातें हुईं, जिससे सत्ता संभावना बनी थी॥(१९)

उन्नीस सौ नवासी में, भाजपा संग मुलायम सिंह यादव आये।
तब पहली बार वे उत्तर प्रदेश के, मुख्यमंत्री थे बन पाये॥(२०)

लेकिन बीजेपी की रामजन्मभूमि यात्रा, मुलायम को नहीं भाई।
जो भाजपा और मुलायम सिंह के, संबंधों में खटास लाई॥(२१)

मुलायम सिंह यादव ने इस यात्रा को, सांप्रदायिक करार दिया।
और इसे अयोध्या ना पहुंचने देने, का ऐसा एलान किया॥(२२)

वीपी सिंह सात अगस्त नब्बे को, संसद में प्रस्ताव लाये।
मंडल की सिफारिशें लागू, करने की घोषणा कर पाए॥(२३)

मंडल कमंडल विवाद बड़ा तो, वीपी सिंह सरकार गिरा गये।
नब्बे में मुलायम चंद्रशेखर संग, जनता दल में आ गए॥(२४)

कांग्रेस के समर्थन के से वह, मुख्यमंत्री पद पर काबिज पाए।
इक्यानवे में कांग्रेस ने, समर्थन वापस ले सरकार गिराये॥(२५)

सन नवासी पालमपुर, अधिवेशन में बीजेपी प्रस्ताव दिया।
राम जन्मभूमि को मुक्त कराने, आन्दोलन तैयार किया॥(२६)

विवादित स्थल पर भव्य राम मंदिर, निर्माण का प्रस्ताव किया।
राम मंदिर को बीजेपी ने, मुख्य अजेंडे में शामिल किया॥(२७)

इसके साथ ही कट्टर हिंदुत्व का, ऐसा चेहरा सामने आया।
लालकृष्ण आडवाणी को, पार्टी राष्ट्रीय अध्यक्ष बनाया॥(२८)

इसके बाद आडवाणी ने, राम मंदिर के पक्ष में माहौल बनाया।
मंदिर बनाने उन्नीस सौ नब्बे में, रथयात्रा शुरू कराया॥(२९)

राम जन्मभूमि मंदिर आंदोलन में, टर्निंग पॉइंट तब आया।
जब मुख्यमंत्री मुलायम सिंह ने, इसे साम्प्रदायिक बताया॥(३०)

अयोध्या में राम जन्मभूमि पर, हज़ारों कर सेवक पहुँच गए थे।
इकट्ठा हुए कारसेवकों पर, फायरिंग के आदेश दिये थे॥(३१)

तभी बिहार के मुख्मंत्री, लालू प्रसाद यादव ने काम किया।
आडवाणी की रथयात्रा को, समस्तीपुर में रुकवा दिया॥(३२)

आडवाणी गिरफ्तार कर लिए, उनकी रथ यात्रा को रोक दिया।
बीजेपी ने बड़ी राजनैतिक छलांग, लगाने का पैगाम दिया॥(३३)

तभी इक्यानवे आम चुनाव में, राजीव गांधी की हत्या हो गई।
नतीजों में बीजेपी, एक सौ तेईस सीटों पर ठहर गई॥(३४)

लेकिन कल्याण सिंह ने, यूपी में बीजेपी सरकार बना ली।
तब राम मंदिर आंदोलन का, नया मंच तैयार कर ली॥(३५)

छः दिसंबर बानवे को, कारसेवकों की उन्मादी भीड़ आई
विवादित स्थल तोड़ दिया, मस्जिद का निशान मिटाई॥(३६)

एक उन्नीस सौ नब्बे में, प्रधानमंत्री वीपी सिंह ने निर्णय लिया।
पिछड़े वर्गों की मंडल आयोग, सिफ़ारिशें को लागू किया॥(३७)

इससे सवर्ण पार्टियाँ कांग्रेस और, बीजेपी बैकफुट पर आ गए।
कांग्रेस ने इसकी काट न सोची, पिछड़े उससे दूर गए॥(३८)

लेकिन बीजेपी में गोविंदाचार्य की, सोशल इंजीनियरिंग आई।
लाल कृष्ण आडवाणी संग, एक ऐसा आंदोलन ले आई॥(३९)

जो पिछड़ी जातियों की अगुआई में, हिन्दू एकता बात लाई।
हिंदुत्त्व की नई राजनीति शुरू, करके वर्फ पिघालाई॥(४०)

इसे कमंडल आंदोलन कहा गया, जिसका मूल आधार था।
अयोध्या राम जन्मभूमि पर, हिंदुओं का सर्वाधिकार था॥(४१)

वहाँ तब एक मसजिद थी, अट्ठारह सौ अट्ठाईस में आई थी।
जो बाबर के सेनापति, मीर बाक़ी ने ही बनवाई थी॥(४२)

अब हिंदू वहाँ पर रामजन्म भूमि, होने का दावा कर रहे थे।
यह ऐसा आंदोलन चला, जिसमें हिन्दू एकत्र हो रहे थे॥(४३)

जिसने पिछड़ों को बीजेपी के, पक्ष में गोलबंद कर दिया।
हिंदु अगड़ी जातियों को भी, बीजेपी के साथ किया॥(४४)

बीजेपी ने उत्तर प्रदेश में पिछड़ी, लोध जाति संग कर ली थी।
कल्याण सिंह अगुआई में, पूर्ण बहुमत सरकार बना ली॥(४५)

यह मुलायम सिंह यादव की, राजनैतिक पराभव का संकेत था।
लेकिन बीजेपी को यूपी नहीं, उसके निशाने पर केंद्र था॥(४६)

वह महसूस कर रही थी, कि कांग्रेस अब बैकफुट पर है
और हिन्दू एकता के कारण, बीजेपी फ्रंटफुट पर है॥(४७)

भले राजीव गांधी की हत्या के बाद, लहर सहानुभूति आई थी
नरसिंह राव की अगुआई में, कांग्रेस ने सरकार बनाई थी॥(४८)

अल्पसंख्यक सरकार बनी थी, कांग्रेस कुनबा बिखर रहा था।
इसलिए वह मंदिर आंदोलन, को परवान चढ़ा रहा था॥(४९)

छह दिसंबर वानवे को अयोध्या, बाबरी मस्जिद ढहा दी गई।
जिसके चलते यूपी की, कल्याण सरकार गिरा दी गई॥(५०)

इसके अलावा मध्य प्रदेश और, राजस्थान में असर पाया।
वहां बीजेपी सरकारें थीं, उन्हें भी अपदस्थ करवाया॥(५१)

उत्तर प्रदेश में राष्ट्रपति शासन लगा, बोला गया जय श्रीराम।
इसी मौक़े पर यूपी की, राजनीति में आये कांसीराम॥(५२)

कांसीराम इस बदलाव पर, गहरी नजाए रख रहे थे।
राजनीति के उथल पुथल पर, अपने मुहरे चल रहे थे॥(५३)

वह मूल रूप से पंजाब से थे, पर कार्य यूपी में बलशाली था।
दलित नौकरशाही बीच, बामसेफ बहुत प्रभावशाली था॥(५४)

केंद्र में चंद्रशेखर की सरकार के, पतन के बाद निर्णय लिया।
मुलायम सिंह ने भी अपनी, सरकार का इस्तीफ़ा दिया॥(५५)

इसके बाद उन्होंने यूपी में, अपना एक अलग दल बनाया।
जिसका नाम समाजवादी पार्टी, पंजीकृत करवाया॥(५६)

उधर उन्नीस सौ चौरासी में, जब चौदह अप्रैल आई।
कांसीराम ने बहुजन समाज पार्टी, बसपा बनाई॥(५७)

बसपा उच्च जातियों के प्रति, बेहद आक्रामक पाई थी।
उस समय उसका नारा, बहुत चर्चित हो आई थी॥(५८)

तिलक तराज़ू और तलवार, इनको मारो जूते चार।
मनुवाद पर आक्रामक हैं, ऐसा करते रहे प्रचार॥(५९)

कांसीराम ने देखा परखा, मंडल कमंडल गठबंधन देखा।
सामाजिक न्याय की खातिर, दलित चिंतन जो कर देखा॥(६०)

जब कांसीराम ने देखा युपी में, जो अकेले पड़े मुलायम थे।
सन्देश भेज उन्हें बुलवाया, जो अपनी बात पर कायम थे॥(६१)

दोनों में समझोता हो गया, फिर यादव जाटव एक हुआ।
अल्पसंख्यक का संग मिला, दलित भी एकाकार हुआ॥(६२)

तब नारा नया हुआ गुलफाम, ऐसा नया चला पैगाम।
मिले मुलायम कांसीराम, हवा में उड़ गए जय श्रीराम॥(६३)

इस गठबंधन ने उत्तर प्रदेश में, बीजेपी को फना किया था
और कांग्रेस के मंसूबों पर, भी तब पानी फेर दिया था॥(६४)

सन उन्नीस सौ तिरानवे में, विधानसभा के चुनाव हुए थे।
इनमें बसपा और सपा ने, गठबंधन करके खड़े हुए थे॥(६५)

युपी की चार सौ बाईस सीटें थीं, जिन पर हुआ था समझोता।
दोनों ने संयुक्त रूप से, चार सौ बीस सीट दिया न्योता॥(६६)

सपा और बसपा ने मिलकर, फिर अपने प्रत्याशी उतारे थे।
दोनों दलों ने संयुक्त रूप से, प्रचार किया ले चटकारे थे॥(६७)

इन चुनावों में एक सौ छिहत्तर, सीटों पर जीत दर्ज की थी।
किन्तु वह पूर्ण बहुमत से, सरकार बनाने को कम थीं॥(६८)

इनमें बसपा ने अपने, एक सौ चौसठ प्रत्याशी उतारे थे।
जिनमें से सडसठ जीते थे, बाकी के सब तब हारे थे॥(६९)

वहीं सपा ने चुनावों में अपने, दो सौ छप्पन प्रत्याशी उतारे थे।
इनमें एक सौ नौ ने जीत दर्ज की, उनके भी बाकी हारे थे॥(७०)

मज़े की बात कि इस चुनाव में, बीजेपी के विधायक ज्यादा थे।
एक सौ सतहत्तर सीटें जीते, किन्तु बहुमत के पास न थे॥(७१)

बीजेपी को रोकने को सबने, एक समीकरण पेश किया।
अन्य दलों ने भी सपा बसपा, गठबंधन को सपोर्ट किया॥(७२)

मुलायम सिंह गठबंधन से, यूपी के दोबारा मुख्यमंत्री बने।
किन्तु सत्ता के बटवारे पर, सपा बसपा में मतभेद बने॥(७३)

लेकिन सपा और बसपा की, यह खिचड़ी तब पकने लगी थी।
यह मनुवादी को रास न आई, ऐसी चर्चा होने लगी थी॥(७४)

उन्नीस सौ इक्यानवे में, मुलायम सिंह यादव ने दाव लगाया था।
इटावा लोकसभा चुनाव में, कांसीराम को जितवाया था॥(७५)

यह सीट तब सामान्य थी, उधर कांसीराम का संकल्प था।
सामान्य सीट से संसद जायेंगे, और न कोई विकल्प था॥(७६)

यह उनकी अप्रत्याशित जीत थी, और एक इतिहास रचा था।
पहली बार एक दलित, सामान्य सीट से संसद पहुँचा था॥(७७)

यह वह दौर था जब विधायिका में, सवर्ण राज ही होता था।
दलितों का प्रवेश सिर्फ़, आरक्षित सीटों द्वारा ही होता था॥(७८)

यह एक संकेत था कांग्रेस से, दलितों के मोहभंग का।
उनके हरिजन उद्धार कार्यक्रम को, उलटा कर देने का॥(७९)

बसपा बोली अबसे हम दलितोद्धार, कार्यक्रम नहीं चलाएँगे।
दलित अन्यों का उद्धार करें, हम ऐसा समाज बनाएँगे॥(८०)

यह एक क्रांतिकारी सोच थी, जिसका व्यापक असर होगा।
दलित अपने अधिकार लेगा, तो सत्ता का दावेदार होगा॥(८१)

जिसमें दलित अनुकंपा पाने की, कोई भी मांग नहीं करेगा।
समाज की रीति उलटकर, वह देने की स्थिति में होगा॥(८२)

कांसीराम के पहले किसी ने, क्यों ऐसा नहीं सोचा था।
नहीं किसी समाज सुधारक ने, क्रांतिकारी पौधा रोपा था॥(८३)

इसीलिए तब कांसीराम ने, वह सब काम कर दिखलाये।
जो उनके पहले के कोई, दलित उद्धारक नहीं कर पाए॥(८४)

किंतु यह स्थिति पाने को, कांसीराम को बहुत जूझना पड़ा।
और अपना सब कुछ, इस यज्ञ में होम करना पड़ा॥(८५)

कांसीराम अपनी शुरुआत से ही, पिच्चासी का हित चाहते थे।
अनुसूचित जाति जन जाति, अल्पसंख्यक संघ चाहते थे॥(८६)

पिछड़ी जाति के सरकारी, कर्मचारियों को लाना चाहते थे।
और इनके नौकरशाहों को भी, एकजुट करना चाहते थे॥(८७)

डॉ. ऑम्बेडकर के सिद्धांतों के, अनुरूप समाज चाहते थे।
उसके लिए उनका मज़बूत, संगठन बनाना चाहते थे॥(८८)

इसीलिए वे पहले रिपब्लिकन पार्टी से, भी जुड़कर काम किये।
किंतु कांग्रेस प्रति सॉफ़्ट कॉर्नर, देख उससे अलग हुए॥(८९)

वह कांग्रेस की हरिजन नीति, से भी सदैव ही ख़फ़ा रहे।
कांग्रेस की अनुकम्पा पर, उनके ना कोई वफ़ा रहे॥(९०)

उनको लगता कांग्रेस और, दूसरी सवर्ण पार्टियाँ चाहती हैं।
अनुसूचित जातियों को, अनुकंपा पर रखना चाहती है॥(९१)

इसी से आहत होकर उन्होंने, उन्नीस सौ इक्यासी में बात रखी।
फिर उन्होंने "चमचा युग", नाम से एक पुस्तक लिखी॥(९२)

जिसमें बाबू जगजीवन राम, राम विलास पासवान का नाम था।
दलितों को कैसे राजनीति में, रहना पड़ा अविराम था॥(९३)

बसपा पहला चुनाव मध्यप्रदेश से, जब लड़ने को तैयार हुई।
जांजगीर चम्पा सीट से लड़ा, किंतु पार्टी नहीं सफल हुई॥(९४)

बसपा के गठन के बाद ही, कांसीराम ने कहा चुनाव लडेगी।
'बहुजन समाज पार्टी', पहला चुनाव हारने को लडेगी॥(९५)

दूसरा चुनाव नज़र आने को, तीसरा चुनाव जीतने को लड़ेगी।
इस तरह 'बहुजन समाज पार्टी', चुनाव में लडेगी भिड़ेगी॥(९६)

उन्नीस सौ अट्ठासी में कांसीराम ने, जब पहला चुनाव लड़ा।
वह वीपी सिंह के ख़िलाफ़, इलाहाबाद से चुनाव लड़ा॥(९७)

इसमें प्रभावशाली प्रदर्शन किया, सत्तर हज़ार वोट से हार गए।
किंतु अपनी हैसियत का अहसास, वह सबको करा गए॥(९८)

वह उन्नीस सौ नवासी में, पूर्वी दिल्ली लोकसभा क्षेत्र आये।
वह लोकसभा चुनाव लड़े, और चौथे स्थान पहुँच पाए॥(९९)

उन्हें सफलता का अहसास, उन्नीस सौ इक्यानवे में हुआ।
जब उनका मुलायम सिंह संग, चुनावी गठबंधन हुआ॥(१००)

कांशीराम ने इटावा से, चुनाव लड़ने का फ़ैसला किया।
बीजेपी के प्रत्याशी को, बीस हज़ार मतों से हरा दिया॥(१०१)

उन्नीस सौ छियानवे होशियारपुर से, ग्यारहवीं लोकसभा पहुंचे।
वहां से चुनाव जीता और, दूसरी बार लोकसभा पहुंचे॥(१०२)

सन छियानवे से अट्ठानवे तक, वे पंजाब के प्रतिनिधि रहे।
होशियारपुर संसदीय सीट से, लोकसभा के सदस्य रहे॥(१०३)

सन उन्नीस सौ इक्यासी में, उन्होंने डीएस फ़ोर बनाई थी।
चौदह अप्रैल चौरासी, बहुजन समाज पर्टी बनाई थी॥(१०४)

जिसके वे अट्ठारह दिसम्बर, दो हज़ार तीन तक अध्यक्ष रहे।
उन्होंने राजनैतिक उतार, चड़ाव देखे जो प्रतियक्ष रहे॥(१०५)

नौ अक्टूबर दो हज़ार छः को, दिल्ली में निर्वाण प्राप्त हुए।
निधन के पूर्व वे मायावती को, बसपा कमान सौंप गए॥(१०६)

मायावती को अधिकार दिया, अब जो करना हो कर लेना।
किन्तु दलित को छोड़ न देना, उनका ही हित करना॥(१०७)

बहुजन की जो राह बताई, अब उस पर आगे बड़ना है।
शोषित पर अत्याचार न हो, इससे ही तो लड़ना है॥(१०८)

यह समय बड़ा बलवान है, सो मनुवादी तुम्हें डरायेंगे।
तुम्हें डरकर नहीं रहना, अपना अधिकार जताएंगे॥(१०९)

अब मनुवादी पंख फ़ैल गए, जो सत्ता पर आ बैठे है।
बहुजन का अब समय खराब है, सहमे दुबके बैठे हैं॥(११०)

एक विधायक चुनकर आया, जो बसपा से टिकट लिया।
दो हज़ार बाईस में हुई दुर्दशा, ऐसा हाल विकट किया॥(१११)

अब फिर बहुजन को जुटना होगा, तभी क्रान्ति आ पायेगी।
बरना मान्यवर कांसीराम की, गाड़ी यहीं रुक जायेगी॥(११२)

तो कांसीराम के संघर्षों को, पुनः पुनः बतलाना होगा।
केडर केम्पों के माध्यम से, बहुजन बीच जाना होगा॥(११३)

अष्टम स्कंध:

मान्यवर कांसीराम द्वारा पत्र पत्रिकाओं का प्रकाशन

कांसीराम ने सरकार और, उसकी नीतियों का विरोध किया।
इसके लिए उन्होंने "बहुजन समाज पार्टी" का गठन किया॥(१)

कांसीराम अपनी आवाज, पत्र पत्रिकाओं के द्वारा पहुंचाते थे।
उनका नियमित प्रकाशन कर, बहुजन तक पहुंचाते थे॥(२)

कांसीराम द्वारा प्रकाशित, पत्र पत्रिकाओं का उल्लेख करेंगे।
उनकी सभी पत्र पत्रिकाओं का, सविस्तार उद्घोष करेंगे॥(३)

\`अनटचेबल इंडिया\`अंग्रेजी आई, \`आप्रेस्ड इंडियन\` छाई।
\`बामसेफ बुलेटिन\` अंग्रेजी, \`बहुजन संगठनक\` हिन्दी लाई॥(४)

\`बहुजन नायक\` मराठी व बंग्ला में, श्रमिक साहित्य हिंदी लाई।
फिर \`शोषित साहित्य\` और, \`दलित आर्थिक उत्थान\` आई॥(५)

इकोनोमिक अपसर्ज अंग्रेजी में, बहुजन टाइम्स दैनिक पाया।
\`बहुजन एकता\` नई पत्रिका को, उन्होंने हिंदी में छपवाया॥(६)

यह सब जनजागृति के वाहक बने, जो उस समय जरूरी थे।
कैडर केम्प भी चलते रहते, वह भी बहुत जरूरी थे॥(७)

पर कोई पत्रिका मुफ्त न बांटी, उनका ऐसा कहना था।
मुफ्त किताब कोई नहीं पड़ता, उसको पड़े ही रहना था॥(८)

इसीलिए एक निश्चित कीमत पर, वह इनको बटवाते थे।
इससे खर्चा निकल आता था, चन्दा नहीं करवाते थे॥(९)

कैडर उनका पक्का था, जो गाँव गाँव पत्रिका पहुंचाता।
कई कई लोगों को पड्बाता, उससे सन्देश पहुँच जाता॥(१०)

`बहुजन संगठक` सबसे प्रसिद्द था, जो नौकरशाही में जाता।
बामसेफ मज़बूत हुआ, उससे रहा उसका गहरा नाता॥(११)

`बहुजन संगठक` साप्ताहिक था, जो हिंदी अंग्रेजी छपता।
देश के कौने कौने जाता था, बहुजन में खूब रमता॥(१२)

बामसेफ के लोग बाँटते, एक एक रुपया लेते थे।
आजीवन मेंबर भी बनते, जो उसमें हिस्सा लेते थे॥(१३)

`बहुजन संगठक` के माध्यम से, दिशा निर्देश दिए जाते।
बहुजन समाज प्रगति कर रहा, उसको आधार दिए जाते॥(१४)

बहुजन एक एक लाइन पड़ता, केडर के मन भाता था।
बहुजन को शिक्षित करने को, नया संदेसा लाता था॥(१५)

इसने दलित चेतना भर दी, बहुजन को सन्देश पहुंचाया।
सौती बहुजन कौम जगाई, उसमें एक उत्साह जगाया॥(१६)

नवम स्कंध:
मान्यवर कांसीराम के संकल्प

महाराष्ट्र में दलित आंदोलन, डॉ. अंबेडकर चलते मजबूत था।
साहित्य में संगीत में, समाज में प्रतिरोध का तीव्र स्वर था॥(१)

मगर कई अंतरविरोध भी थे, जिससे उनके असर कम थे।
कांशीराम से पहले, दलित अलंबरदार फुस्सी बम थे॥(२)

इन सबको देख समझ कांशीराम ने अपनी योजना बनाई।
उसके लिए सबसे पहले, एक खत घरवालों को भिजवाई॥(३)

उनके लिखे इस खुले ख़त में पूरे, चौबीस पन्ने का संकल्प था।
इसमें उन्होंने जो लिखा, जीवन का बहुत बड़ा संकल्प था॥(४)

जो उसमें लिखा उन्होंने, अब कभी घर नहीं आऊंगा. ।
न कभी घर बनाउंगा, और न कभी अपना घर खरीदूंगा॥(५)

गरीबों दलितों का घर ही, मेरा घर होगा जहाँ मैं रहूंगा।
आज के बाद मैं अपने, सभी रिश्तेदारों से मुक्त रहूंगा॥(६)

किसी के शादी जन्मदिन आदि में, मैं कभी नहीं जाउंगा।
और न हीं अंतिम संस्कार में, शामिल नहीं होऊंगा॥(७)

मैं कभी भी अपना विवाह नहीं करूंगा, न घर बसाउंगा।
मैं कभी कोई सरकारी अथवा, निजी नौकरी नहीं करूंगा॥(८)

जब तक बाबा साहब अंबेडकर का, सपना पूरा नहीं करूंगा।
और जब तक ऐसा नहीं होता, मैं चैन से नहीं बैठूंगा॥(९)

कांशीराम ने इन प्रतिज्ञाओं का, आजीवन पालन किया।
उन्होंने पिता के अंतिम, संस्कार में भी भाग नहीं लिया॥(१०)

वह जिस जमात की लड़ाई लड़ रहे थे, वह एक नहीं थी।
अपनी कमियों के साथ वह, कई चीजों से जूझ रही थी॥(११)

जातिवाद, अशिक्षा गरीबी, आदि के विरुद्ध लड़ने होंगे।
कांशीराम ने तय किया कि, तय फर्मे तोड़ने होंगे॥(१२)

कलफ का कुर्ता पहनकर, गांधीवादी बातें जो कर रहा।
उससे तो अपनी बिरादरी का, कोई भला होने से रहा॥(१३)

वह सेकंड हैंड कपड़ों के, लोकल बाजार में जाने लगे।
वहां से ही अपने लिए, पुराने पैंट कमीज खरीदने लगे॥(१४)

उन्होंने कभी नेताओं वाली, खादी यूनिफॉर्म नहीं पहनी।
बाद के दिनों में उन्होंने, किसी की दी सफारी सूट पहनी॥(१५)

फिलहाल तो याद आ रहे हैं, उनकी वसीयत के संकल्प।
कांशीराम की वसीयत का हिस्सा, और उनके विकल्प॥(१६)

उनकी ख्वाहिश थी कि, कुमारी मायावती समर्पित रहे।
दीर्घायु होकर मिशन के लिए, सिखाया काम करती रहें॥(१७)

उनकी अस्थियां कहीं भी, कोई भी नदियों में न बहाई जाएं।
बल्कि उन्हें बहुजन समाज, प्रेरणा केंद्र में रखा जाए॥(१८)

मायावती की अस्थियां भी, किसी नदी में न बहाई जायं।
बल्कि उनके बगल में, पार्टी कार्यालय में ही रखी जाएं॥(१९)

इस तरह जब उन्होंने, महापरिनिर्वाण को प्राप्त किया।
उनकी इच्छाओं का पूरी तरह, पालन किया गया॥(२०)

उनकी उत्तराधिकारी बहिन, मायावती ने उनका मान रखा।
वह आजीवन मिशन में लगी रहीं, कैडर को लगा रखा॥(२१)

नहीं उन्होंने भी विवाह किया, नहीं कोई परिवार बसाया।
जो कुछ था बहुजन समर्पित, बहुजन को अपना बनाया॥(२२)

मान्यवर ने कैसे जांचा, मायावती को शिष्य बनाया।
जीवन भर संघर्ष किया, और मायावती को सौंप दिया॥(२३)

इसी विषय पर चलकर अब, आगे की कथा सुनाता हूँ।
पत्थर तराश हीरा चमकाया, अब आगे बतलाता हूँ॥(२४)

दशम स्कंध:

मान्यवर कांसीराम द्वारा अपनी उत्तराधिकारी बहिन मायावती जी का चयन

उन्नीस सौ चौरासी में जो, राजनैतिक संगठन अस्तित्व में आया।
जिसे मान्यवर कांसीराम ने, बहुजन समाज पार्टी बतलाया॥(१)

और इस पार्टी ने बाद में, एक ऐसी नेता को जन्म दिया।
जो आगे जाकर कद्दावर नेता, कहलाई और राज किया॥(२)

हम बात कर रहे हैं मायावती की, जिन्हें बहिनजी कहते हैं।
लेकिन क्या आपको ये पता है, जो इतिहास हम कहते हैं॥(३)

राजनीति की कच्ची खिलाड़ी, कैसे कद्दावर नेता बना दिया।
बहुजन समाज पार्टी संस्थापक, कांशीराम ने जो कर दिया॥(४)

चलिए हम बतलाते हैं, कांशीराम ने कैसे अपने वचन निभाये।
सियासत में जो पाया उसमें, कांशीराम एक धुरी बन आये॥(५)

उन्होंने पार्टी को पहचान दिलाई, और वह अमर हो गए।
वह मायावती को भी एक, ऐसे मुकाम पर लेकर गए॥(६)

जहां तीन जून उन्नीस सौ पिच्चानवे, माया की पहचान बन गई।
तब उत्तर प्रदेश की पहली, दलित मुख्यमंत्री बन गई॥(७)

कांसीराम और मायावती की, पहली मुलाकात कैसे हुई।
अब बताते हैं मायावती जब, राजनारायण से भिड़ गई॥(८)

मायावती ने पंद्रह जनवरी छप्पन को, भारत में जन्म पाया।
सुचेता कृपलानी अस्पताल, नई दिल्ली में अस्तित्व आया॥(९)

उनका जन्म एक जाटव, अनुसूचित जाति परिवार में हुआ था।
पिता प्रभु दास गाँव बादलपुर, गौतम बुद्ध नगर हुआ था॥(१०)

पिता एक डाकघर कर्मचारी थे, यह भी बतलाया जाता है।
उन कि पुत्री को मायावती प्रभु दास, कहा जाता है॥(११)

बहिन कुमारी मायावतीजी

बहुत पुरानी बात नहीं, उन्नीस सौ सतहत्तर का प्रवेश हुआ।
कांस्टिट्यूशन क्लब नई दिल्ली में, एक सेमीनार हुआ॥(१२)

जनता पार्टी के नेता राजनारायण, उसमें मुख्य वक्ता थे।
मायावती संग अन्य जन, उस सेमीनार के श्रोता थे॥(१३)

राजनारायण को डायस पर बुलाया, जनता को संबोधित करने।
उन्होंने अपनी बात शुरू की, कब कब उन्होंने दिए धरने॥(१४)

राजनारायण ने बात बात पर, अनुसूचित को हरिजन बोला।
जैसे वह हरि जन नहीं हैं, उस पर ना अपना मुख खोला॥(१५)

हरिजन शब्द अपमान जनक है, जाटव पसंद नहीं करता।
दया भाव सब दिखलाते हैं, कोई सम्मान नहीं करता॥(१६)

बार बार हरिजन सम्बोधन सुनकर, मायावती का खून खोला।
फ़ौरन हाथ उठाया उसने, जब उत्तर देने को मन डोला॥(१७)

जब मंच संचालक ने देखा उनको, तुरंत मंच पर बुलवाया।
यह लड़की कुछ बात करेगी, ऐसा उसने बतलाया॥(१८)

तब डायस पर पहुँच शेरनी ने, ऐसा बोलना शुरू किया।
राजनारायण को संबोधित कर, उनको पूरा सम्मान दिया॥(१९)

आगे बोली सुनो महाशय, मात पिता होती हमारी पहचान है ।
वंश हमारा सबसे उज्जवल, उस पर हमको अभिमान है॥(२०)

केवल हमको हरिजन मत बोलो, सब ही हरि के जन होते।
सबके ही भगवान एक हैं, उनके ही सब जन होते॥(२१)

अगर हमें हरिजन कहते हो, तो क्या आप हरिजन नहीं हैं।
इससे ऐसा लगता है कि, आपमें हरि का सम्मान नहीं है॥(२२)

आप हरि की औलाद नहीं, तो क्या शैतान की औलाद हैं।
इसे आज यहाँ कहकर जाओ, आप किसकी औलाद हैं॥(२३)

यह सुनकर सब स्तम्भ रह गए, युवती ने ऐसा बोल दिया।
पांच मिनट खामोशी छाई, किसी ने उत्तर नहीं दिया॥(२४)

तब संचालक ने मंच सम्भाला, उसने सबसे माफी माँगी।
बड़े बड़े नेता बैठे थे, नीची निगाह के बने सहभागी॥(२५)

तब पुनः उठे राजनारायण, हरिजन शब्द वापास माँगा।
खेद व्यक्त कर तब उन्होंने, जनता से मांफी माँगा॥(२६)

इसके साथ ही सभा समाप्त हुई, था ऐसा कलंक लगा।
सब अपने अपने घर भागे, मुहं पर सबके ताला लगा॥(२७)

मायावती तब उन्हीं बड़े नेता, राजनारायण से भिड़ गई थीं।
जिनसे आपात पूर्व चुनाव में, इंदिरा गांधी हार गई थी॥(२८)

किन्तु बात तो फ़ैल गई थी, माया ने साहस दिखलाया।
बामसेफ नेता कांसीराम को, किसी ने जाकर बतलाया॥(२९)

तब जाकर कांसीराम, मायावती के बारे में सुन पाए।
उन्होंने पूरा ब्योरा माँगा, नाम पता भी कर पाए॥(३०)

तब साल सतहत्तर वर्ष हुआ, जब सर्दी हो रहि भारी थी।
एक रात नौ बजे के बाद में, सबके सोने की तैयारी थी॥(३१)

वह मायावती नाम की युवती, आईएएस की तैयारी में थी।
इक्कीस साल की स्कूल टीचर, बैठी बैठी पढ़ रही थी॥(३२)

खाना खाकर आधी रात तक, वह पढ़ाई करने वाली थी।
और घर के लोग सोने को थे, ऐसी सबकी तैयारी थी॥(३३)

इसी बीच किसी ने जोर से, घर का दरवाजा खटखटाया।।
जब स्कूल टीचर ने दरवाजा खोला, देखे तो कौन आया॥(३४)

दरअसल दरवाजे पर, दलितों के लोकप्रिय बामसेफ नेता थे।
कांसीराम साक्षात खड़े थे, जो कि बहुजन के नेता थे॥(३५)

कांसीराम के इस अप्रत्याशित, आगमन का क्या संकेत था।
स्कूल टीचर का परिवार भी, इससे काफी रोमांचित था॥(३६)

कांसीराम ने सम्मुख आकर, अपने आने की बात बताई थी।
बड़ी संख्या में किताबें देखकर, फिर से बात चलाई थी॥(३७)

इशारा कर उस युवती से पूछा, आजकल तुम क्या करती हो।
लगता है तुम बहुत सारी, किताबों को पढ़ती रहती हो॥(३८)

और प्रश्न किया इतनी पढ़कर, आगे क्या बनना चाहती हो।
क्या सरकारी नौकर बनकर, जीवन जीना चाहती हो॥(३९)

जवाब दिया तब उस युवती ने, आईएएस तैयारी कर रही हूँ।
एग्जाम पास करके मैं, कलेक्टर बनने को पढ़ रही हूं॥(४०)

ताकि प्राशासनिक अफसर बनकर, समाज सेवा कर सकूं।
शोषित पीड़ित और दलित का, मार्गदर्शन भी कर सकूँ॥(४१)

इस पर कांसीराम बोले कि, तुम बड़ी गलती कर रही हो।
अपने हाथ सत्ता लेने का, तुम स्वप्न क्यों नहीं चुन रहि हो॥(४२)

तुम्हारे हाथ में सत्ता होगी तो, आईएएस आदेश को मानेंगे।
सत्ता का संघर्ष करो तो, सब बहुजन तुमको जानेंगे॥(४३)

मैं तुम्हें ऐसे तैयार करूंगा, तब यह सारी दुनिया देखेगी।
तुम अब मेरा साथ पकड़ लो, बहुजन तुमको परखेगी॥(४४)

यह निर्णय तुम्हे करना है, क्या मेरी राह तुम पकड़ोगी।
अथवा जैसे और कर रहे, वह राह नौकरी पकड़ोगी॥(४५)

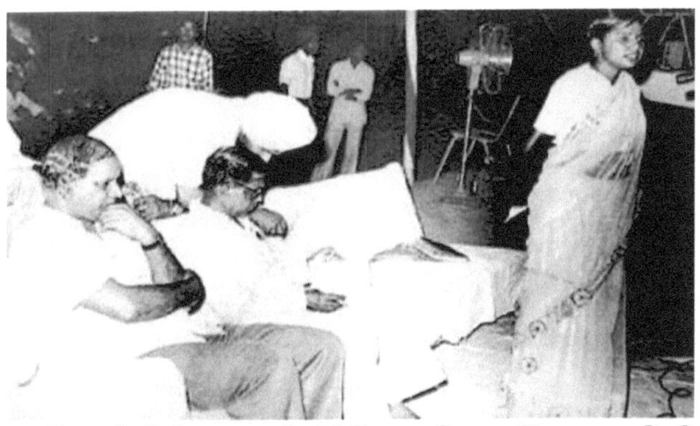

प्रारम्भिक दिनों में जनता को संबोधित करते हुए बहिन मायावती जी

कांसीराम ने अपनी यह बात, जिस युवती को बोली थी।
वह और कोई नहीं, बहिन मायावती हमजोली थी॥(४६)

वह आज बहुजन समाज पार्टी, बीएसपी की अध्यक्ष हैं।
और चार बार यूपी की, मुख्यमंत्री बनी प्रत्यक्ष हैं॥(४७).

मायावती से कांसीराम मिले, और उनको संदेशा दे आये।
एक घंटा उनके घर रहकर, उनको सब समझा आये॥(४८)

मायावती से कहा उन्होंने, तुम्हारे इरादे यहाँ खीच लाये हैं।
तुम्हारे हौसले और कुछ, खास बातें मेरी नजर में आये हैं॥(४९)

तुम्हें इतनी बड़ी लीडर बना दूंगा, राजनीति की ट्रेनिंग देकर।
एक नहीं बल्कि सारे कलेक्टर, खड़े होंगे फाइल लेकर॥(५०)

तब जाकर अपने समाज का, तुम ठीक से काम कर सकोगी।
राजनीतिक कड़ी डगर पर, तुम सबसे टक्कर लोगी॥(५१)

मान्यवर कांसीराम और बहिन मायावतीजी गंभीर मंत्रणा में

उस रात कांसीराम ने उनके घर, करीब एक घंटा बिताया।
कई सामाजिक और राजनीतिक, मुद्दों पर चर्चा किया॥(५२)

मायावती के पिता प्रभु दास, राजनीतिक रूप से जागरूक थे।
उन्होंने भी सब बात सुनी, पर कासीराम से ना सहमत थे॥(५३)

कांसीराम के आगमन को लेकर, उनके मन में दो राय थीं।
यह निश्चित रूप से परिवार के, बडे सम्मान की बात थी॥(५४)

कि एक बड़े नेता ने, मायावती की काफी तारीफ की थी।
और उनको राजनीति में, आने की खुली दावत दी थी॥(५५)

मगर जिस तरह से कांसीराम, उनकी बेटी को कह रहे थे।
आईएएस एग्जाम के रास्ते से, वह दूर कर रहे थे॥(५६)

कांसीराम का यह प्रस्ताव , उन्होंने अस्वीकार कर दिया।
अपनी पुत्री मायावती को, इसे न मानने का आदेश दिया॥(५७)

कांसीराम से हुयीं प्रभावित, मायावती ने यह निर्णय लिया।
और राजनीति में जाने का, वह मार्ग उन्होंने चुन लिया॥(५८)

एक वक्त आया जब मायावती के, पिता ने सीधे प्रश्न किया।
घर या राजनीति में से एक को, चुनने का आदेश दिया॥(५९)

परन्तु मायावती ने तब, अपने पिता की बात नहीं मानी।
और मायावती ने घर छोड़, राजनीति राह उचित मानी॥(६०)

जिस पर मायावती ने, बहुजन की राजनीति को ही चुना।
घर को छोड़ दिया बहिना ने, कांसीराम का संग चुना॥(६१)

बहिन मायावतीजी लोगों का अभिवादन स्वीकार करती हुई

जहां आज मायावती हैं, कांसीराम का पूर्ण योगदान रहा।
काफी समय से मायावती का, दलित वोटों पर राज रहा॥(६२)

और ये सब अगर हुआ है, तो कांसीराम की मेहनत थी।
जिसने मायावती को हीरे जैसा, तराशने की चाहत थी॥(६३)

फिर बामसेफ का काम देखने, दिल्ली को प्रस्थान किया।
कांसीराम के किराए के, घर में रहने का निर्णय लिया॥(६४)

कांशीराम का यह घर, अक्सर खाली ही पड़ा रहता था।
बाद में उनके साथ उनका भाई, सिद्धार्थ भी रहता था॥(६५)

मान्यवर कांसीराम और बहिन मायावती जी

सन तिरानवे में जब सपा बसपा, गठबंधन की सरकार बनी।
मुलायम सिंह मुख्यमंत्री हुए, मायावती पहचान बनी॥(६६)

मयावती का उस सरकार में, नित दिन प्रभाव बड़ने लगा।
उनके प्रभाव के कारण, 'महामुख्यमंत्री' कहा जाने लगा॥(६७)

कुमारी मायावती को उनके पिता मुहं मीठा कराते हुए

मायावती के पिता लखनऊ आये, उनसे मिल अनुरोध किया।
बादलपुर पुश्तैनी गांव हेतु, योजनाओं का आग्रह किया॥(६८)

जिस पर मायावती ने ताना दिया, आप पिता मतवाले हैं।
आपका वंश तो आपके बेटे, ही केवल चलाने वाले हैं॥(६९)

हालांकि बाद में पिता और, पुत्री के संबंध ठीक हो गए थे।
और पिता की बात मानकर, गाँव के विकास हो गए थे॥(७०)

मान्यवर कांसीराम और मायावतीजी

सन उन्नीस सौ चौइरासी में, इंदिरा गांधी की हत्या हो गयी।
उसके बाद कांग्रेस लहर चली, फिर से सत्तारूढ़ हो गयी॥(७१)

तब कैराना पश्चिमी यूपी से, पहला लोकसभा चुनाव लड़ी थीं।
मायावती खुलकर आईं, परन्तु बुरी तरह से हार पड़ी थीं॥(७२)

तब मायावती को कांग्रेसी प्रत्याशी, अख्तर हसन ने हराया था।
अख्तर ने प्रथम और, मायावती ने तीसरा स्थान पाया था॥(७३)

एक सभा में उपस्थित मान्यवर कांसीराम और मायावतीजी

बिना हताश हुए मायावती ने, फिर एक लोकसभा चुनाव लड़ा।
बिजनौर आरक्षित क्षेत्र से, वह उपचुनाव चुनाव लड़ा॥(७४)

ये एक त्रिकोणीय मुकाबला था, जिसमें दिग्गज शामिल थे।
मीरा कुमार व रामविलास पासवान, जैसे नेता शामिल थे॥(७५)

मायावती फिर तीसरे स्थान आईं, वोटों की संख्या बड गयी थी।
जो दलित वोट कांग्रेसी पाते थे, वो मायावती पा गयी थी॥(७६)

सन सत्तासी मई महीना, मायावती ने एक बार फिर आ गयीं।
उपचुनाव में अपनी किस्मत, आजमाने हाजिर हो गईं॥(७७)

इस बार हरिद्वार आरक्षित, निर्वाचन क्षेत्र से वो मैदान में थीं।
बसपा को राजनीतिक पार्टी, रूप मान्यता मिल चुकी थी॥(७८)

उन्होंने वह चुनाव अपनी पार्टी के, प्रतीक चिन्ह आधार लड़ा।
कांग्रेसी उम्मीदवार से हारीं पर, वोट प्रतिशत खूब बड़ा॥(७९)

चुनाव सभा में अभिनन्दन करते मान्यवर कांसीराम और मायावतीजी

इस चुनाव में रामविलास पासवान को, तीसरा स्थान मिला।
मायावती दूसरे स्थान पर, पासवान जमानत जब्त मिला॥(८०)

अंत में उन्नीस सौ नवासी वर्ष आया तो, पुनः चुनाव लड़ गईं।
बिजनौर लोकसभा जीतकर, वह संसद सदस्य बन गईं॥(८१)

पिच्चानवे में देश की, पहली दलित महिला मुख्यमंत्री बनीं।
जब उन्होंने यूपी के मुख्यमंत्री, पद की शपथ ले चुनी॥(८२)

अब तक वे चार बार उत्तर प्रदेश, की मुख्यमंत्री रह पाई हैं।
कई एतिहासिक काम किये, इतिहास में जगह बनाई हैं॥(८३)

आंबेडकर उद्यान में बाबा साहब, कांसीराम, मायावती की मूर्तियाँ

आज भी वह मान्यवर कांसीराम का, मिशन आगे बड़ा रही हैं।
शोषित पीड़ित और दलित हित, नई चेतना ला रही हैं॥(८४)

जो बहुजन की बात करेगा, वही देश पर राज करेगा।
कांसीराम का यह सन्देश, बहुजन सत्ता आधार बनेगा॥(८५)

कांसीराम ने उत्तराधिकारी बनाकर, बहुजन को सन्देश दिया।
बहुजन हित ही सबसे ऊपर, इसका ही संकल्प दिया॥(८६)

कांसीराम थे वह वैज्ञानिक, राजनीति के मुखर खिलाड़ी।
राजनीति के वह विज्ञानी, बातें उनकी कहूँ अगाडी॥(८७)

एकादश स्कंथः

राजनीति के वैज्ञानिक मान्यवर कांसीराम

जब सार्वजनिक जीवन में, कांसीराम का प्रवेश हुआ।
बाबा साहब डॉ. आंबेडकर को, जानने का भी वक्त हुआ॥(१)

यही वक्त दलितों के भी, राजनीतिक चेतनशील होने का था।
हालांकि उन्हें आरक्षण के बल, कुछ लाभ मिलने को था॥(२)

यह आरक्षण दलितों को, हमेशा से नहीं में मिला हुआ था।
बाबा साहब के संघर्षों के बल, संविधान प्रदत्त हुआ था॥(३)

दलित राजनीति सक्रिय करने का, श्रेय कांसीराम को जाता है।
दलित चेतना फिर से आई, भारत में ऐसा कहा जाता है॥(४)

बहुजन समाज पार्टी के संस्थापक, कांसीराम संगठक थे।
डॉक्टर अंबेडकर की तरह, बुद्धिजीवी और चिंतक थे॥(५)

अब हम सकते हैं कि, डॉ. अंबेडकर के बाद कांसीराम ही थे।
जो तब भारतीय राजनीति के, नये चमकते सूर्य ही थे॥(६)

उन्होंने समाज में बड़ा परिवर्तन, लाने की भूमिका निभाई है।
बहुजन को एकत्र किया, और उसमें सत्ता भूख जगाई है॥(७)

बेशक डॉ. अंबेडकर ने भारत को, शानदार संविधान दिया।
उसके जरिए इस परिवर्तन का, नया ब्लूप्रिंट पेश किया॥(८)

कांसीराम ही थे जिन्होंने, इसे राजनीति धरातल पर उतारा है।
बहुजन को सत्ता दिखलाकर, मनुवाद को ललकारा है॥(९)

कांसीराम को राजनीति के, एक धुरंधर कहे जाते थे।
उनके आसपास कोई न था, वह राजनीति वैज्ञानिक थे॥(१०)

जब आरक्षण से पाकर नौकरी, जो समाज से दूर हो गए।
सरकारी सेवा में जो दलित, कर्मचारी अधिकारी हो गए॥(११)

वे दलितों को भूल गए थे, उनको समाज में वापस लाये थे।
सत्ता का भी स्वाद चखाकर, समाज की सत्ता लाये थे॥(१२)

उन्नीस सौ इक्यासी में उन्होंने, समाज संगठन की नींव रखी।
दलित शोषित समाज संघर्ष समिति, से अपनी बात रखी॥(१३)

सन उन्नीस सौ व्यासी में उन्होंने, जब 'द चमचा एज' लिखा।
जिसमें तत्कालीन दलित, नेताओं की स्थिति को देखा॥(१४)

जो कांग्रेस जैसी परंपरागत, मुख्यधारा पार्टी का काम करते थे।
उन के इशारे पर चलते हैं, उन की चमचागीरी करते थे॥(१५)

उन्नीस सौ तिरासी में डीएसफोर ने, साइकिल रैली करवाई।
बड़ा आयोजन करके, देश को अपनी ताकत दिखलाई॥(१६)

इस रैली में तीन लाख, बहुजन लोगों ने हिस्सा लिया।
देश के कौने कौने जाकर, लोगों को जागरूक किया॥(१७)

सन उन्नीस सौ चौरासी में, उन्होंने बीएसपी की स्थापना की।
उसके बाद कांसीराम ने, पूरी तरह से राजनीति की॥(१८)

वे पूर्णकालिक राजनीतिक, सामाजिक कार्यकर्ता बन गए थे।
उन्होंने कहा था कि अंबेडकर, किताबें इकट्ठा करते थे॥(१९)

लेकिन मैं लोगों को, बदलाव लाने को इकट्ठा करता हूं।
उनमें दलित चेतना लाने का, पूरा प्रयाश भी करता हूं॥(२०)

उन्होंने तब मौजूदा पार्टियों में, दलितों स्थिति की पड़ताल की।
अपनी अलग पार्टी खड़ा करने की, जरूरत महसूस की॥(२१)

वो एक सामाजिक चिंतक थे, और ज़मीनी कार्यकर्ता भी थे।
बाबा साहब भीमराव आंबेडकर के, सच्चे फोलोवर भी थे॥(२२)

बहुत कम समय में बीएसपी ने, उत्तर प्रदेश की बेड़ी तोड़ी।
यूपी बहुजन राजनीति में, अपनी एक अलग छाप छोड़ी॥(२३)

उत्तर भारत की राजनीति में, तब एक नई चेतना आई।
गैर ब्राह्मणवाद की शब्दावली, बीएसपी प्रचलन में लाई॥(२४)

मंडल दौर की पार्टियां भी, सवर्ण जाति वर्चस्व के ख़िलाफ़ थीं।
दक्षिण भारत में यह प्रथा, पहले से ही शुरू हो चुकी थी॥(२५)

कांसीराम का मानना था कि, अपने हक़ के लिए लड़ना होगा।
उसके लिए गिड़गिड़ाने से, कोई भी बात नहीं मानेगा॥(२६)

कांसीराम मायावती के, गुरु और मार्गदर्शक भी थे।
मायावती को नेता बनाया, उसके बड़े समर्थक थे॥(२७)

मायावती ने कांसीराम की, राजनीति को आगे बढ़ाया।
बसपा को राजनीति में, एक ताकत रूप में खड़ा पाया॥(२८)

लेकिन मायावती कभी भी, एक राजनीतिक चिंतक नहीं रहीं।
कांसीराम मृत्यु से, तीन साल पहले से 'एक्टिव' रहे नहीं॥(२९)

बीएसपी उत्तर प्रदेश में, बड़ी पार्टी बनकर उभर सकती है।
कांसीराम की विरासत, आज और बेहतर कर सकती है॥(३०)

बीमारी और मौत से पहले, कांसीराम ने निर्णय लिया था।
मायावती को राजनीति का, जो प्रतिनिधि चुन लिया था॥(३१)

खैर इसने उत्तर प्रदेश में, दलितों को तो मजबूत बनाया है।
साथ ही दूसरे राज्यों में, वोट शेयर में इजाफा किया है॥(३२)

व्यक्तिगत रूप से कांसीराम, एक सादा जीवन जीते थे।
उनका रहन सहन सादा था, और सदा ही खाते पीते थे॥(३३)

लेकिन इस बात को लेकर भी, बहस लगती रही ठीक है।
धन वैभव प्रदर्शन भी, दलित सशक्तिकरण प्रतीक है॥(३४)

द्वादश स्कंथः

बहुजन नेतृत्व को ढूढ़ ढूढ़ कर सामने लाये मान्यवर कांसीराम

आज़ाद भारत की बहुजन राजनीति में, शीर्ष पर हैं कांसीराम।
आंबेडकरवाद को ले गए, नयी बुलंदियों तक कांसीराम॥(१)

उनका उदय भारतीय राजनीति में, एक पहेली से ना कम था।
उन्होंने जो एक राह दिखाई, और किसी में ना वह दम था॥(२)

उन्होंने मात्र चन्द साल में, बहुजन राष्ट्रीय पार्टी खड़ी कर दी।
बल्कि देश के बड़े राज्य यूपी में, पार्टी सरकार बना दी॥(३)

हज़ारों साल से पीड़ित जनता को, आंदोलन से जोड़ लिया।
समकालीन भारतीय राजनीति को, एकअनोखा मोड़ दिया॥(४)

कांसीराम ने राजनीति का, भारतीय लोकतंत्र में अवसर पाया।
संसाधन वितरण में 'पैट्रोनेज सिस्टम', की व्यवस्था लाया॥(५)

बहुजन की संख्या थी भारी, पर अधिकार न पा रहा था।
सत्ता शीर्ष पर दलितों को, हिस्सा नहीं मिल पा रहा था॥(६)

कांसीराम ने प्रतिनिधित्व की, राजनीति को माध्यम बनाया।
दलितों के आगे बढ़े हुए, तबके को यह भरोसा दिलाया॥(७)

कि सत्ता मिलने पर उसी, पैट्रोनेज के द्वारा ऊपर आयेंगे।
वह उनको अवसरों एवं, संसाधनों में हिस्सेदारी दिलाएंगे॥(८)

कांसीराम के आश्वासन से, पहले दलित इलीट तबक़ा जुड़ा।
'स्ट्रेटेजिक वोटिंग' के तहत, उनसे शिक्षित समाज जुड़ा॥(९)

बाद में उनकी देखा देखी, बहुजन जनमानस भी उनसे जुड़ा।
दलित आंदोलन और, बहुजन समाज पार्टी जनाधार बड़ा॥(१०)

उत्तर भारत ख़ासकर यूपी में, उनको सफलता इसलिए मिली।
क्योंकि यहां दलित आंदोलन, उन्हें पहले से मौजूद मिली॥(११)

आगरा मेरठ अलीगढ़ कानपुर, शहरों में संख्या भारी थी।
दलितों ख़ासकर चमार जाटवों की, उसमें हिस्सेदारी थी॥(१२)

उनकी मज़बूत आर्थिक स्थिति से, यह सब संभव हो पाया।
इन शहरों में बसे दलितों की, राजनीति ने रंग जमाया॥(१३)

आर्थिक स्थिति में मज़बूती, चमड़े की क़ीमत वृद्धि से आयी थी।
द्वितीय विश्व युद्ध में समुद्र मार्ग से, सप्लाई टूटी पायी थी॥(१४)

जिससे सैनिकों के प्रयोग में, आने वाला सामान न मिलता था।
चमड़े का सामान ब्रिटेन से, आयातित नहीं हो पाता था॥(१५)

पूर्वी मोर्चे पर लड़ने के लिए, सेना को इनकी ज़रूरत थी।
जिसकी पूर्ति इन शहरों से, बने सामानों ने पूरी की थी॥(१६)

चमड़े के सामान की क़ीमत में, इस कारण से वृद्धि आई थी।
इससे इनके आस पास, रहने वालों में मजबूतीआई थी॥(१७)

दलित समाज पहले की, तुलना में इससे मज़बूत हुआ।
उसने छोटे स्वतंत्र आंदोलन, चलाकर आसमान छुआ ॥(१८)

कांसीराम ने उन्हीं छोटे छोटे, आंदोलनों को समाहित किया।
और सबको साथ लेकर, बड़ा आंदोलन खड़ा कर दिया॥(१९)

उपरोक्त विश्लेषण कांसीराम को, समझने में उपयोगी ही हैं।
लेकिन ये एक सवाल का, जवाब देने में असमर्थ ही हैं॥(२०)

वो ये कि कांसीराम के नेतृत्व को, क्यों लोगों ने स्वीकार किया।
क्या कारण था दलितों ने, कांसीराम पर विश्वास किया॥(२१)

किसी समाज में नेतृत्व को, समझने का जो तरीका आया है।
समाज विज्ञानी ने तीन तरह के, नेतृत्व बारे में बताया है॥(२२)

विकसित देशों में लोग लीगल, रेशनल अथॉरिटी को मानते हैं।
जिसकी वजह से वहां संस्थानों, की तरजीह को जानते हैं॥(२३)

विकासशील देशों में लोग, अथॉरिटी में नेतृत्व खोजते हैं।
जिसमें किसी व्यक्ति में, दैवीय शक्ति तलाश करते हैं॥(२४)

इन सबके इतर पारम्परिक, समाज में जो सम्मान पाता है।
प्रायः बड़े बुजुर्ग को ही, नेता स्वीकार किया जाता है॥(२५)

भारतीय समाज इन तीनों ही, नियमों से मिलकर बनती है।
इसलिए नेतृत्व समझने में, यह ख़ास मदद नहीं करती है॥(२६)

नेतृत्व की इस कमी को देखकर, सन तिरेसठ में नई खोज की।
भारतीय नेता समझने की, नयी अवधारणा विकसित की॥(२७)

जिसे 'थ्री इडियम्स ऑफ इंडियन पॉलिटिक्स' का नाम देते हैं।
भारतीय राजनेताओं को ही, थ्री इडियम का मान लेते हैं॥(२८)

यानी तीन भाषा विन्यासों, आधुनिक पारम्परिक से करते हैं।
और सधुक्कड़ी भाषा वालों के, रूप में वर्गीकृत करते है॥(२९)

इस अनुसार जवाहरलाल नेहरू को, आधुनिक भाषी कहते है।
अकाली नेता तारा सिंह, पारम्परिक भाषा भाषी कहते है॥(३०)

और महात्मा गांधी को, सधुक्कड़ी भाषी कहा जाता है।
इनको इसे प्रयोग करने वालों, के तौर पर जाना जाता है॥(३१)

आज़ादी बाद भारत में नेता, तीनों भाषाओं का प्रयोग करते है।
इससे वह बड़ी संख्या में, जनता को आकर्षित करते हैं॥(३२)

अगर भारतीय राजनीति में, जनता को आकर्षित करना देखें।
प्रयोग में लायी जाने वाली, उक्त तीन भाषाओं को परखें॥(३३)

तो कांसीराम आज़ाद भारत में, एक ऐसे नेता दिखाई देते हैं।
जो राजनीति में तीनों ही, भाषाओं का प्रयोग करते हैं॥(३४)

कांसीराम के बारे में यह बात, आम तौर पर प्रचलित थी।
वह पेशे से एक वैज्ञानिक थे, उनकी सोच वैज्ञानिक थी॥(३५)

उनको लोकतांत्रिक तरीक़े से, चुनाव लड़ कर जगह पानी थी।
संवैधानिक संस्थाओं में हिस्सेदारी, लेने की जब ठानी थी॥(३६)

और अपने अधिकार हासिल करने, की बात को भी बताते हैं।
आधुनिक भाषा के प्रयोग, उनके सिद्धांत को दर्शाते है॥(३७)

कांसीराम अपने भाषणों में, जाति और धर्म के नाम बताते हैं।
उससे अपने लोगों को संगठित, होने की बात समझाते हैं॥(३८)

वो छोटी छोटी जातियों को, संगठित करके संघ बनाते हैं।
अनुपातिक प्रतिनिधित्व देकर, अपना संगठन चलाते हैं॥(३९)

तमाम ग़ैर ब्राह्मणवादी भाषा, प्रतीक चिन्हों का प्रयोग करते हैं।
उनका उपयोग भी वो, अपने मोबिलिज़ेशन में करते हैं॥(४०)

वे अक्सर बौद्ध प्रतीकों का भी, इस्तेमाल करते नजर आते हैं।
यह उनके परम्परागत भाषा, के उपयोग के सबूत देते हैं॥(४१)

इन दोनों भाषाओं के अलावा, कांसीराम अन्य प्रयोग करते हैं।
वे सधुक्कड़ी भाषा और, प्रतीकों का उपयोग भी करते हैं॥(४२)

बल्कि उन्होंने अपने जीवन को ही, इस तरह प्रस्तुत कर दिया।
मानो साधु ने जनकल्याण को, घर परिवार छोड़ दिया॥(४३)

उनका शादी न करने, परिवार छोड़ देने की बात निराली है।
रुपया पैसा ज़मीन जायदाद, न रखने की सोच निराली है॥(४४)

कोई भी बैंक एकाउंट न रखने की, यह शपथ दर्शाती है।
राजनीति में सधुक्कड़ी भाषा, के नज़दीक ले जाती है॥(४५)

इसके साथ ही बेहद साधारण, तरीक़े से बातचीत कर जिया।
खान पान के तरीक़ों ने, सधुक्कड़ी छवि मजबूत किया॥(४६)

यह दिलचस्प है कि वह आंबेडकर को, अपनी प्रेरणा बताते हैं।
दलित नेता आंबेडकरी ड्रेस में, ही गर्व महसूस करते हैं॥(४७)

उनके उलट कांसीराम ने, बेहद ही साधारण तरीक़े अपनाये।
पहनावे व अन्य मामले में, उनकी नक़ल नहीं कर पाए॥(४८)

कांसीराम भारतीय राजनीति की, तीनों भाषाओं के प्रयोग पाए।
इसीसे जनता उनके प्रति, आकर्षण विश्वास पैदा हो पाए॥(४९)

अन्य दलित नेता ऐसा करने में, अक्सर ही असफल रह पाए।
इसलिए उनके प्रति जनता का, विश्वास नहीं वह ले पाए॥(५०)

इसके साथ ही कांसीराम, जन जन तक खुद ही पहुंचे।
बहुजन नेताओ को खोज खोज कर, उन तक पहुंचे॥(५१)

उनको कैडर दे तैयार किया, फिर जनमत को सौंप दिया।
ऐसे बहुजन नेता पाकर, जनता ने हाथों हाथ लिया॥(५२)

बहुजन को जोड़ने का, उनका वह काम निराला था।
किसी भी दफ्तर में आ जाते, कोई नहीं रखवाला था॥(५३)

वहाँ पूछते कौन दलित है, जो आरक्षण से नौकरी पाया।
मनुवादी उनको बतलाते, किस जाति से वह आया॥(५४)

उससे वह संपर्क साधते, और उससे आगे पता करते।
काउ कौन उसके साथी है, जो आरक्षण से नौकरी करते॥(५५)

इस तरह समूह बनाकर, उन्हें बामसेफ को बतलाते।
जो भी तेज तरार होते थे, उनको मुखिया बनवाते॥(५६)

इस तरह उनको हर दफ्तर, नए नए साथी मिल जाते।
जो आर्थिक रूप मदद करते, वक्त जरूरत काम आते॥(५७)

इस तरह से बामसेफ का, पूरे भारत में विस्तार किया।
कई जगह से नेता मिल गए, डीएसफोर पर काम किया॥(५८)

डीएसफोर के माध्यम से, जब गाँव गाँव में भ्रमण किया।
भूले बिसरे नेताओं संग, तब गाँव समाज में रमण किया॥(५९)

गाँव गाँव केडर बनवाकर, उनको प्रशिक्षण दिया भारी।
अपनी बाते मनवाने को, तब कीनी थी भारी तैयारी॥(६०)

गाँव गाँव में केम्प लगाकर, केडर मीटिंग करते थे।
बहुजन समाज इकट्ठा करके, अपनी बाते कहते थे॥(६१)

तब गाँव गाँव में नेता बन गए, उनको बसपा से जोड़ा।
उनको पंचायत चुनाव लडवाए, और जिताए तब मोड़ा॥(६२)

अब नेताओं की फौज खड़ी थी, जो बूथ संचालन करती थी।
उनमे कुछ नेता बड़े हो गए, पार्टी भी सम्मान करती थी॥(६३)

यह सब कांसीराम की मेहनत, और सूझबूझ का था परिणाम।
इसने आन्दोलन खड़ा किया, बहुजन के आना था काम॥(६४)

तब बहुजन को मान मिला, और चुनाव की राह पकड़ी।
जहां भी बसपा चुनाव लडती, बहुजन मिलती वहां खड़ी॥(६५)

वोट का प्रतिशत बढता जाता, कांग्रेस पर लगी लगाम।
कई चुनाव जीते बहुजन ने, बसपा केडर करता काम॥(६६)

कांसीराम खोजकर लाते, फिर उनको वह ट्रेनिंग देते।
नेताओं की फौज खड़ी कर, उनको आगे कर देते॥(६७)

इसी दौर के बहुजन नेता, आज बड़े नेता बन गए हैं।
अलग अलग अपने दल लेकर, राजनीति में चल गए हैं॥(६८)

त्रियोदश स्कंथः

मान्यवर कांसीराम पर लगे आरोपों का जबाब

बात करें जब कांसीराम की, वह दलित चेतना लाते है।
उन पर भी आरोप लगे, उससे उनके गहरे नाते है॥(१)

छः दिसम्वर सन वानवे को, बाबरी मस्जिद ढहाई थी।
बीजेपी के कल्याण सिंह, उनकी सरकार गिराई थी॥(२)

उसके बाद से यूपी में, मंडल कमंडल की बात चली थी।
सपा और बीएसपी की, गठबंधन सरकार बनी थी॥(३)

इस सरकार में दबदबा था, तो वह कांसीराम का था।
मुलायम सिंह मुख्यमंत्री, पर गठबंधन का चौका था॥(४)

वह जल्दी जल्दी यूपी आते, सरकार के कामकाज देखते।
समीक्षा कर अपने मंत्रियों की, परफॉरमेंस चेक करते॥(५)

तब यूपी में प्रिंसिपल सेक्रेटरी, एक आईएएस हुआ करते थे।
वह दलित सिख राय सिंह थे, रमदासी परिवार से आते थे॥(६)

वह पंजाब के उसी इलाके के थे, कांसीराम जहां के थे।
इससे वह कांसीराम के, बेहद विश्वासपात्र मित्र जैसे थे॥(७)

गठबंधन सरकार में, समाज कल्याण प्रिंसिपल सेक्रेटरी थे।
यह मंत्रालय बीएसपी पास था, जिसके राज बहादुर मंत्री थे॥(८)

राज बहादुर बीएसपी के, संस्थापक सदस्यों में से एक थे।
और मंत्री बनाने से पूर्व वह, बीएसपी के प्रदेश अध्यक्ष थे॥(९)

राजबहादुर पूर्व मंत्री बसपा सरकार

उससे पहले राजबहादुर, बसपा के राष्ट्रीय सेक्रेटरी जनरल रहे।
कांसीराम के अत्यंत निकट थे, कांसीराम के हमराज़ रहे॥(१०)

इस कारण बहिन मायावती, इनसे कुछ ईष्या करतीं थीं।
और इन्हें किनारे करने को, वह सदैव लगीं रहतीं थीं॥(११)

राजबहादुर प्रभावी रहे तो, बहिनजी ने जासूस लगाए।
पल पल की खबर को लेकर, कासीराम बरगलाए॥(१२)

जब बीएसपी चीफ के साथ, प्रिंसिपल सेक्रेटरी की मित्रता हो।
तो वह भला मंत्री को भाव क्यों देंगे, ऐसी ही सत्यता हो॥(१३)

यह स्थिति फिर भी ठीक थी, पर देख रही थी सब जनता।
लेकिन मंत्री को खास तौर पर, शर्मिंदगी का सबब बनता॥(१४)

कांसीराम मंत्रियों के काम की, समीक्षा को लखनऊ आते।
राय सिंह को कांसीराम संग, बराबर सोफे पर बैठा पाते॥(१५)

लेकिन मंत्री सामने फर्श पर, गद्दे पर ही आसीन होते।
और राय सिंह अपने मंत्री को, पढ़ने की कोशिश करते॥(१६)

परिपाटी यह थी कि कांशीराम, किसी मंत्री से सवाल करते।
तो उसे खड़े होकर, उनको सब जवाब देने पड़ते॥(१७)

आखिर एक दिन राज बहादुर का, सारा धैर्य जवाब दे गया।
मायावती ने मुलायम सरकार से, समर्थन वापस ले लिया॥(१८)

तो राजबहादुर ने बगावत कर, मुलायम का समर्थन किया।
और बीएसपी (आर) नाम से, अलग पार्टी बना लिया॥(१९)

इसके बाद वह कुछ दिन, समाज में रहे फिर कांग्रेस में गए।
इस पार्टी की उपेक्षा से, वह आन्दोलन से दूर होते गए॥(२०)

वर्तमान में भी वह, भारतीय पंचशील पार्टी चलाते हैं।
उसके राष्ट्रीय अधक्ष रूप में, समाज उत्थान कराते हैं ॥(२१)

उधर, राय सिंह की पत्नी, बीजेपी सरकार में मंत्री बनीं।
रिटायर होने पर, राय सिंह ने भी, कांग्रेस जॉइन कर ली॥(२२)

मुलायम सिंह सरकार पतन बाद, बसपा की सरकार बनी।
भाजपा के समर्थन से मायावती, यूपी की मुख्यमंत्री बनी॥(२३)

वह सन पिच्चानवे का जून मास था, बीएसपी सरकार बनी।
पहली दलित मुख्यमंत्री देकर, दलितों की थी बात बनी॥(२४)

कांशीराम का जन्म रामदसिया, हिंदू परिवार में हुआ था।
लेकिन बाद में परिवार ने, सिख धर्म अपना लिया था॥(२५)

वे पुणे की गोला बारूद फैक्ट्री में, क्लास वन के अधिकारी थे।
फैक्ट्री में उनके संगी दीनाभाना, चतुर्थ श्रेणी कर्मचारी थे॥(२६)

वे अंबेडकर जयंती पर, छुट्टी लेकर घर जाना चाहते थे।
और उनके वरिष्ठ अधिकारी, इस पर सहमत नहीं थे॥(२७)

इसी को लेकर उनका, वरिष्ठ अधिकारियों से विवाद हुआ।
अनुशासनिक कार्यवाही कर, उन्हें सस्पेंड किया गया॥(२८)

उनका पक्ष लेने आए तो, डीके खापर्डे को भी सस्पेंड किया।
इसका पता चलने पर, कांसीराम ने इसका विरोध किया॥(२९)

नतीजा यह हुआ कि उन्हें भी, नौकरी से सस्पेंड दिया गया।
फिर उन्होंने सस्पेंड करने वाले, अधिकारी को पीट दिया॥(३०)

और फिर कांसीराम दलितों के, उत्थान के लिए निकल पड़े।
वह सरकारी कर्मचारियों को, इकट्ठा करने निकल पड़े॥(३१)

यहीं से नीव पड़ी दलित, नौकरी पेशा लोगों को लाने की।
कर्मचारियों और अधिकारियों, के संगठन बामसेफ की॥(३२)

तब छह दिसंबर उन्नीस सौ, अठहत्तर का वह दिन था।
जब राष्ट्रपति भवन के सामने, स्थित बोटक्लब मैदान था॥(३३)

तीन दलित हितेषी लोगों ने, मिल बामसेफ स्थापना किये थे।
ये तीन लोग कांशीराम, डीके खापर्डे और दीनाभाना थे॥(३४)

कांसीराम ने दिल्ली महाराष्ट्र, पंजाब उत्तर प्रदेश जोड़ा।
हरियाणा में संगठन मजबूती कर, लाखों लोगों को जोड़ा॥(३५)

दलितों वंचितों का संघर्ष कर, कांशीराम को अहसास हुआ।
राजनीतिक सत्ता बिना, दलित उत्थान मुश्किल हुआ॥(३६)

इसलिए चौदह अप्रैल उन्नीस सौ, चौरासी को फैसला लिया।
जिसके बाद उनकी, बहुजन समाज पार्टी का जन्म हुआ॥(३७)

हालाँकि इसका असर यह हुआ, कि बामसेफ टूट गया।
उनके कई साथी ने, इससे अलग होकर मोर्चा लिया॥(३८)

पूर्व पत्रकार और नेता आशुतोष, ने भी आरोप लगाए थे।
कांसीराम के एक थप्पड़ से, वह सुर्खियों में आए थे॥(३९)

यह पूरी घटना जब, सन उन्नीस सौ छियानवे में हुई थी।
जब कांसीराम के घर, पत्रकारों की भीड़ लगी हुई थी॥(४०)

पत्रकार राम जन्मभूमि पर, उनकी बाइट लेना चाहते थे।
कांशीराम समर्थकों ने, पत्रकार वहां से हटा दिये थे॥(४१)

बावजूद इसके बाइट लेने पर, अड़े पत्रकारों का जमावड़ा था।
नाराज कांशीराम ने आशुतोष को, थप्पड़ मार दिया था॥(४२)

इस घटना से चार साल पहले, उन्नीस सौ बानवे का वयान था।
अयोध्या में विवादित ढाँचे को, वह वोवादित वयान था॥(४३)

कि उस ढाँचे की जगह, सुलभ शौचालय बनवा देना चाहिए।
उसे सार्वजनिक कार्य का, स्थान बना देना चाहिए॥(४४)

चतुर्दश स्कंथः

राष्ट्रपति का पद ठुकराने वाले मान्यवर कांसीराम

'फ़र्स्ट अमंग दि इक्वल्स', अंग्रेज़ी में एक मुहावरा लिखा है।
इसी शीर्षक से ब्रिटेन की, सियासत पर उपन्यास लिखा है॥(१)

इसका मतलब है किसी, विशेष समूह में प्रतिष्ठित होना।
किसी का ओहदा प्रतिष्ठा, हैसियत सबसे ऊपर होना॥(२)

इसे देश की सरकार में, प्रधानमंत्री पद से समझा जाता है।
मंत्रिमंडल में मंत्री भी होते हैं, मुखिया महत्वपूर्ण होता है॥(३)

प्रधानमंत्री की हैसियत, बाक़ी सभी से ज़्यादा होती है।
उसके मुताबिक़ ही, मंत्रिमंडल में जगह तय होती है॥(४)

दुनिया के लिए प्रधानमंत्री ही, देश का चेहरा होता है।
उसी के विवेक अनुसार, देश का हर कार्य होता है॥(५)

और यही वह पद है जिस पर, सबका प्रतिनिधि पहुंचा है।
लेकिन दलित वर्ग का कोई व्यक्ति, अभी नहीं पहुंचा है॥(६)

ऊपर जो छोटी सी भूमिका है, उसका जातिगत प्रवंध है।
कांशीराम के जीवन की घटना, उद्देश्य से गहरा संबंध है॥(७)

पूर्व प्रधानमंत्री अटल बिहारी वाजपेयी ने, उपकार किया था।
मान्यवर कांसीराम को, राष्ट्रपति बनने का प्रस्ताव दिया था॥(८)

लेकिन मान्यवर कांसीराम ने, यह प्रस्ताव ठुकरा दिया था।
उनके एजेंडे में राष्ट्रपति नहीं, बल्कि प्रधानमंत्री पद था॥(९)

जिसकी जितनी संख्या भारी, उसकी उतनी हिस्सेदारी पाते थे।
कांसीराम सत्ता दलित की, चौखट तक लाना चाहते थे॥(१०)

वे राष्ट्रपति बनकर चुपचाप, अलग बैठने को तैयार नहीं हुए।
वे कांसीराम को राष्ट्रपति, बनाने को क्यों तैयार हुए॥(११)

कहते हैं कि राजनीति में, कोई प्रतिद्वंद्वी को प्रसन्न करता है।
वह उसे कमज़ोर करने का, एक मात्र प्रयास होता है॥(१२)

ज़ाहिर है वाजपेयी इसमें, कुशल होते हुए भी भूल गए।
वह कांशीराम को, पूरी तरह समझने में चूक गए॥(१३)

वरना वे निश्चित ही उन्हें, ऐसा प्रस्ताव नहीं दे सकते हैं।
कांसीराम की अस्वीकृति में, उनका लक्ष्य देख सकते हैं॥(१४)

यह लक्ष्य था सदियों से गुलाम, दलित समाज को आगे लाना।
उसे लोकतांत्रिक सत्ता के, ऊंचे ओहदे पर बिठाना॥(१५)

इस तरह से बहुजन को, 'फ़र्स्ट अमंग दि इक्वल्स' बनाना।
एक दलित को मुख्यमंत्री, अथवा प्रधान मंत्री बनवाना॥(१६)

कांसीराम पर आरोप लगे कि, उन्होंने मनमानी दिखलाई।
उन्होंने किसी से गठबंधन की, वफ़ादारी नहीं निभाई॥(१७)

उन्होंने कांग्रेस बीजेपी और, समाजवादी से समझौता किया।
और फिर ख़ुद ही एकतरफा, समझोता तोड़ भी दिया॥(१८)

ऐसा इसलिए क्योंकि कांशीराम ने, इनसे तो समझौता किया।
परन्तु गठबंधन उन्होंने, केवल अपने लक्ष्य से किया॥(१९)

इसके लिए आलोचक उनकी, आलोचना भी करते रहे हैं।
लेकिन कांशीराम भी, इन आरोपों का जवाब देते रहे हैं॥(२०)

राजनीतिक और सामाजिक, संघर्ष के दौरान दिखा दिया।
ब्राह्मणवाद प्रभावित नीति का, बेहद तीखा विरोध किया॥(२१)

फिर चाहे वे महात्मा गांधी हों, राजनीतिक दल या मीडिया।
या दलित समाज के लोग, जिन्हें 'चमचा' तक कह दिया॥(२२)

उनके मुताबिक ये 'चमचे', वे दलित नेता ही अधिक थे।
जो दलितों की 'स्वतंत्रता संघर्ष' में, उनके विरुद्ध थे॥(२३)

दलित संगठनों का साथ देने के, बजाय ये कांग्रेस के साथ रहे।
फिर भाजपा जैसे राजनीतिक, दलों में मौक़े तलाशते रहे॥(२४)

कांसीराम और उनकी विचारधारा, मानने वाले लोग कहते हैं।
वे दलित संघर्ष को कमज़ोर, करने का काम करते है॥(२५)

अपनी किताब 'चमचा युग' में, कांसीराम ने संज्ञान लिया है।
महात्मा गांधी और कांग्रेस को, ज़िम्मेदार ठहराया है॥(२६)

डॉ. अंबेडकर का पृथक, निर्वाचक मंडल लागू नहीं किया।
गांधीजी ने दबाव बनाकर इसे, पूरा होने नहीं दिया॥(४४)

और पूना पैक्ट के फलस्वरूप, आगे इसके दुष्प्रभाव आये।
संयुक्त निर्वाचक मंडलों में, उनके 'चमचे' खड़े पाए॥(२७)

चमचों की ज़रूरत

कांसीराम का मानना था कि, जब कोई दलित संघर्ष करता है।
और मनुवाद को अभूतपूर्व, चुनौती देते नज़र आता है॥(२८)

तब ब्राह्मण वर्चस्व वाले दल, जिनमें कांग्रेसी भी रहते है।
दलित नेताओं को सामने कर,आंदोलन कमज़ोर करते हैं॥(२९)

उसको दलाल पिट्ठू अथवा, चमचा औज़ार बनाया जाता है।
सच्चे योद्धा का विरोध करने को, आगे बढाया जाता है॥(३०)

जब सच्चे योद्धा सामने होते हैं, चमचों की मांग तभी होती है।
जब लड़ाई सामने न हो, तो उनकी मांग नहीं होती है॥(३१)

जब किसी योद्धा की तरफ से, कोई ख़तरा नहीं होता है।
तो चमचों की क्या आवश्यकता, तब कोई न पूछता है॥(३२)

प्रारंभ में कांसीराम की भी, जानकर बहुत उपेक्षा की गई।
किंतु बाद में दलित वर्गों का, सच्चा नेतृत्व पहचान हुई॥(३३)

जब उनका नेतृत्व सशक्त, निस्वार्थीऔर प्रबल हो गया।
तो उनकी उपेक्षा नहीं, की जा सकी ऐसा हुआ॥(३४)

इस मुक़ाम पर आकर, ऊंची जाति हिंदु भी अहसास करें।
वे सच्चे दलित नेताओं के, विरुद्ध चमचे खड़े न करें॥(३५)

अंत समय तक 'शून्य'

इस पूरे सफ़र में कांसीराम ने, लाखों लोगों को साथ जोड़ा।
सैकड़ों किलोमीटर साइकल दौड़ाई, मीलों पैदल दोड़ा॥(३६)

ऐसे भी मौके आए जब, फटी कमीज़ पहनकर अगुवाई की।
उन्होने नीली या सफ़ेद कमीज़ में, ही दलित लड़ाई की॥(३७)

इसके अलावा शायद ही किसी ने, अलग कपड़े में देखा हो।
सादा जीवन उच्च विचार, वाक्य को किया अनदेखा हो॥(३८)

नव्वे के दशक तक, कांशीराम की हालत बिगड़ने लगी थी।
हाई शुगर के साथ, ब्लड प्रेशर की भी समस्या लगी थी॥(३९)

सन उन्नीस सौ चौरानवे में, उन्हें दिल का दौरा पड़ा।
सन दो हज़ार तीन में, उन्हें गंभीर ब्रेन स्ट्रोक ने जकड़ा॥(४०)

लगातार ख़राब सेहत ने, दो हज़ार चार तक एकांत दिया।
उन्हें सार्वजनिक जीवन से, एक तरह से दूर कर दिया॥(४१)

अंत में नौ अक्टूबर, दो हज़ार छह को दिल का दौरा पडा।
दलित चेतना के उस, मानवीय स्वरूप को जाना पडा॥(४२)

दलित राजनीति के दिग्गज, कहे जाने वाले की मृत्यु हो गई।
और इसी के साथ दलितों की, वह नवचेतना खो गई॥(४३)

कांसीराम ने केवल एक, व्यक्ति के लिए कुछ नहीं किया।
ये व्यक्ति वे ख़ुद थे, जो सदैव सन्यासी का जीवन जिया॥(४४)

घर त्यागने से पहले परिवार के लिए, वे एक चिट्ठी छोड़ गए थे।
अब कभी वापस नहीं लौटूंगा, इसमें वह ऐसा कह गए थे॥(४५)

वे घर नहीं लौटे न घर बसाया, और न कोई संपत्ति बनाई।
परिवारी सदस्यों की मृत्यु पर भी, घर की याद नहीं आई॥(४६)

परिवारी जन कभी लेने आए तो, उन्होंने जाने से मना किया।
शोषित पीड़ित दलित हित, अपना सब कुछ छोड़ दिया॥(४७)

संसार में ऐसे राजनीतिक व्यक्तित्व, बहुत कम ही हुए हैं।
जिन्होंने अपने संघर्ष से वंचितों को, अधिकार दिए हैं॥(४८)

उन्हें फ़र्श से अर्श तक पहुंचाया, उनका संघर्ष करते रहे।
ख़ुद आरंभ से अंत तक, शून्य को प्रणाम करते रहे॥(४९)

कांसीराम ऐसी ही एक मिसाल हैं, कि वे संन्यासी नहीं थे।
संसार में रहकर भी वह, संभवतः सांसारिक नहीं थे॥(५०)

लेकिन लोग मानते हैं कि, जो समर्पण कांसीराम ने दिखाया।
वैसा सम्पूर्ण त्याग, किसी संन्यासी ने भी नहीं दिखाया॥(५१)

कांशीराम के बाद

कांसीराम के नहीं होने का, सबसे ज़्यादा दुख उन्हें हुआ।
जो उनके साथ शुरू से जुड़े, फिर कहीं नहीं जाना हुआ॥(५२)

ये कांसीराम का नाम नहीं लेते, उन्हें 'मान्यवर' कहते हैं।
ये आज भी मान्यवर के नाम, बहुजन का संघर्ष करते हैं॥(५३)

आज न तो कांसीराम जीवित हैं, और न ही वह बीएसपी है।
जो उनके समय हुआ करती थी, अब सर्वजन बीएसपी है॥(५४)

आज बसपा ब्रहामण भरोसे है, दलित नहीं विशेष है।
अब कहते हैं हाथी नहीं गणेश है, ब्रह्मा विष्णु महेश है॥(५५)

हाथी को अब गणेश बनाया, और ब्रहामण शंख बजाता है।
परिवारीजन अब नेता हो गए, बहुजन से नहीं नाता है॥(५६)

पञ्चदश स्कंथः

एक अप्रितम समाज शास्त्री मान्यवर कांसीराम

कांसीराम राजनीति के, बेमिसाल रसायन शास्त्री थे।
साथ ही वे एक अप्रिताम, समाज शास्त्री भी थे॥(१)

भारतीय राजनीति में ऐसा, पहले कभी नहीं हुआ है।
दूसरी बार ऐसा कब होगा, यह भविष्य में डूबा हुआ है॥(२)

पचास साल की उम्र में, एक व्यक्ति कोशिश करता है।
वर्ष उन्नीस सौ चौरासी में, एक पार्टी का गठन करता है॥(३)

देखते ही देखते देश के, सबसे बड़े राज्य का रुख करता है।
वह उत्तर प्रदेश जहां से, लोकसभा की पिच्चासी सीटें हैं॥(४)

उसमें इस नई पार्टी की, मुख्यमंत्री की शपथ ले लेती है।
पार्टी उससे पहले एक मुख्य, राष्ट्रीय पार्टी बन जाती है॥(५)

फिर वोट प्रतिशत के हिसाब से, यह प्रमुखता से आती है।
और फिर देश की तीसरी, सबसे बड़ी पार्टी बन जाती है॥(६)

जिसने पार्टी का गठन किया, बेहद साधारण परिवार से था।
उस समुदाय से जिसे, पढ़ने लिखने का भी हक नहीं था॥(७)

और जिन्हें ऊंची जाति को, छूने की शास्त्रों में मनाही थी।
यह चमत्कार कितना बड़ा था, जो बातें अनकहीं थी॥(८)

इसे समझने के लिए, बीजेपी और जनसंघ को देखें।
और कांग्रेस जैसी मुकाबले की, दूसरी पार्टियों को परखें ॥(९)

जिनकी लंबी चौड़ी विरासत है, और लंबा है सिलसिला।
जिन्हें समाज के समृद्ध, और समर्थ लोगों का साथ मिला॥(१०)

जो सरकारी कर्मचारी पद से, पहले इस्तीफा दे चुका था।
इस व्यक्ति के पास, संसाधन नाम पर कुछ भी नहीं था॥(११)

न कोई कॉर्पोरेट समर्थन, न कोई और तरह की ताकत।
न सपोर्ट में मीडिया, न कोई खुद की मजबूत विरासत॥(१२)

थी तो सिर्फ विचारों की ताकत, और संगठन की क्षमता।
विचारो को वास्तविकता में, बदलने की जिद दिखता॥(१३)

इस व्यक्ति ने दो दशक से भी, ज्यादा समय तक दिखा दिया।
भारतीय राजनीति को कई बार, बहुत प्रभावित किया॥(१४)

पूरी दुनिया उन्हें कांसीराम के, नाम से खूब जानती है।
समर्थक जनता आज भी, मान्यवर नाम से पुकारती हैं॥(१५)

उन्होने जब सामाजिक, राजनीतिक यात्रा का प्रारम्भ किया था।
तो उनके पास पूंजी के तौर पर, सिर्फ एक विचार था॥(१६)

यह भारत में सामाजिक, लोकतंत्र बनाने का विचार था।
अधिकतम लोगों को राजकाज में, भागीदारी विचार था॥(१७)

कांसीराम अपने भाषणों में, यह बात लगातार बताते थे।
कि वे मुख्य रूप से, डॉ. आंबेडकर से प्रभावित थे॥(१८)

और साथ ही उनके साथ, जो क्रांतिकारी विचारक रहे।
ज्योतिराव फुले आदि के, विचारों से भी प्रभावित रहे॥(१९)

उन्नीस सौ अस्सी में लखनऊ में, एक सभा में उन्होंने कहा था।
जो कि महत्वपूर्ण वक्तव्य है, और ऐसा समय भी रहा था॥(२०)

अगर इस देश में फुले पैदा न होते, उनके विचार न होते।
तो बाबा साहब के उद्देश्य, फिर किससे प्रभावित होते॥(२१)

तब कांसीराम ने बहुजन का, विचार भी फुले से ही लिया।
'शुद्रादिअतिशूद्र' की अवधारणा, उनसे ही हासिल किया॥(२२)

उनके बहुजन का अर्थ, वंचित जातियां और अल्पसंख्यक हैं।
जिनका देश के विकास में, पिच्चासी प्रतिशत का हक है॥(२३)

कांसीराम मानते थे कि, इस विशाल आबादी को आगे लाइये।
और इसको देश की सत्ता, अपने हाथ में लेना चाहिए॥(२४)

इसे वे सामाजिक लोकतंत्र की, स्थापना में अहम जानते थे।
और देश के विकास के लिए, अनिवार्य शर्त मानते थे॥(२५)

इसके लिए सामाजिक वंचितों के, विकास को प्रयत्नशील रहे।
उनके आर्थिक सबलीकरण, के भी प्रबल पक्षधर रहे॥(२६)

इस विचार को मूर्त रूप देने को, कांसीराम ने ध्यान दिया।
सबसे पहले इनके, सरकारी कर्मचारियों को साथ लिया॥(२७)

ये राजनीतिक गतिविधियों में, बेशक हिस्सा नहीं ले सकते हैं।
लेकिन बुद्धिजीवी होने से, बौद्धिक नेतृत्व दे सकते हैं॥(२८)

और इसके साथ ही आर्थिक रूप से, यह तबका सक्षम है।
आरक्षण लागू होने से, नौकरी पाकर नहीं कोई कम है॥(२९)

उस समय तक नौकरी पेशा, जो इनका अभिमान था।
जिसके मुताबिक बीस लाख से, ज्यादा का अनुमान था॥(३०)

कांसीराम ने अठत्तर में, सरकारी कर्मियों को संग लिया।
बामसेफ नामक संस्था का, तब उन्होंने गठन किया॥(३१)

और देखते ही देखते, लाखों कर्मचारी इससे जुड़ते पाया।
बैक टू पे सोसायटी अवधारणा से, उनको अवगत कराया॥(३२)

तब इसकी वजह से उन्हें, हजारों समर्पित कार्यकर्ता मिले।
और संगठन चलाने के लिए, धन के भी नए श्रोत मिले॥(३३)

बामसेफ ने उन्नीस सौ अस्सी में, महत्वपूर्ण कार्यक्रम किया।
जिसके तहत नौ राज्यों के, चौतीस स्थानों पर काम किया॥(३४)

चलता फिरता आंबेडकर मेला, सफलता से आयोजित किया।
और जागृति लाकर कांसीराम का, सपना साकार किया॥(३५)

जैसे उससे आगे बढ़ाने का, उनका रास्ता खुल चुका था।
इसके बाद में राजनीतिक, संगठन का रूप आ चुका था॥(३६)

कांशीराम उन्नीस सौ इक्यासी में, उन्होंने डीएसफोर बनाई।
दलित शोषित समाज संघर्ष समिति, की स्थापना हो पाई॥(३७)

और जो उन्नीस सौ चौरासी में, वह बीएसपी का रूप लेती है।
यानी बहुजन समाज पार्टी की, सफल स्थापना होती है॥(३८)

कांशीराम का जो सबसे महत्वपूर्ण, राजनीतिक अभियान है।
तीन हज़ार किलोमीटर की, साइकिल यात्रा अभिमान है॥(३९)

जिससे उन्होंने हजारों लोगों से, सीधे मिलकर पहुँच बनाई।
और लाखों लोगों तक अपनी बात, सफलता से पहुंचाई॥(४०)

इसके बाद कांशीराम ने, सन दो हज़ार चार तक कार्य किया।
अपनी सेहत खराब होने तक, राजनीतिक निर्देश दिया॥(४१)

वह समय समकालीन इतिहास का, महत्वपूर्ण अध्याय था।
सत्ता की चावी पाने का, उनका सफल प्रयास था॥(४२)

बाबासाहब की तरह कांसीराम भी, इच्छा पूरी करना चाहते थे।
अपने अनुयायियों सहित, बौद्ध धर्म में जाना चाहते थे॥(४३)

इसके लिए उन्होंने सन दो हज़ार, छह की तैयारी कर ली थी।
उसमें अक्टूबर महीने की, तारीख भी तय कर ली थी॥(४४)

लेकिन इससे पहले उनका, स्वास्थ्य बिगड़ता चला गया।
नौ अक्टूबर, दो हज़ार छह को, उनका निधन हो गया॥(४५)

कांसीराम की राजनीतिक विरासत, पर विचार करते देखा है।
उनका भारतीय राजनीति में, अनोखा प्रयोग सब देखा है॥(४६)

जिन्होंने दलितों को शासक बनने का, न सिर्फ सपना दिखाया।
बल्कि उसे साकार करने का, अनुपम रास्ता भी बताया॥(४७)

राजनीतिक उद्देश्यों हेतु, साधन के वह हिमायती नहीं रहे।
राजनीतिक समझौतों की सवारी, करते सत्तासीन रहे॥(४८)

वे विचारधारा की राजनीति को, नई ऊंचाइयों तक ले गए।
पवित्रतावाद की जगह, अवसर को सिद्धांत में बदल गए॥(४९)

बीएसपी की सफलता है कि, एक समय में यह हो रहा था।
हर सोलहवां वोटर, हाथी निशान का बटन दबा रहा था॥(५०)

उन्होंने राजनीति को कामयाबी तक, पहुंचाने को दिशा दी।
कांसीराम की सफलताओं ने, नई चेतना को हवा दी॥(५२)

उनके व्यक्तित्व को वह चमक दी, यह देखा जा सकता है।
जिसकी कोई राजनेता सिर्फ, कामना ही कर सकता है॥(५३)

कांसीराम ऐसे एक अनुपम, आधुनिक समाज शास्त्री थे।
जिन्होंने नए समाज की नींव रखी, ऐसे सत्ता शास्त्री थे॥(५४)

षोडश स्कंथः

अवादी के आनुपातिक अधिकारों की बातें करने वाले मान्यवर कांसीराम

मान्यवर कांसीराम स्पष्ट तौर पर, यह भी मानते थे।
कि बहुजन वर्ग के नेतागण, स्वहित ही देखते थे॥(१)

इसके लिए वे अलग अलग, राजनीतिक गुटों में बंटे रहे।
जिस कारण संपूर्ण बहुसंख्यक, सत्ता सुख से वंचित रहे॥(२)

प्रायः इसके हितों का फैसला उच्च जाति के लोग करते थे।
बहुजन समाज विकास की, मुख्यधारा से बहिष्कृत थे॥(३)

इसलिए कांसीराम ने, कमेरा वर्ग को मुख्यधारा से जोड़ा।
और उनके सर्वहित को, राजनीतिक घरातल से जोड़ा॥(४)

कांसीराम एक भारतीय, राजनीतिज्ञ और समाज सुधारक थे।
इसके साथ साथ ही वे, एक भीम मिशनरी पुरोधा भी थे॥(५)

जिन्होंने वंचित वर्गों के उत्थान हेतु , पूरा जीवन अर्पण किया।
और राजनीतिक लामबंदी के लिए, आजीवन काम किया॥(६)

उन्होंने वंचित समुदायों के, लोगों में एक नया जोश भरा।
उनमें शासित न रहकर, मजबूत शासक का भाव भरा॥(७)

उनमें अपना भविष्य स्वयं लिखने, की महत्वाकांक्षा पैदा की।
मनुवाद से टक्कार लेने की, प्रेरणा की हुन्कार पैदा की॥(८)

उनका यह मानना था कि, सत्ता हर ताले की चाबी है।
और सत्ता प्राप्त करने को, बहुजन ही मज़बूत लावी है॥(९)

डॉ. आंबेडकर के, 'पे बैक टू द सोसाइटी' का मन्त्र दिया।
इसे अमल में लाकर बहुजन से, संवाद स्थापित किया॥(१०)

बसपा प्रमुख मायावती, बसपा के संस्थापक कांशीराम व सपा नेता अखिलेश यादव का एक प्रतीक छाया चित्र

दलित, पिछड़ा अल्पसंख्यक की, संख्या पिच्चासी प्रतिशत है।
इसलिए सम्पूर्ण समाज को, बहुजन कहना सार्थक है॥(११)

वे हमेशा चेताते कि हमारा समाज, अनेक जातीयों में बंटा है।
जिससे यह बहुजन होते हुए भी, अल्पजन बना हुआ है॥(१२)

वे मानते थे कि, "अल्पजन वर्ग की, वैचारिक नीव गहरी है।
उसमें एकात्मकता सूत्र पिरोने की, आवश्यकता गहरी है॥(१३)

जब यह बहुजन समाज, अपने हितों को समझ जाएगा।
और छद्म रहनुमाओं की, असली पहचान कर सकेगा॥(१४)

तब उसे समाज की मुख्यधारा में, कोई रोक नहीं सकेगा।
इसके लिए दलों के, शीर्ष नेताओं को लड़ना पडेगा॥(१५)

व्यक्तिगत हितों को त्याग कर, एकजुट हो कार्य करना पड़ेगा।
छोटे छोटे संगठनों को, बृहत संगठन में बदलना होगा॥(१६)

तथा विभिन्न जातियों में बटे, लोगों को एकजुट करना होगा।
जो बहुजन की बात करेगा, वही देश पर राज करेगा॥(१७)

उनका कहना था कि नेता, पद्‌लोलुप्तता में फस जाते हैं।
बहुजन के नेता बड़े दलों के, चमचे बनकर रह जाते हैं॥(१८)

तथा अपने राजनीतिक, स्वार्थ को ही सर्वोपरि रखते हैं।
समाज के हितों से समझौता, करने से भी नहीं चूकते हैं॥(१९)

जिसने भारत में 'शूद्र' वर्ग, विमर्श से विलुप्त कर दिया गया।
'ब्राह्मणों की दासता' को, राष्ट्रवाद का स्वरूप दिया गया॥(२०)

उन्हें जागरूक बनाने को, फिर साईकिल रैलियां निकाली।
तथा हजारों किलोमीटर की, पदयात्राएं भी निकाली॥(२१)

यदि 'बहुजन' शब्द का अर्थ, समाजशास्त्रीय शब्दों में समझें।
तो कुछ सामाजिक विचारकों के, सिद्धांत पहले समझें॥(२२)

लोकतांत्रिक व्यवस्था में, समाजशास्त्री पेरोटो लिखते हैं।
कि लोकतंत्र एक भ्रम था, वह ऐसा ही देखते हैं॥(२३)

और शासक वर्ग हमेशा उभरा, उसने खुद को समृद्ध किया।
शासक वर्ग ने बातों से, इतिहास बदलकर रख दिया॥(२४)

इतिहास उस अभिजात वर्ग का, एक कब्रिस्तान बन चुका है।
बताया है कि शोषकों का, इतिहास लिखा जा चुका है॥(२५)

और अभी शोषितों का, इतिहास लिखा जाना बाकी है।
शोषित वर्गों को सत्ता पर, काविज होना भी बाक़ी है॥(२६)

आर्थिक संदर्भ में मार्क्स ने, 'कम्युनिस्ट घोषणापत्र' बताया है।
इतिहास साक्षी है समाज में, शासक शोषक वर्ग रहा है॥(२७)

और अन्याय के विरुद्ध उनमें, 'वर्ग संघर्ष' होता रहा है।
मार्क्स ने यह स्पष्ट किया है कि, वर्ग संघर्ष तभी होता है॥(२८)

जब उनमें अपने हितों के प्रति, आत्म चेतना आ जाती है।
अपने अधिकारों के प्रति, जागरूकता आ जाती है॥(२९)

डॉ. आंबेडकर और कांसीराम, यह भी बखूबी समझते थे।
कि बहुजन समाज अभी, सोया हुआ है यह कहते थे॥(३०)

उसमें आत्म चेतना लाने को, नए नेतृत्व को आना पड़ेगा।
पहले से विद्यमान नेतृत्व, क्या नए को स्वीकार करेगा॥(३१)

यह यक्ष प्रश्न उनके सामने, एक चुनौती के रूप में खड़ा था।
उस चुनौती को कांसीराम ने, सहर्ष स्वीकार भी किया था॥(३२)

तथा वह राजनीति के पथरीले पथ पर, आगे बढ़ते चले गए।
और एक नए नेतृत्व को, उभरने में मददगार साबित हुए॥(३३)

आज विचारणीय प्रश्न है, क्या दल सामाजिक न्याय करते हैं।
राजनीतिक दल क्या उभरते हुए, नेतृत्व को पनाह देते हैं॥(३४)

यदि हम भारतीय संदर्भ में, समाजशास्त्रीय दृष्टिकोण से देखें।
नए नेतृत्व के उभार और, उसकी स्वीकार्यता को परखें॥(३५)

तो इसे समझने को, समाजशास्त्रीय अध्ययन करना होगा।
मैक्स वेबर के नेतृत्व के, सिद्धांत को समझना पड़ेगा॥(३६)

वेबर ने बताया कि नेतृत्व के, तीन प्रमुख स्वरूप होते हैं।
विधिक तार्किक चमत्कारिक, पारंपरिक नेतृत्व होते हैं॥(३७)

वेबर के अनुसार विकसित देशों में, जो लोग जन्मते हैं।
और वह लीगल तथा, रेशनल प्रभुसत्ता को मानते हैं॥(३८)

जिसकी वजह से वहां, संस्थानों में ही उन्नति देखते है।
विकासशील देश के लोग, चमत्कारिक नेतृत्व खोजते हैं॥(३९)

जिसमें वे किसी व्यक्ति में, दैवीय शक्ति की तलाश करते हैं।
हालांकि कुछ समय के पश्चात, वह निराशा ही पाते है॥(४०)

क्योंकि आम जनता में, राजनीतिक चेतना की समझ होती है।
सामाजिक मुद्दों में, उसे वैसी ही नेतृत्व भी मिलती है॥(४१)

मोरिस जोंस भारतीय नेताओं को, समझने को कहते हैं।
'थ्री इडियम्स ऑफ इंडियन पॉलिटिक्स' का नाम देते हैं॥(४२)

उनके अनुसार तीन भाषा विन्यासों, से समझी जा सकती है।
आधुनिक पारंपरिक व, साधुओं की भाषा हो सकती है॥(४३)

बाबाओं की उपदेशात्मक भाषा में, उसे देखा जा सकता है।
उसे संवाद करने वाले में, वर्गीकृत किया जा सकता है॥(४४)

इस सिद्धांत के अनुसार, जवाहरलाल नेहरू आधुनिक भाषा।
अकाली दल नेता मास्टर, तारा सिंह को पारंपरिक भाषा॥(४५)

और गांधी को साधुओं बाबाओं, वाली से जाना जाता है।
इन सभी को भाषा का प्रयोग, करने से जाना जाता है॥(४६)

आज़ादी के बाद भारत में, तीनों ही भाषाओं का प्रयोग हुआ है।
नेता ने बड़ी संख्या में, इन भाषाओं का प्रयोग किया है॥(४७)

इसी धारा को आगे बढ़ाते, उन्नीस सौ नब्बे का दशक आया।
जो यूपी में तेज़ी से, बहुजन समाज पार्टी को लाया॥(४८)

उससे पहले समाजवादी पार्टी, का उदय यूपी में हो चुका था।
सामाजिक न्याय की अवधारणा, का उदय हो चुका था॥(४९)

बिहार में राष्ट्रीय जनता दल, जैसी पार्टियों को कहा सकता है।
सामाजिक परिवर्तन को, शामिल किया जा सकता है॥(५०)

सबाल्टर्न परिप्रेक्ष्य में 'बहुजनवाद'

ब्राह्मणवादी आधिपत्य के खिलाफ, बुद्ध ने पहले राह चुनी थी।
बुद्ध के क्रांतिकारी विचारों ने, जो ऐतिहासिक राह ली थी॥(५१)

मध्यकालीन भारत के संतों ने, शोषण मुक्ति की बात की थी।
कवियों समाज सुधारकों ने, ब्राह्मणवाद को चुनौती दी थी॥(५२)

अगर हम आगे की पड़ताल करें, तो हमें कबीर दिखते हैं।
रविदास गुरु घासीदास आदि, रचनाओं में दिखते हैं॥(५३)

उनमें समतावादी और, कल्याणकारी सिद्धांत मिलते हैं।
जो बहुजन वैचारिकी को, आगे बढ़ाते हुए दिखते हैं॥(५४)

भारत में अंग्रेजों के आने के बाद, दलित चेतना स्वर जगा।
ब्राह्मणवादी व्यवस्था को, बहुत ही बड़ा झटका लगा॥(५५)

स्वतंत्रता समानता बंधुत्व की, उसे यूरोपीय अवधारणा मिली।
क़ानूनों से बहुजन को, स्वतंत्रता की अनुभूति मिली॥(५६)

इस युग के मुक्तिदाता व, समाज सुधारक सामने आये।
जिसने जोतीराव फुले पेरियार, शाहूजी महाराज दिखाए॥(५७)

नारायणगुरु अछूतानंद हरिहर, और भीमराव आंबेडकर दिए।
सबने बहुजन समाज को, आज़ादी के मार्ग प्रशस्त किए॥(५८)

वर्ष उनीस सौ सैतालीस में, आजादी के बाद मुक्ति मिली थी।
जब बहुजनों को आशा की, एक नई उम्मीद मिली थी॥(५९)

इसका कारण डॉ. आंबेडकर द्वारा, तैयार किया संविधान था।
जिसके केंद्र में स्वतंत्रता, समानता बंधुता का प्रावधान था॥(६०)

बाद में कई सामाजिक और, राजनीतिक आंदोलन होते रहे।
जिससे व्यापक परिवर्तन भी, समय समय पर होते रहे॥(६१)

परिणामस्वरूप कमेरा वर्ग को, अधिकारों का ज्ञान हुआ।
और उसने राजनीतिक, प्रतिनिधित्व के लिए जोर दिया॥(६२)

अपनी मानसिक गुलामी से, मुक्ति के संघर्ष को आगे बढ़ाया।
आंबेडकरवादी विचारधारा ने, नेताओं पर दवाव बनाया॥(६३)

जिसके फलस्वरूप बहुजन में, राजनीति समझ विकसित हुई।
इनमें अधिकारों की खातिर, खड़ा होने की प्रवित्ति हुई॥(६४)

इस संदर्भ में राजनीतिशास्त्री, क्रिस्टोफ़ जाफरलोट कहते हैं।
अपनी पुस्तक, 'इंडियाज साइलेंट रेवोलुशन में लिखते हैं॥(६५)

उन्नीस सौ नब्बे के दशक में, फिर एक नई शुरुआत हुई।
जो उत्तर भारत में एक, 'मूक क्रांति' को लेकर आई॥(६६)

जिसका असर आज भारत के, कई प्रांतों में दिखता है।
उसकी राजनीति में यह, स्पष्ट रूप से परिलक्षित होता है॥(६७)

डॉ. आंबेडकर के विचारों को, जो धरातल पर लाना चाहते थे।
उनमें कांसीराम ही हमें, यह सब बोध कराना चाहते थे॥(६८)

कि विभिन्न जातियों में बंटे, बहुजन को एकीकृत होना होगा।
'मनुवादी' सोंच को हराना हैं तो, एक संघ में आना होगा॥(६९)

विभिन्न सोपनीकृत शोषित जातिओं को, एक साथ लाना होगा।
बहुसंख्यक जनता को, सत्ता का स्वाद चखाना होगा॥(७०)

क्योंकि लोकतंत्र में एक, मताधिकार प्रणाली से राज होता है।
जिसके कारण राजा और, रंक का महत्त्व सामान होता है॥(७१)

इस व्यवस्था में राजकुमार, रानी कोख से पैदा नहीं होता है।
बल्कि वह तो केवल जनता के, वोट देने से पैदा होता है॥(७२)

वोट के महत्त्व को समझने को, एक आसान सा मन्त्र परखा।
कांसीराम ने भारतीय समाज, दो भागों में रखकर देखा॥(७३)

एक वर्ग जिसकी संख्या लगभग, केवल पंद्रह प्रतिशत है।
वह शासन प्रशासन में, शीर्ष स्तर तक शत प्रतिशत हैं॥(७४)

दूसरे भाग में अनुसूचित जाति और, अनुसूचित जनजातियां हैं।
अल्पसंख्यक और अन्य पिछड़ा, वर्ग की भी जातियां हैं॥(७५)

जिनकी भारी संख्या तो, कुल का लगभग पिच्चासी प्रतिशत है।
उनकी सामाजिक राजनीतिक, सत्ता भागीदारी नहीं हैं॥(७६)

ऐसे बहुसंख्यक समाज के लिए, 'बहुजन' की संकल्पना की है।
जिसको सताया गया उसके, दुखों की भर्त्सना की है॥(७७)

कांसीराम के अनुसार बहुजन, विशालकाय हाथी की तरह है।
लेकिन इसको अपनी असली, ताकत की समझ नहीं है॥(७८)

सवर्ण जातियों के लोग संख्याबल में, बहुत कमजोर हैं।
वे महावत की तरह सबको, करते 'व्यवस्था' कंट्रोल हैं॥(७९)

शिक्षा के कारण गैर बहुजन वर्ग, शक्ति के केंद्र में रहा।
आर्थिक संसाधनों पर, अपना अधिकार बनाए रहा॥(८०)

यह शासक या अभिजात वर्ग, बहुजनों को भ्रमित करता रहा।
अनेक तरीके से बहुजन को, मुख्यधारा से दूर करता रहा॥(८१)

'भारतीय लोकतंत्र में अवसरों, संसाधनों का वितरण होता है।
वह 'पैट्रोनेज सिस्टम' की, व्यवस्था के द्वारा होता है॥(८२)

सत्ता के शीर्ष पर दलितों को, समुचित हिस्सा नहीं मिलता है।
उनके हिस्सों पर भी, ब्राह्मणों का ही जलवा दिखता है॥(८३)

कांसीराम ने प्रतिनिधित्व नीति से, दलितों को भरोसा दिलाया।
सत्ता मिलने पर अवसरों एवं, संसाधनों में हिस्सा दिलाया॥(८४)

कांसीराम ने बहुजन विचारधारा को, फ़ैलाने का काम किया।
'अप्रेसड इंडियन' तथा, 'बहुजन नायक' संपादन किया॥(८५)

उनका मानना था कि मनुवादी, मीडिया कभी नहीं कहता है।
बहुजन समाज के मुद्दों को, कभी उठाना नहीं चाहता है॥(८६)

उनका यह विचार डॉ. आंबेडकर से, काफी मिलता जुलता है।
क्योंकि उनका सामाजिक, आंदोलनों से गहरा रिश्ता है॥(८७)

डॉ. आंबेडकर ने आन्दोलनों को, बढ़ाने का संकल्प लिया।
अपनी लेखनी को एक, हथियार की तरह प्रयोग किया॥(८८)

उन्होंने 'मूकनायक' और, 'बहिष्कृत भारत' को आगे किया।
'प्रबुद्ध भारत' जैसी पत्रिकाओं का, लेखन प्रकाशन किया॥(८९)

इन्हीं प्रयासों के कारण आज का, पढ़ा लिखा बहुजन चर्चित है।
उसका युवा डॉ. आंबेडकर के, सिद्धांतों से परिचित है॥(९०)

कांसीराम की पुस्तक, 'चमचा युग' में इसका संज्ञान लिया है।
डॉ. आंबेडकर की, पांच पुस्तकों का उल्लेख किया है॥(९१)

जिनमें डॉ॰ आंबेडकर ने, अपने आदर्शों की नींव रखी है।
विचारों संग परिवर्तन लाने को, एक स्पष्ट योजना रखी है॥(९२)

वे हैं उनकी प्रसिद्ध पुस्तकें, द एनीहिलेशन ऑफ़ कास्ट।
कास्ट्स इन इंडिया मकनिस्म, जेनिसिस एंड डेवलपमेंट॥(९३)

मिस्टर गाँधी एंड एमनिसिपेसन ऑफ़ द अनटचेबलस।
व्हाट कांग्रेस एंड गाँधी हैव डन टू द अनटचेबलस॥(९४)

स्टेट एंड माईनारिटी, उनकी प्रसिद्द पांचवीं पुस्तक है।
कांसीराम विचारधारा, डॉ. आंबेडकर का ही संस्करण है॥(९५)

एक बार कांसीराम, रोपड़ के एक ढाबे में खाने को गए।
वहां खाना खा रहे कुछ, ज़मींदार शेख़ी बघारते देखे गए॥(९६)

कि कैसे उन्होंने खेतों में, काम करते दलितों की ठुकाई की है।
दलितों को सबक सिखाने को, उनकी खूव पिटाई की है॥(९७)

इतना सुनना था कि कांसीराम, यह सुनकर उठने लगे।
उन्होंने कुर्सी उठाई और, उससे ज़मीदारों को पीटने लगे॥(९८)

इस चक्कर में वहां सजाई गई, कई मेज़ कुर्सियां पलट गईं।
उन पर रखी सभी, खाने की प्लेटें चकनाचूर हो गईं॥(९९)

कांसीराम की सिंह दहाड़ से, सभी सहम गए ज़मीदार।
मांफी मागी उन सबने, तब गुस्सा ठंडा हुआ यार॥(१००)

एक मिशनरी कांसीराम थे, बहुजन समाज उत्थान चाहते।
भीम मिशन के सच्चे सेवक, सत्ता शीर्ष पर नाम चाहते॥(१०१)

वह जीवन के अंतिम दिन तक, सामान भाव से सभी को देखे।
जिसका असर यूपी की, राजनीति में अब तक देखे॥(१०२)

आज देश में जिस तरह की, राजनीति सब पर भारी है।
कांसीराम के मार्ग का, अनुसरण करना लाचारी है॥(१०३)

वरना बहुजन गिरेंगे नीचे, इससे उन्हें रोकना होगा।
बहुजनों को सशक्त बनाकर, अब आगे बड़ना होगा॥(१०४)

सप्तदश स्कंथ:

दलित आस्था के प्रतीकों को सामने लाने वाले मान्यवर कांसीराम

जातिवाद के भेदभाव में, था गले तक डूबा दलित समाज।
जातिगत अत्याचार झेलकर, गाँव के बाहर बसता समाज॥(१)

अन्य नेता जहां जाति उन्मूलन की, केवल बातें करते थे।
वहीं कांसीराम तब खुलकर, जाति की बात ही करते थे॥(२)

वो भी बड़े तल्ख तेवर से, जातिवाद पर करते वार।
'तिलक, तराजू और तलवार, इनके मारो जूते चार'॥(३)

उनका यह भी नारा था, ठाकुर बामन बनिया छोड़।
बाकी सब हैं डीएसफोर', और नहीं है कोई तोड़॥(४)

जैसे नारे हों या आर्यावर्त को, चमारावर्त बनाने की बात हो।
कांसीराम नें ठीक वहीं पर चोट की, जहां ज्यादा दर्द हो॥(५)

उन्नीस सौ वानवे में जनता, राम मंदिर का दंश झेल रही थी।
आंदोलन करके बीजेपी, जहां हिंदुत्व कार्ड खेल रही थी॥(६)

वहीँ बहुजन समाज पार्टी, दलितों को यह समझा रही थी।
उसकी बिरादरी से भी, कोई मुख्यमंत्री बनेगा कह रही थी॥(७)

वह मुख्यमंत्री जो किसी बड़े, पावर ग्रुप का प्रतिनिधि न होगा।
बल्कि अपनी ताकत तेवर, दिखाने वाला दलित नेता होगा॥(८)

मान्यावर कांसीराम कि साइकिल यात्रा

ये समाज का दुर्भाग्य है कि, कांसीराम विरासत को कसते हैं।
वे सिर्फ मायावती तक ही, उसे समेट कर देखने लगते हैं॥(९)

मगर कांसीराम केवल राजनेता नहीं, उनका एक सपना था।
उनका बड़ा सपना दलितों में, विद्रोही चेतना जगाना था॥(१०)

इसके लिए कांसीराम ने, ज्योतिबा फुले को प्रतीक बनाया।
सावित्री बाई झलकारीबाई से, दलित स्वाभिमान जगाया॥(११)

और ऊदा देवी जैसे प्रतीकों को, दलित चेतना प्रतीक बताया।
जिन्हें भुला दिया सबने, उन्हें फिर से सम्मान दिलाया॥(१२)

जन जन के मन में बैठाया, भूले बिछुड़े सब याद दिलाये।
सभी मीटिंगों में उनको, प्रमुखता से याद किया जाए॥(१३)

ये बात भी बिलकुल सच है, कि कांसीराम एक प्रणेता थे।
सामाजिक ढाँचे बदलने को, वह एक जगजाहिर नेता थे॥(१४)

कांसीराम के योगदान का, सिर्फ बीएसपी नाम नहीं है।
उसकी सफलता विफलता, दलितों का अवसान नहीं है॥(१५)

बहुजन समाज पार्टी उनके, बड़े बदलाव का हिस्सा भर है।
दलित चेतना जाग उठी है, यह तो केवल अंगडाई भर है॥(१६)

अगर कांसीराम आज देश की, सियासत को देख रहे होते।
तो शायद इस बीएसपी को, यही आज समझा रहे होते॥(१७)

कि सामाजिक आंदोलन, त्याग और जिद से चलते हैं।
सोसल इंजीनियरिंग के, फॉर्मूलों से नहीं पलते हैं॥(१८)

आज जरूरत स्वार्थ त्याग की, जिससे सब संभव होगा।
कांसीराम की राह पकड़कर, आन्दोलन करना होगा॥(१९)

नेता जो घरवार छोड़कर, अब सेवा भाव की राह चले।
उसे समर्थन देना होगा, उसके ही सब साथ चले॥(२०)

तभी मिशन उनका हो पूरा, जो अब ना हो पाया है।
कांसीराम और भीमराव का, मिशन अधूरा पाया है॥(२१)

दलित आस्था के प्रतीक सब, ढूढ़ ढूंढ कर लाये थे।
जो इतिहास में बी हुला दिए थे, उनको सम्मुख लाये थे॥(२२)

जाटव वंशी वीर पूर्वज, सो उनमें सबसे ज्यादा थे।
जिन्होंने देश पर राज किया, ऐसे उनके परदादा थे॥(२३)

चमार राजा और महाराजा, उनसे कोई बचा नहीं।
पासी पूर्वज भी बतलाये, जिनको पहले कहा नहीं॥(२४)

पासी कोरी बाल्मीकि का, उन्होंने बतलाया इतिहास।
पिछड़ों के पूर्वज बतलाये, जिनका करते थे उपहास॥(२५)

मल्लाह निषाद और गडरिया, सबके पूर्वज महान हुए।
धोबी धानुक और कुम्हार, सबके अपने जहां छुए॥(२६)

दलित आस्था के प्रतीक संग, पिछड़े भी लामबंद हुए।
बहुजन कहकर उन्हें पुकारा, सत्ता के पाबन्द हुए॥(२७)

कांसीराम ने उन्हें तरासा, जो अब तक धुंए में बंद रहे।
राजनैतिक चेतना दिलवाई, आपस में जिनके द्वन्द रहे॥(२८)

अगर ऐसा नहीं होता तो, सब आपस में लड़ते रहते।
मनुवादी ही राज भोगते, बहुजन सब तकते रहते॥(२९)

आभार मानते कांसीराम का, जिसने सोती कौम जगाई।
जो चमन बीरान पडा था, वहां उगाई हरियाई॥(३०)

अष्टादश स्कंथः

दलित संस्कृति को उभारने वाले मान्यवर कांसीराम

दलित राजनीति को नई, परिभाषा देने वाले हैं कांशीराम।
राजनीति शुरू की तो, कोई नहीं जानता था उनका नाम॥(१)

राजनीतिक महानायक ने, पंजाब के छोटे शहर से शरू करी।
रोपड़ रामलीला मैदान से, अप्रैल छियानवे में हुंकार भरी॥(२)

लोकसभा चुनाव के लिए, आयोजित विशाल जनसभा में आये।
अकाली नेता एसजीपीसी अध्यक्ष, गुरुचरण संग पाये॥(३)

उनको यह कहने पर, विवश किया कि भविष्य कैसा होगा।
देश का अगला दलित प्रधानमंत्री, बाबू कांसीराम होगा॥(४)

एक अकाली नेता, टिक्का सिंह नांगल ने यह कह दिया था।
कि पंजाब ने ज्ञानी जैल सिंह जैसा, एक राष्ट्रपति दिया था॥(५)

वही पंजाब अब भारत को, एक दलित प्रधानमंत्री भी देगा।
यह कथन कांसीराम की, राजनीति का दबदबा दिखा देगा॥(६)

आप सहज ही अब यह अनुमान, लगाया जा सकता हैं।
पंजाब की राजनीति में, कोई कैसे आगे आ सकता है॥(७)

वहां एक दलित राजनेता का, ऐसे उभर आना दिखलाता है।
उसका संघर्ष व सांगठनिक, प्रतिभा तीक्ष्णता दर्शाता है॥(८)

'इसी प्रतिभा तथा सांगठनिक, योग्यता के बल पर वह लाये।
जब ग्यारहवीं लोकसभा के, सन छियानवे के चुनाव आये॥(९)

उसकी सांख्यकीय रपट से, कांसीराम एक महानायक हुए।
कांशीराम की सांगठनिक, सूझबूझ के दम आकार लिए॥(१०)

छह राज्यों में बसपा ने, चार प्रतिशत से अधिक वोट पाए।
तथा बसपा को एक राष्ट्रीय, पार्टी की मान्यता दे पाए॥(११)

उत्तर प्रदेश में बसपा ने, इक्कीस प्रतिशत मत प्राप्त किए।
इसके अलावा मध्य प्रदेश में, आठ प्रतिशत वोट लिए॥(१२)

पंजाब में साढ़े नौ प्रतिशत, हरियाणा सात प्रतिशत वोट पाए।
जम्मू कश्मीर में छः, चण्डीगढ़ में चार प्रतिशत वोट आये॥(१३)

इनके अलावा राजस्थान, बिहार आंध्र प्रदेश में ज्योत दिखाई।
कर्नाटक प्रदेश में भी, अपनी उपस्थिति दर्ज करवाई॥(१४)

यहां बताना आवश्यक है, कि इस राजनीतिक दंगल के लिए।
दबदबा करने को, कांसीराम ने तमाम प्रयोग किये॥(१५)

तत्कालीन स्थापित, राजनीतिक मूल्यों में बदलाव दिखाए।
वैचारिक नैतिकता की कभी, कोई परवाह नहीं कर पाये॥(१६)

उन्होंने अपनी इस नीति को, कभी छुपाकर नहीं किया।
बल्कि इसे औजार बनाकर, खलनायकत्व निर्वाह किया॥(१७)

उन नेताओं को जिन्होंने, दलित मतों से सत्ता स्वाद चखा था।
उनको चमचा नाम दिया, जिन्होंने दलित को दूर रखा था॥(१८)

उन्होंने हर प्रकार की, राजनीतिक ताकतों को अपनाया।
राजनीतिक समझौते किए, सरकारें बनाई और गिराया॥(१९)

इससे भी आगे बढक़र उन्होंने, ऐसे हालात खड़े किये थे।
जिसमें किसी की सरकार न बने, अपने हित साध लिए थे॥(२०)

उन्होंने तत्कालीन राजनीतिक में, अस्थिरता ही नहीं दिखलाई।
बल्कि राजनैतिक अस्थिरता में, चैंपियन वाली छवि पाई॥(२१)

उन्होंने सबके सामने राजनैतिक, हौवा छवि को स्थिर किया।
सबसे ज्यादा उन्होंने नुकसान, कांग्रेस पार्टी को किया॥(२२)

कांग्रेस को किया किनारे, बसपा दलितों का ध्यान रखती है।
और उनके मत पाने का, एकमात्र अधिकार रखती है॥(२३२)

देश के कई राज्यों में, कांग्रेस को इतना कष्ट दिया है।
दलितों के मत पाने का, असका आधार नष्ट किया है॥(२४)

कहते है कि कांग्रेस पार्टी, सबसे बुरे दौर से गुजर रही है।
इसके लिए कांग्रेस की, नीतियां भी जिम्मेवार रहीं हैं॥(२५)

कांग्रेस को इस स्थिति में, पहुंचाने में उनका कर्म हो सकता है।
कांसीराम की नीतियों को भी, नकारा नहीं जा सकता है॥(२६)

बाबा साहब निधन बाद, रिपब्लिकन पार्टी ऑफ इंडिया आई।
जिसे डॉ. आंबेडकर ने, खड़ा करने की बात बताई॥(२७)

वह भी कुछ देर के लिए, अपनी चमक दिखाकर रह गई।
अपने नेताओं के स्वार्थों से, अब खंड खंड हो गई॥(२८)

इसके धाकड़ कहे जाने वाले, नेताओं को कांग्रेस निगल गई।
इससे दलित राजनीति, लुंजपुंज अवस्था प्राप्त हो गई॥(२९)

लगभग इसी दौर में जब, कांसीराम का उदय होता है।
उनको दलित राजनीति में, पदार्पण करना पड़ता है॥(३०)

कहा जाता है कि कांसीराम ने, सन छप्पन में तैयारी की थी।
पंजाब के छोटे नगर रोपड़, कॉलेज से बीएससी की थी॥(३१)

सन सत्तावन में सर्वे आफ इंडिया, की परीक्षा में सफल हुए।
लेकिन जब वे ट्रेनिंग पाकर, उसमें पूरे सफल हुए॥(३२)

तो उन्हें एक तय अवधि तक, नौकरी बांड भरने को कहा गया।
उन्होंने यह सरकारी बांड, भरने से साफ मना कर दिया॥(३३)

इस बांड द्वारा वे सरकार के, बंधुआ मजदूर बन सकते थे।
कांसीराम ने यह नौकरी छोड़ी, तब विरोध कर सकते थे॥(३४)

इसके बाद उन्हें पूना में, अनुसंधान सहायक की नौकरी मिली।
एक्सप्लोसिव रिसर्च एंड डेवलपमेंट लेबोरेटरी राह मिली॥(३५)

इसके लिए उन्होंने फौज की, एक परीक्षा उत्तीर्ण की थी।
जो डिफेंस साइंस रिसर्च डवेलपमेंट आर्गनाइजेशन थी॥(३६)

तब कांसीराम का उद्देश्य, वैज्ञानिक जीवन बिताने का हो गया।
किन्तु ऐसी घटना घटी, उनका जीवन उद्देश्य बदल गया॥(३७)

यह घटना उनके जीवन का, 'टर्निंग प्वाइंट' साबित हुई।
जो उन के जीवन को वैज्ञानिक से, राजनीति में ढाल गई॥(३८)

ईआरडीएल में बुद्ध और, आंबेडकर जयंती छुट्टियां होतीं थीं।
जिन्हें ख़त्म कर शासन ने, दीपावली छुट्टी बड़ा दीं थीं॥(३९)

आंबेडकर जयंती की जगह, तिलक जयंती किया गया।
एससी कर्मचारी के विरोध पर, निलंबित किया गया॥(४०)

जिस कर्मचारी ने विरोध किया था, उसका नाम दीनाभाना था,
दफ्तर में दोनों साथ थे, पर वह कांसीराम से वरिष्ठ था॥(४१)

उन्होंने दीनाभाना के निलंबन का, तब पुरज़ोर विरोध किया।
तो कांसीराम को प्रशासन द्वारा, डराया धमकाया गया॥(४२)

लेकिन कांसीराम दृढ़ रहे और, बुद्ध जयंती अवकास लिया।
आंबेडकर जयंती मनाने का, अपना हक प्राप्त किया॥(४३)

इस संघर्ष ने कांसीराम की, जीवन शैली को बदल दिया।
उन्हें दलित हित की, खुली राजनीति में धकेल दिया॥(४४)

सभा को संबोधित करते मान्यवर कांसीराम

इसके साथ ही वह, बाबा साहब की पुस्तक खरीद लाये थे।
'जाति का विनाश' पुस्तक का, व्यापक अध्ययन पाये थे॥(४५)

जिसने कांसीराम को बहुत, गहराई तक प्रभावित किया।
हिन्दू धर्म के जातिवाद में, गहरी समझ संचार किया ॥(४६)

कहा जाता है कि हिन्दू, समाज के बारे में जो जानकारी हुई।
बाबा साहब के विचारों से, उन्हें संघर्ष की प्रेरणा हुई॥(४७)

उनके राजनीतिक एजंडे को, आंबेडकरवाद ने प्रेरित किया।
कांसीराम विचारधारा को, आंबेडकरवाद ने घेर लिया॥(४८)

इसके बाद उनकी राजनीति के, सब नारे भी बदल गए।
जातिवाद को जातिवाद से, काटने के हाथियार बन गए॥(४९)

उन्होंने राजनीतिक महत्वाकांक्षा, की पूर्ति हेतु मेहनत की है।
उससे पूर्व उनकी जीवटता, सबके देखने लायक रही है॥(५०)

वे बेमिसाल संगठनकर्ता बनकर, दलित राजनीति में उभरे।
पहला संगठन बामसेफ, एक कर्मचारी संघ बन उभरे॥(५१)

जो गैर जाति सम्प्रदायवादी तथा, गैर राजनीतिक दल था।
क्योंकि यह सरकारी, कर्मचारियों का संबल था॥(५२)

इसलिए इसे गैर राजनीतिक, संगठन रखना आवश्यक था।
कांसीराम द्वारा तैयार, रूप रेखा में यह आवश्यक था॥(५३)

वह बामसेफ एक बेमिसाल, सांगठनिक परियोजना थी।
जो उसकी आवश्यकता, क्षमता का परिचय योजना थी॥(५४)

इसके दूसरे चरण का सामाजिक, संगठन डीएस फ़ोर था।
जिससे बहुजन समाज को, एक करने पर ज़ोर था ॥(५५)

डीएस फ़ोर ने देशभर के, दलितों व पिछड़े को एक कर दिया।
उसने नवयुवकों में एक नई, स्फूर्ति का संचार कर दिया॥(५६)

ऐसा संगठन देश भर में, अपनी प्रकार का एक अनोखा था।
जिसकी क्षमता का उदाहरण, अन्यत्र कहीं नहीं देखा था॥(५७)

आरएसएस जैसे संगठन भी, इसके आगे बौने दिखते थे।
तब इसके छब्बीस लाख से, अधिक सदस्य दिखते थे॥(५८)

अनुसूचित जाति पिछड़े अल्पसंख्यक, जब एक साथ हुए।
साथ ही जनजाति के सदस्य, सारे देश में फैल गए॥(५९)

इन डीएस फ़ोर के लोगों की, निष्ठा ठीक वैसी ही थी।
जैसी अंधश्रद्धा वाले भक्त की, ईश्वर के प्रति होती थी॥(६०)

वह देश में तमाम भाषाओं की, सीमायें तोड़ते हुए आये।
इसके कार्यकर्ता देश में, लोगों को जागृत करते आये॥(६१)

यह भी संदेश देना शुरू किया, कि वे ही असली भारतवासी हैं।
और इस देश के तमाम शूद्र, इस देश के मूलनिवासी हैं॥(६२)

ब्राह्मण ने देश की संपूर्ण, प्राकृतिक संपदा को दबा रखा है।
वह विदेशी लोग हैं और यहाँ, अवेध कब्जा जमा रखा है॥(६३)

यह भारत वंशी नहीं हैं, जिन्होंने देश को हथिया रखा है।
भारत के मूल निवासियों को, अपना गुलाम बना रखा है॥(६४)

भारत में जातिवाद पैदा करके, ऊंच नीच का माहोल बनाया।
भारत के मूल निवासी को,, बटवारा कर गुलाम बनाया॥(६५)

इस संगठन ने देश के दलितों, व पिछड़ों को यह सन्देश दिया।
और उनको ब्राह्मणवाद के, चंगुल से बाहर निकाल लिया॥(६६)

यह संगठन कांशीराम की, कार्यप्रणाली अद्‌भुत उदाहरण था।
यह बसपा के लिए दिमाग, प्रतिभा और कोष जुटाता था॥(६७)

सन पिच्चासी में उन्होंने इसे, छाया संगठन में बदल दिया।
सक्रिय गैर सरकारी केडर को, राजनीति में प्रवेश दिया॥(६८)

करीब चार सौ सर्वोच्च सिविल सर्वेंट, बसपा के ब्रेन बैंक थे।
छब्बीस लाख बहुजन कर्मचारी, इसके थिंक टेंक हैं॥(६९)

जिनकी शुद्ध वेतन आय, दस हजार करोड़ सालाना थे।
वे बसपा को अपने पास से, कोष की सप्लाई करते थे॥(७०)

बसपा का मासिक खर्चा लगभग, एक करोड़ रुपए था।
जो कार्यकर्ताओं के चंदे से ही, तब पूरा हो जाता था॥(७१)

वर्ष उन्नीस सौ चौरासी में, जब बसपा का निर्माण हुआ।
तब बामसेफ संगठन का अंत, राजनैतिक संस्था में हुआ॥(७२)

यह कांसीराम की राजनीतिक, महत्वाकांक्षा की परिचायक थी।
बहुत से राजनीतिक विश्लेषकों, की मान्यता यही थी॥(७३)

बसपा निर्माण में कांसीराम ने, बामसेफ को पीछे धकेल दिया।
वास्तव में ऐसा नहीं था, उन्होंने बामसेफ का लाभ लिया॥(७४)

सामाजिक संगठन डीएस्फोर, ही बसपा की पहचान है।
बामसेफ के कार्यकर्ता, पदाधिकारी इसकी जान है॥(७५)

बसपा जैसे संगठन बसपा को, उस समय वह नहीं चाहते थे।
वह अभी और अधिक समय, संगठन को देना चाहते थे॥(७६)

इससे बामसेफ जैसी संस्था, कई भागों में बंटकर छितरा गई।
इसका प्रभाव उनके, अनुयाइयों पर पड़ा दिखलाई॥(७७)

परिणामस्वरूप बामसेफ संग, आंबेडकर अनुयाई बंट गए।
वह अपने गुट बनाकर, कांसीराम से किनारा कर गए॥(७८)

बामसेफ बसपा जैसे उभरते हुए, राजनैतिक दल का इंजन था।
जिसके बल बसपा को, समाज में आगे लाता इंजन था॥(७९)

धीरे धीरे बसपा उत्तर प्रदेश में, पांव जमाने में सफल हुए।
लेकिन बामसेफ के पांव, पूरे देश में उखड़ते चले गए॥(८०)

क्योंकि कांसीराम बामसेफ, व बसपा के सर्वोसर्वा बने रहे।
बामसेफ के उद्देश्य स्पष्ट थे, वह समाज जगाने लगे रहे॥(८१)

लेकिन बसपा के उद्देश्य थे कि, शीर्ष सत्ता कब्जाई जाय।
ब्राह्मणवादी सोच हटाकर, सत्ता को हथियाया जाय॥(८२)

इसका न कोई घोषणापत्र था, न उसकी बातें करते देखे गए
न ही कोई आर्थिक कार्यक्रम, कभी भी देखे सुने गए॥(८३)

वे प्रत्येक मंडल को, मंडलीय संयोजक के अधीन रखते थे।
दोनों संगठनों में वे अपनी, पसंद के बुद्धिजीवी रखते थे॥(८४)

अपने विरोधियों को वे ठिकाने, लगाने में देरी नहीं करते थे।
अपनी सुरक्षा के लिए उन्होंने, अपने गार्ड रखे हुए थे॥(८५)

सम्मेलनों में इन सुरक्षा गार्डों से, ही सुरक्षा करवाई जाती थी।
पूरे सम्मलेन की सुरक्षा, उनके वल पर ही की जाती थी॥(८६)

पंडाल में यदि कोई सरकारी, पुलिस सुरक्षाकर्मी मौजूद होता।
उन्हें सम्मेलन स्थल से, बाहर जाने को कह दिया जाता॥(८७)

पंद्रह अगस्त अट्ठासी से, पंद्रह अगस्त नवासी का समय आया।
कांसीराम ने पांच सूत्रीय, सामाजिक आंदोलन चलाया॥(८८)

उनके ये पांच सूत्र थे, प्रथम आत्म सम्मान के लिए संघर्ष।
शोषण मुक्ति के लिए संघर्ष, समाज के लिए संघर्ष॥(८९)

भारत की जाति व्यवस्था और, जाति उन्मूलन का संघर्ष।
विभाजित समाज को, भाईचारे से जोडने के लिए संघर्ष॥(९०)

पिच्चासी प्रतिशत भारतीय जनता, बीच छुआछूत का संघर्ष।
उस पर अन्याय और, आतंक थोपने के विरुद्ध संघर्ष॥(९१)

स्पष्ट है कि इसका उद्देश्य, मुसलमानों का संग लेना था।
दलित सिक्ख पिछड़े, ईसाइयों को बसपा से जोडना था॥(९२)

राजनीति के दंगल में, कांसीराम इतने पारंगत हो चुके थे।
कि अब वे राजनीति के, नये नये प्रयोग भी कर रहे थे॥(९३)

राजनीति में आश्चर्यचनक, नूतन फैसले वे अक्सर लेते थे।
जो कार्यकर्ताओं तथा जनता को, हैरानी में डूबो देते थे॥(९४)

पंजाब जैसे प्रदेश में भी, इस प्रकार के करतब करते थे।
और वहां के मतदाताओं को, भी हैरान करते रहते थे॥(९५)

कांसीराम रणनीति में अकसर, लोगों को चकित करते थे।
तथा वह अपने अनोखे, व्यवहार का पता भी देते थे॥(९६)

वे अपने समकक्ष उभरते, किसी भी व्यक्ति को नहीं चाहते थे।
उसे अपने प्रभाव से, कुचलने में भी परहेज नहीं करते थे॥(९७)

यही व्यवहार मायावती के, व्यक्तित्व में भी बनकर उभरा।
उनके सामने अन्य व्यक्ति, शीर्ष नेतृत्व पर नहीं उभरा॥(९८)

उन्हें अम्बेडकर के बाद, प्रभावशाली व्यक्तित्व का दर्जा दिया।
कभी तो उन्होंने स्वयं को, दूसरा आंबेडकर बता दिया॥(९९)

उनका कहना था बाबा साहब के बाद, मैंने अवसर पाया है।
जो बाबा साहब नहीं कर सके, मैंने कर दिखाया है॥(१००)

बाबा साहब आंबेडकर जैसा, गंभीर्य उनमें कहीं भी नहीं था।
लेकिन उनका कुछ काम, बाबा साहब से कम नहीं था॥(१०१)

उन्होंने दलित वर्ग की मूकता को, नये राजनीतिक स्वर दिये।
उन्हें राजनैतिक सत्ता स्वाद, चखने तक के अवसर दिए॥(१०२)

जिसे दलित अपनी घर की, राजनैतिक पार्टी समझते थे।
भारतीय राष्ट्रीय कांग्रेस के, चंगुल से बाहर निकलते थे॥(१०३)

उन्होंने कांग्रेस जैसी राष्ट्रीय पार्टी को, घुटनों के बल ला दिया।
जिसका फल कांग्रेस को, भुगतने को विवश कर दिया॥(१०४)

अपने आंदोलन बीच कांसीराम ने, घोषणा की कि बोद्ध बनेंगे।
करोड़ों अनुयाइयों संग, बौद्ध धर्म में धर्मांतरण करेंगे॥(१०५)

उनकी यह घोषणा राजनीतिक, मंचों तक ही सीमित रही थी।
कभी भी व्यवहारिक रूप, धारण नहीं कर सकी थी॥(१०६)

राजनीतिक महत्वाकांक्षा ने, इस घोषणा को खिसका दिया।
बाबा साहब व कांसीराम की, तुलना को दूर कर दिया॥(१०७)

कांसीराम का जीवन, राजनीतिक दंगल में ही चर्चित रहा है।
पर भीम कारवाँ, दलित विकास को समर्पित रहा है ॥(१०७)

अंतिम क्षणों में कांसीराम ने, कई आत्मघाती कदम उठाये।
उन्होंनेअपने सिद्धांतों का, गला घोंट कर समझोते किये॥(१०८)

भाजपा जैसे संगठनों से, कोई संबंध न रखा होता कही है।
उनकी छवि वो न होती, जो आज चर्चा का विषय रही हैं॥(१०९)

उनके कटखने नारों ने उन्हें, राष्ट्रीय नायक बनने से रोका है।
मायावती ने इन्हीं नारों विरुद्ध, राजनीतिक को रोका हैं॥(११०)

कुल मिला कर कहना होगा कि, कासीराम एक नायक हैं।
दलित चेतना लाने में, उनकी भूमिका ऐतिहासिक है॥(१११)

डॉ. आंबेडकर द्वारा छेड़े गये, आंदोलन के वे एक कर्ता थे।
क्योंकि वे राजनीति के, एक घाघ आन्दोलन कर्ता थे॥(११२)

नवदश स्कंथ:

मान्यवर कांसीराम के जीवन के अंतिम दिन एवं उनके अधूरे सपने

सन दो हजार दो में, कांसीराम जी ने एक घोषणा की थी।
चौदह अक्टूबर सन छह को, बौद्ध धर्म ग्रहण इच्छा की थी॥(१)

डॉ. अम्बेडकर के धर्म परिवर्तन की, पचासवीं वर्षगांठ होगी।
तब बौद्ध धर्म ग्रहण करने की, उनकी इक्षा पूरी होगी॥(२)

कांसीराम चाहते थे कि समर्थक, उनके साथ ही जोश भरें।
पांच करोड़ समर्थक भी, उसी समय धर्म परिवर्तन करें॥(३)

वे उनकी धर्म परिवर्तन योजना, का महत्वपूर्ण हिस्सा होंगे।
उनके समर्थकों में केवल, अछूत ही शामिल नहीं होंगे॥(४)

बल्कि विभिन्न जातियों के, वह लोग भी उसमें शामिल होंगे।
जो भारत में बौद्ध धर्म को, व्यापक रूप से बढ़ा सकेंगे॥(५)

नौ अक्टूबर दो हज़ार छह को, तब उनका निधन हो गया।
उनका बौद्ध धर्म ग्रहण करने का, कार्य अधूरा रह गया॥(६)

कांसीराम ने तय किया था कि, हम बौद्ध धर्म तभी ग्रहण करेंगे।
जब केंद्र में 'पूर्ण बहुमत' की, बीएसपी सरकार बनायेंगे॥(७)

वे ऐसा इसलिए करना चाहते थे, सत्ता से बदलाव ला सकते थे।
धर्म बदलकर देश में, धार्मिक बदलाव भी ला सकते थे॥(८)

बिना सत्ता कब्ज़ा किये धर्म बदलेंगे, तो साथ कोई होगा नहीं।
केवल दलितों का ही धर्म बदलेगा, दूसरे लोगों का नहीं॥(९)

इससे समाज में किसी तरह की, धार्मिक क्रांति नहीं उठेगी।
सत्ताधारी दल को यह बात, कभी भी हज़म नहीं होगी॥(१०)

हम कह सकते हैं कि भारत में, अम्बेडकरवाद अगर जिन्दा है।
मान्यवर कांशीराम ही, इसका श्रेय पाने केएक परिंदा है॥(११)

उन्होंने डॉ. आंबेडकर बाद, बहुजन आन्दोलन शुरू किया था।
और बहुजन आन्दोलन को, फिर से पुनर्जीवित किया था॥(१२)

कांसीराम ने शोषित समाज को, शोषण से मुक्त किया था।
राजनीतिक का उसको, सबसे बड़ा हथियार दिया था॥(१३)

उन्होंने सत्ता प्राप्ति को, सामाजिक एकता पर जोर दिया था।
सांस्कृतिक विमर्श को, बदलने पर पूरा जोर दिया था॥(१४)

बामसेफ की बैठकों में वे, राजनीतिक भाषण तो करते थे।
पर बातचीत के साथ साथ, पोस्टर बैनर भी लगवाते थे॥(१५)

गीत संगीत कविता नृत्य, लोकगीत आयोजन करवाते थे
इससे बड़ी संख्या में आम लोग, बामसेफ से जुड़ पाते थे॥(१६)

बल्कि वे सरल भाषा और, मनोरंजक शैली में बतलाते थे।
फुले अंबेडकर विचारधारा को, आत्मसात भी करवाते थे॥(१७)

उन्होंने एक चलता फिरता, अंबेडकरी मेला शुरू किया था।
डॉ. आंबेडकर के जीवन पर, रोशनी डाल किया था॥(१८

बाबा साहब की जीवनी को, चित्र गीत संगीत में पिरोया था।
बहुजनों को जागरूक करने, यह नया तरीका बोया था॥(१९)

यह रूखी सूखी भाषण बाजी, से ज्यादा प्रभावशाली था।
सामाजिक राजनीतिक, चेतना निर्माण में वलशाली था॥(२०)

इसके साथ ही उन्होंने, शोषण के खिलाफ संघर्ष किया।
जमीन पर संघर्ष करने की, जरूरत पर भी बल दिया॥(२१)

उन्होंने दलित शोषित समाज संघर्ष समिति का गठन किया।
बहुजन छात्रों युवाओं, महिलाओं का शोषण रोक दिया॥(२२)

इससे सामाजिक शोषण, अत्याचार की बात कही जाती थी।
ब्राह्मणवादी शोषण विचारधारा, की व्याख्या की जाती थी॥(२३)

भारत में ओबीसी दलितों और, महिलाओं का शोषण होता था।
घटनाओं का विचारधारा के, आधार पर खुलासा होता था॥(२४)

यह एक ताकतवर तरीका था, जिसने बहुजन लामबंद किया।
पिच्चासी प्रतिशत वोटर्स को, ब्राह्मणवाद विरुद्ध किया॥(२५)

समाज के सबसे दबे कुचले, लोगों को उनके अधिकार दिलाये।
उनके जीवन की गहरी, समस्याओं के कारण बतलाये॥(२६)

और उनके निवारण को, उन्हें खड़ा करना छोटी बात नहीं थी।
बहुजन समाज को ऐसी, रणनीति की कल्पना सही थी॥(२७)

यह कांसीराम की सामाजिक, सूझबूझ का ही नतीजा था।
उनका बताया तरीका, कभी नहीं भुलाया जा सका था॥(२८)

बाद में जिस तरीके से, बहुजन राजनीति आगे बढ़ी थी।
किसी तत्कालीन नेता में, इतने साहस की नहीं कड़ी थी॥(२९)

कि वह इतने बड़े पैमाने पर, धर्मांतरण की कोशिश करें।
आरएसएस के समान्तर, एक संगठन का निर्माण करे॥(३०)

कांसीराम के बाद धार्मिक क्रांति की, कोशिशें ढीली पड़ गई।
राजनीतिक अवसरवाद से, बहुजन राजनीति ही हिल गईं॥(३१)

अब बहुजन राजनीति के पास, न अपनी सांस्कृतिक बची है।
न धार्मिक जड़ें बचीं हैं, न राजनीतिक ताकत ही बची है॥(३२)

इसके बाद सामाजिक, और सांस्कृतिक बदलाव कहाँ हैं।
उनका निर्माण करने की, दलित चेतना भी अब कहाँ हैं॥(३३)

इन सब ने उनके जीवन भर की, कमाई को कमजोर किया है।
अधिकतर बहुजन युवा को, बड़े बदलाव से दूर किया हैं॥(३४)

पर उस बदलाव की बात, केवल राजनीति तक ही रहती है।
ओबीसी अनुसूचित जाति, जनजाति युवा तक ही रहती है॥(३५)

वह धार्मिक सामाजिक बदलाव की, बात करते ही नहीं हैं।
और व्यवस्था परिवर्तन की बात, वह समझते ही नहीं है॥(३६)

दूसरी तरफ देखें तो ब्राह्मणवादी, विचारधारा ने काम किया है।
उसने युवाओं के दिमाग में, घुसकर उन्माद किया है॥(३७)

उन्होने सबसे पहले धार्मिक और, सामाजिक बदलाव साधा है।
फिर अपनी ब्राह्मणवादी, राजनीति को मजबूत किया है॥(३८)

भारत के ओबीसी अनुसूचित जाति, और जनजाति को चाहिए।
अल्पसंख्यकों को यह बात, गहराई से समझनी चाहिए॥(३९)

कांसीराम ने बहुजन समाज की, एकता की जो बात की थी।
गैर राजनीतिक जड़ों को, मजबूत करने की शुरुआत थी॥(४०)

उन्हें अब पूरी ताकत के साथ, आगे बढ़ाने की आवश्यकता है।
ब्राह्मणवादी ताकतो से, शिक्षा लेने की आवश्यकता है॥(४१)

ब्राह्मणवादी ताकतें आज, इसलिए सफल होती जा रही हैं।
क्योंकि वह पहले धार्मिक, सामाजिक बदलाव ला रहीं हैं॥(४२)

सांस्कृतिक को राजनीतिक, बदलाव से पहले लागू किया।
उसे भी बहुजनों पर ही, सबसे पहले पूरा लागू किया॥(४३)

गली गली में भारत के, ओबीसी अनुसूचित जाति रहते हैं।
जनजाति के युवा एक, धर्म विशेष के इशारे पर नाचते हैं॥(४४)

वह मंदिर निर्माण के मुद्दे पर, उत्तेजित होकर घूमा करते हैं।
तरह तरह की यात्राओं, जगराते में रात दिन घूमते हैं॥(४५)

पंडालों में गीत और संगीत के, आयोजनों में नाचते रहते हैं।
उनके अपने दिमाग में, देवी देवता ही आते रहते हैं॥(४६)

उनमें पूर्वजों के शत्रुओं का धर्म, गहराई से जड़े जमा चुका है।
जातिवाद को ढोकर भी, अपना स्वाभिमान खो चुका है॥(४७)

इसीलिए ब्राह्मणवादी राजनीति, ओबीसी को लील रही है।
बहुजन लोगों की ताकत से, मजबूत होती जा रही है॥(४८)

कांसीराम द्वारा समाज निर्माण की बात

मान्यवर कांसीराम इस बात को, बहुत अच्छे से जानते थे।
वह बाबा साहब के साहित्य का, भरपूर अध्ययन करते थे॥(४९)

तभी उन्होंने इस बात को, सही समय पर समझ लिया था।
इसीलिये उन्होंने बहुजन को, ब्राह्मणवाद से दूर किया था॥(५०)

वे जानते थे ब्राह्मणवादी धर्म, राजनीतिक शक्तियां कहाँ हैं।
ओबीसी और दलित वर्ग के, युवाओं का सहयोग कहाँ हैं॥(५१)

वे इन बहुजन युवाओं को, ब्राह्मण धर्म की चपेट में देख रहे थे।
अपनी ही कौम के साथ, गद्दारी करते हुए देख रहे थे॥(५२)

ना केवल शासन प्रशासन में, जीवन के हर मोड़ को जाना था।
इस तरह की सामाजिक गद्दारी को, खूब पहचाना था॥(५३)

उन्होंने चमचा युग नाम की, एक छोटी सी पुस्तक को दिया था।
जिसमें इस पूरे षड्यंत्र को, बारीकी से बेनकाब किया था॥(५४)

दुर्भाग्य की बात है कि, जिस तरह बहुजन समाज आया है।
बाबासाहेब आंबेडकर के, साहित्य को नहीं पढ़ पाया है॥(५५)

उसी तरह कांसीराम को भी, अब तक नहीं पड़ पाया है।
उनके विचारों को बहुजन, ठीक से नहीं जान पाया है॥(५६)

बहुजन जब तक फुले अंबेडकर, विचारधारा नहीं अपनायेगा।
कांशीराम साहब की, नसीहत को नहीं अपनाया जाएगा॥(५७)

तब तक गांव गली मोहल्ला में, बहुजनों का शोषण होता रहेगा।
शोषण मुक्ति को राजनीति, एक बड़ा हथियार रहेगा॥(५८)

लेकिन राजनीति का निर्माण, बिना एकता कैसे हो सकता है।
धार्मिक सामाजिक सांस्कृतिक, चेतना से हो सकता है॥(५९)

इसलिए राजनीति में अपनी ताकत, दिमाग क्यों लगाया जाय।
पहले समाज में सांस्कृतिक, धार्मिक बदलाव लाया जाए॥(६०)

जब लोगों की सांस्कृतिक, और धार्मिक चेतना बदल जायेगी।
तब उनकी राजनीतिक चेतना, अपने आप बदल जायेगी॥(६१)

यही बाबा साहब डॉ. अम्बेडकर का, जो अंतिम निर्णय था।
वही कांसीराम साहब का, बहुजन को अंतिम निर्णय था॥(६२)

हम डॉ. अंबेडकर और कांसीराम को, अपना आधार बनाएं।
नई सामाजिक धार्मिक क्रांति की, अब नई मशाल जलाएं॥(६३)

अब बहुजन समाज का कौन, नया कांसीराम सामने आयेगा।
सौ करोड़ बहुजन को, बौद्ध बना सपना पूरा करेगा॥(६४)

विंशति: स्कंध

चमचायुग और आंशिक दलित आज़ादी

कांसीराम ने सीधे पार्टी, संगठन खड़ा करना शुरू नहीं किया।
उन्नीस चौसठ में पकड़ी, रिपब्लिक पार्टी ऑफ इंडिया॥(१)

आजकल इसके एक धड़े के, नेता रामदास अठावले हैं।
जो दलित विरोधी आरएसएस, एनडीए के रखवाले हैं॥(२)

कुछ ही वर्षों में कांसीराम ने समझा, पार्टी दलित वोट लेती है।
उसके वल पर आरपीआई, चुनावों में हिस्सा भी लेती है॥(३)

देश समाज के सभी क्षेत्रों में, दलित पिछड़े शोषित लोग हैं।
उनकी मुक्ति की कोई योजना के, नहीं कोई प्रयोग हैं॥(४)

सत्ता में बने रहने को और, उसे स्थायित्व देने कि जरूरत है।
उसे अमल में लाने की, किसी योजना की भी जरूरत है॥(५)

फिर कांसीराम ने पूरे देश में, घूम घूमकर विचार किया किया।
सबके साथ मिलकर उनकी, समस्या का समाधान किया॥(६)

अंबेडकर जयंती पर सन तिहत्तर में, बामसेफ का गठन किया।
छः दिसंबर अठहत्तर को, इसको नए सिरे से दुरुस्त किया॥(७)

दलित शोषित समाज संघर्ष समिति, सन इक्यासी में बनी।
तब कांशीराम की, देश भर में घूमकर योजना बनी॥(८)

उन्हें सबसे ज्यादा गुंजाइश, उत्तर प्रदेश में समझ आई।
पंजाब में भी उन्हें अच्छा, रेस्पॉन्स मिला करिश्माई॥(९)

सन उन्नीस सौ चौरासी में, बीएसपी का गठन किया।
उन्होंने चुनावी राजनीति में, कूदने का संकल्प लिया॥(१०)

उन दिनों कांसीराम अपनी, एक बात बहुत दोहराते थे।
पहला चुनाव हारने के लिए लड़ेंगे, यह सबको बतलाते थे॥(११)

दूसरा चुनाव दूसरों को, हरवाने के लिए कही जाती है।
और फिर तीसरे चुनाव से, जीत मिलनी शुरू हो जाती है॥(१२)

पहले चुनाव में इंदिरा लहर में, बीएसपी का खाता नहीं खुला।
मगर हिम्मत खुल गई, बहुजन शक्ति का अंदाज़ खुला॥(१३)

दलितों की अपनी पार्टी, उत्तर भारत में जड़ें जमाती चली।
मनुवाद और ब्राह्मणवाद को, खुले आम गरियाती चली॥(१४)

बसपा गांधी और कांग्रेस को, सिरे से खारिज करती थी।
इस दौरान सधे हुए नहीं, कड़े शब्द तलाश करती थी॥(१५)

खुंखार खुरदुरे ढंग से कहा जाता, ठाकुर ब्राह्मण बनिया छोड़।
बहुजन समाज को लेकर, बाकी सब हैं डीएस फोर॥(१६)

या फिर तिलक तराजू और तलवार, इनको मारो जूते चार।
बीएसपी का मूवमेंट लगातार, मजबूत होकर करता बार॥(१७)

राममंदिर और मंडल के दौर में, कांशीराम ने सब परखा।
और सत्ता प्राप्त करने को, रणनीतिक तौर खूब परखा॥(१८)

उनकी पार्टी ने मुलायम सिंह यादव से, किया गठजोड़ खड़ा।
नई समाजवादी पार्टी के साथ, गठजोड़ कर चुनाव लड़ा॥(१९)

चुनाव बाद मुलायम सिंह, गठबंधन सरकार के मुख्यमंत्री थे।
बीएसपी मिशनरी कार्यकर्ता, जिसमें बने कैबिनेट मंत्री थे॥(२०)

सत्ता के गलियारों में दलितों की, ये पहली सीधी आमद थी।
जिला जालौन का एक किस्सा, इसका सच्चा प्रतिविम्ब थी॥(२१)

कोंच सुरक्षित सीट से, चैनसुख भारती चुनाव जीतकर पहुंचे ।
वे शपथ गृहण को लखनऊ, टूटी चप्पल पहनकर पहुंचे ॥(२२)

बहिन मायावती जी ने तब, उन्हें देखकर कहा बाज़ार जाइए।
आप सत्ता पाए हैं, नई चप्पलें पहनकर सदन में जाइए॥(२३)

कांसीराम समझ गए मायावती, अब राजनीतिक वारिस होंगी।
तेर तर्रार भाषण शैली, संगठन क्षमता के बल पर होंगी॥(२४)

कड़ाई संग काडर से अपनी, बातें मनवाना उनकी शैली थी।
यह कांसीराम की मेहनत, रणनीति बुलंद पृष्ठभूमि थी॥(२५)

हालांकि उन पर ये इल्जाम भी, लगा कि ऐसा क्यों किया।
आखिर में उन्होंने संगठन, मायावती को क्यों सौंप दिया॥(२६)

कठिन दिनों के तमाम साथियों, की तरफ से आंखें मूंद लीं थीं।
कांसीराम कहते थे कि, मायावती में ही नेतृत्व क्षमता थी॥(२७)

उनमें सर्वश्रेष्ठ संभावना दिखी, इसलिए मैंने उन्हें ग्रूम किया।
राजनैतिक वरासत सौंपकर, कांसीराम ने मौन किया॥(२८)

बीएसपी का चुनाव निशान, हाथी क्यों इसका खुलासा किया।
सत्तर के दशक में हुए, मवेशी आंदोलन का जिक्र किया॥(२९)

दलितों ने ब्राह्मणवाद से मुक्ति, बौद्ध धर्म अपनाकर पाई।
इसमें हाथी प्रतीक का, बहुतायत से इस्तेमाल होता भाई॥(३०)

जिस डॉ. अंबेडकर विरासत का, बीएसपी ने दावा किया था।
उनकी पार्टी आरपीआई ने भी, तब यही निशान लिया था॥(३१)

इसके अलावा हाथी दलितों की, ताकत का भी प्रतीक था।
जिस पर अब भी धोखे से, सवर्ण रुपी महावत सवार था॥(३२)

कांसीराम जानते थे सत्ता पाने को, दलित नए सिरे से संग होंगे।
सामाजिक प्रतीक किस्से, नायक और यकीन कराने होंगे॥(३३)

इसके लिए सबऑल्टर्न वाचिक, परंपरा का सहारा लिया गया।
दलित समाज के वीरों को, भरपूर सम्मान दिया गया॥(३४)

ऊदा देवी बिजली पासी, झलकारी बाई को वही मान दिया।
जो अब तक दूसरे नेताओं, इतिहास पुरुषों को दिया ॥(३५)

उन दिनों भारत की गलियों में, अकसर ये लगता था नारा।
कि बाबा तेरा मिशन अधूरा, कांसीराम करेगा पूरा॥(३६)

कांसीराम के इस मिशन में, सिर्फ सवर्ण बाधक नहीं पाए हैं।
समाज के दलाल भी बाधक हैं, जो मलाई खाते आए हैं॥(३७)

उनको देखकर कांसीराम ने, बयासी में ही जो तस्वीर लिखी।
द चमचा एज, एन इरा ऑफ द स्टूजेस` किताब लिखी॥(३८)

इसमें कांग्रेसी दलित नेताओं की, जमकर धज्जियां उड़ाईं।
पूना पैक्ट से पैदा हुई गुलामी की, सबको बात बतायी॥(३९)

नौ अक्टूबर दो हज़ार छः को कांशीराम का देहांत हुआ।
उसके पहले कुछ बरस, वह बीमार रहे इलाज़ हुआ॥(४०)

कंट्रोवर्सी पैदा हुई कि, मायावती ने उन्हें कैद में रखा है।
कोर्ट दखल से परिवार को, अंतिम संस्कार में रखा है॥(४१)

मगर कांसीराम के सारे रिचुअल, वारिस मायावती ने निभाए।
वही उनकी वारिस थी भीं, जिन्होंने पूरे कर्तव्य निभाये॥(४२)

एक बरस के भीतर ही, सत्ता की चावी अपने दम पर पाई।
कांसीराम के यकीन को, सच साबित कर दिखलाई॥(४३)

लेकिन वह बीएसपी मूवमेंट को, यूपी बाहर नहीं ले जा पाईं।
दूसरी पांत में कोई मजबूत नेता, वह नहीं खड़े कर पाईं॥(४४)

ये आधा सच है क्योंकि मायावती, अभी स्वस्थ हैं सक्रिय हैं।
बीएसपी की चुनावी हार के बाद, नए सिरे से सक्रिय हैं॥(४५)

अगले विधानसभा चुनाव के लिए, वह तैयारी कर रही हैं।
प्रकृति उन्हें लंबा स्वस्थ जीवन दे, वह लड़ रही हैं॥(४६)

समय समय का खेल है, और समय ही होत वलवान।
जो कभी राजा कभी रंक है, ऐसा ही बना विधान॥(४७)

इसीलिये बहुजन को भी, अब फिर से आगे आना होगा।
अपनी सभी शिकायत भूलकर, इंकलाव लाना होगा॥(४८)

अगर शिकायत मायावती से, उनको समझाना होगा।
बहुजन की सरकार बनेगी, यही भी दिखलाना होगा॥(४९)

तब बहुजन का सम्मान बचेगा, मनुवाद तब हारेगा।
बाबा का संबिधान बचेगा, भीम मिशन फिर जागेगा॥(५०)

आओ हम यह प्रण लें फिर से, एक संघ में आयेंगे।
भीम मिशन और कांसीराम को, बहुजन बीच ले जायेंगे॥(५१)

दलित वर्ग को अपमानों से, तब छुट्टी मिल जायेगी।
जातिवाद का कंठ मरोड़कर, उससे मुक्ति मिल पायेगी॥(५२)

एकविंशतिः स्कंथः

मान्यवर कांसीराम का अप्रतिम राजनीतिक सन्यासी जीवन

कांसीराम ने जो जीवन जिया, सन्यासी से कम न था।
बहुजन को एक मंच पर लाना, और किसी में दम न था॥(१)

दलित पिछड़े अल्पसंख्यक को, कैसे एक कराया था।
सन्यासी का जीवन जीकर, सत्ता स्वाद चखाया था॥(२)

अपने लिए कुछ नहीं माँगा, माँगा जनहित कारण था।
कभी जमीन कभी नंगी खाट पर, किया रात जागरण था॥(३)

मजलूमों के कष्ट देखकर, उन्हें नींद नहीं आती थी।
कैसे कष्ट दूर हो इनके, हरपल यह बात सताती थी॥(४)

ठाटबाट से सूट पहनते, जब मनुवादी को देखा था।
फटे पुराने कपडे पहने, पिच्चासी का लेखा था॥(५)

पूरा हिन्दुस्तान घूमकर, दलितों में रहकर देखा।
उनका खाना पानी देखा, रहन सहन उनका देखा॥(६)

तभी प्रण ले लिया उन्होंने, भीम प्रतिज्ञा ऐसी थी।
सन्यासी सा जीवन जीना, घर की ऐसी तैसी थी॥(७)

अपने कपड़े नहीं खरीदते, जो मिल जाएँ पहन लिए।
और अगर फट जाएँ तो, फिर सूई लेकर सी लिए॥(८)

बाबा साहब के अनुयायी, जब सूटबूट पहना करते।
पेंट शर्ट में समय काटते, कांसीराम ऐसा करते॥(९)

कांसीराम का पूरा जीवन, जो संघर्षों का बाना था।
संघर्षों का उद्देश्य एक ही, मजलूम को ऊपर लाना था॥(१०)

सामाजिक एवं आर्थिक परिवर्तन, से ऐसा हो सकता था।
स्वतंत्रता न्याय और बंधुत्व पर, आधारित हो सकता था ॥(११)

इस लक्ष्य प्राप्ति को वे, सत्ता को एक साधन मानते थे।
ऐसा समाज बनाना चाहते, जो समता ममता मानते थे॥(१२)

लेकिन तब उनके सामने, अनेक कठिनाइयाँ आईं थीं।
अपने संघर्ष और लक्ष्य प्राप्ति में, उनकी जब तरुणाई थी॥(१३)

वे मनी माफिया और मीडिया को, सबसे बड़ा रोड़ा मानते थे।
इनसे मुकाबला करने को, वह अलग रणनीति जानते थे॥(१४)

साथ ही बहुजन समाज के, लोगों को उन्होंने आगाह किया।
इन तीनों से सावधान रहने का, एक बड़ा आह्वान किया॥(१५)

बहुजन समाज को सत्ता मंदिर, तक लाने का काम किया।
सत्ता पर कब्जा करने को, मजबूत आधार प्रदान किया॥(१६)

टीम टाम से दूर रहे वह, उनको वह नहीं भाती थी।
गाँव गरीब ने देखा उनको, जो उनकी परिपाटी थी॥(१७)

जिसने भी सुना कांसीराम को, वह ही उनका भक्त हो गया।
कांसीराम की अक्खड़ बोली, सुनकर लाल रक्त हो गया॥(१८)

ओज था उनकी उस वाणी में, दलितों में रक्त संचार किया।
इतिहास के पन्ने खोलकर, झूठ का पर्दाफास किया॥(१९)

जो जो पूर्वज महान हुए थे, वह दलितों को बता दिए।
उनके बारे में बतलाया, उनके काम भी जता दिए॥(२०)

वे कभी लगते नहीं थे नेता, सामान्य मानव लगते थे।
उनके कपड़े रहन सहन से, उनके अपने लगते थे॥(२१)

कांसीराम घर बार छोड़कर, सब आज़ादी से चलते थे।
जो भी मिलता खा लेते थे, रुक जाते दिन ढलते थे॥(२२)

लौट के अपने घर नहीं धाये, तोड़ दिया था सब नाता
बहुजन को परिवार बनाया, उससे ही रखते नाता॥(२३)

कभी नौकरी नहीं करेंगे, तब ऐसी भीम प्रतिज्ञा की
बहुजन को सत्ता की चावी, दिलवाने की प्रतिज्ञा की॥(२४)

ऐसा सन्यासी नेता देखा, उसको कोटि कोटि प्रणाम
उसने जो जो राह दिखाई, उसपर चलते रहो अविराम॥(२५)

ऐसा कभी न पहले देखा, और न कभी फिर पैदा होगा
दलितों का यह लाल अनोखा, आगे कब दर्शन देगा॥(२६)

बहुजन उसको याद करेगा, जब तक यह संसार रहेगा
आने वाली पीड़ी को भी, उसकी महिमाँ सदां कहेगा॥(२७)

द्वाविंशतिः स्कंध

मान्यवर कांसीराम का संघर्ष और दलित राजनीति का भविष्य

कांसीराम के पिता हरी सिंह, रविदासी सिख परिवार थे।
चमार जाति के लोग, पंजाब में रविदासी अधिकार थे॥(१)

संत रविदास को मानने की वजह से, रविदासी कहा जाता था।
इसी कारण से हरी सिंह को, बेगार भी करना पड़ता था॥(२)

सरकारी हुक्कामों की जब तब सेवा, करना उनका काम था।
डाक बंगले में ऊंची छत वाला, कमरा बेगारी के नाम था॥(३)

उस पर लगे पंखे की रस्सी को, आदमी हिलाता रहता था।
जैसे राजाओं व भगवानों की, फोटू पीछे चंवर डुलाता था॥(४)

कांसीराम के पिता हरी सिंह, कई दिनों यही मजूरी करते।
एक बार उनको बापू की याद, आई वहां पहुंचे तो देखते॥(५)

सुबह का वक्त है और बापू, पंखा चलाते चलाते सो गए थे।
निढाल बच्चा लौट गया, उसे बरसों बरस बीत गए थे॥(६)

जब कांसीराम सांसद थे, यूपी के इटावा से प्रतिनिधि थे।
केंद्र में नरसिम्हा राव की, कांग्रेस पार्टी सरकार में थे॥(७)

कांसीराम एक संसदीय समिति के, सदस्य बनाए गए थे।
समिति पंजाब दौरे पर, कांसीराम सर्किट हाउस में गए थे॥(८)

रात में अचानक सन्नाटे में, उनकी नींद खुल जाती है।
गर्मी और पसीने में हड़बड़ाकर, चेतना बाहर आती हैं॥(९)

उन्हें अपने पिता की याद हुई, जो इसी जगह बेगारी किये।
ये वही डाकबंगला था जहां, पिता भी बेगारी किये॥(१०)

वह अब रोपड़ के राजकीय, अतिथि गृह में बदल गया था।
बदला दलित जमीर, जिसको कांशीराम ने गलाया था॥(११)

पूर्वी उत्तर प्रदेश के जनपद, आजमगढ़ का गांव 'बरकोठा' है।
दलित बाहुल्य यह गांव, बहुत ही संपन्न नहीं होता है॥(१२)

सत्तर दलित परिवारों में मात्र चार, दलित सरकारी नौकर हैं।
उनमें एक कलर्क तथा, तीन चतुर्थ श्रेणी के वर्कर हैं॥(१३)

दलित परिवारों की जीविका का, मुख्य श्रोत अपनी खेती है।
मजदूरी पर शहर गए, युवकों द्वारा भेजा पैसा होती है॥(१४)

चौसठ दलित बालक बालिकाएं, पढ़ते प्राइमरी स्कूल हैं।
एक सरकारी प्राइमरी स्कूल, तथा कई प्राइवेट स्कूल हैं॥(१५)

सरकारी स्कूल में मुफ्त की शिक्षा, दोपहर भोजन मिलता है।
सभी दलित बच्चों को, सरकारी वजीफा भी मिलता है॥(१६)

कभी कभार यूनिफार्म और, किताबें भी मुफ्त मिलते हैं।
बावजूद इसके सत्रह बच्चे, सरकारी स्कूल में पढ़ते हैं॥(१७)

सैंतालिस बच्चे निजी स्कूल में पढ़ते, जहां कुछ मुफ्त नहीं हैं।
केन्द्र की कांग्रेस सरकार, पर दलितों की मदद नहीं है॥(१८)

कांग्रेसी 'दलित' कल्पना, 'वास्तविक दलित' में बड़ा अंतर है।
दलितों की आकांक्षाएं अब, मुफ्त में भोजन से ऊपर है॥(१९)

दलित राशन कार्ड ग्रामीण रोगार, जैसी योजनाओं चाहते हैं।
दलित सम्पन्न हो रहे भारत में, भागीदारी चाहते हैं॥(२०)

कांग्रेस दलितों की नई चाहत को, मानने से इंकार कर रही है।
उत्तर में दलितों का भी, कांग्रेस से मोह भंग हो रही है॥(२१)

वे कांग्रेस छोड़ रहे हैं, दूसरी बड़ी राष्ट्रीय पार्टी भाजपा है।
तो उत्तर प्रदेश में, समाजवादी पार्टी और बसपा है॥(२२)

भाजपा को जब भारत वर्ष में, केन्द्र की सत्ता हाथ लगी।
तो संविधान समीक्षा सरकार की, प्राथमिकता बन दिखी॥(२३)

दलित चेतना में संविधान, शासन करने का दस्तावेज नहीं है।
संबिधान एक बड़ा प्रतीकात्मक,और सामाजिक महत्व है॥(२४)

संविधान को मनु धर्म का, रिएक्शन ही माना जाता है।
संविधान दलित मुक्ति का, दस्तावेज भी माना जाता है॥(२५)

भाजपा सरकार ने, 'संविधान समीक्षा आयोग' बैठा दिया।
बाबा साहब लिखित संबिधान बदलने, कदम बड़ा दिया॥(२६)

जाहिर है भाजपा को न तो, दलित वोट उम्मीद लग रही थी।
और न दलितों को, भाजपा से कोई उम्मीद लग रही थी॥(२७)

इस तरह आजतक दलित भाजपा, तथा एनडीए से भी दूर हैं।
देश के दो प्रमुख दलों कांग्रेस, भाजपा से दलित दूर है॥(२८)

स्वयं में सामाजिक अल्पसंख्यक, दलित समाज विकल्प में है।
कांग्रेस भाजपा से इतर, अन्य की तलाश विकल्प में है॥(२९)

अप्रैल मई २०२४ में लोकसभा के, आमचुनाव होने वाले हैं।
जो दलित राजनीति में, मील का पत्थर होने वाले है॥(३०)

केन्द्र कीआगामी सरकार में, कांग्रेस की भूमिका रहने वाली है।
इनके बिना तब केन्द्र में, नई सरकार नहीं बनने वाली है॥(३१)

आगामी २०२४ लोकसभा चुनाव में, कुछ ऐसा होने वाला है।
किसी भी गठबंधन को स्पष्ट, बहुमत नहीं मिलने वाला है॥(३२)

तमाम जलालत के बाद भी, वामपंथी कांग्रेस संग जा सकते हैं।
वामपंथी तो किसी ऐसे दल को, भी समर्थन दे सकते हैं॥(३३)

वीपी सिंह सरकार को वामपंथी, भाजपा बाहर से समर्थन था।
न्यूक्लियर डील पर वामपंथी, और भाजपा का समर्थन था॥(३४)

मायावती एकाध साल के लिए भी, यदि प्रधानमंत्री बन जायेंगी।
तो भविष्य में दलित राजनीति, हमेशा को बदल जाएगी॥(३५)

उन्हें अगर मौका मिला तो, सामाजिक कटुता कम हो पायेगी।
दलित सवर्ण के बीच, ऐतिहासिक कटुता चली जाएगी॥(३६)

कांसीराम मायावती के त्याग, और संघर्ष का ही परिणाम है।
दलित समाज के प्रति, प्रतिबद्धता उनका अभिमान है॥(३७)

दलित मध्य वर्ग के आर्थिक, सहयोग से जो राह मिली है।
भूमंडलीकरण से दलितों को, सापेक्ष मुक्ति मिली है॥(३८)

इसने दलित राजनीति को, एवरेस्ट शिखर पर पहुंचा दिया है।
दलितों ने विकल्प तलाशने का, अपना निर्णय ले लिया है॥(३९)

नहीं तो दलित राजनीति वहीं पहुंचेगी जहां प्रारम्भ हुआ था।
जो दलित स्थिति पहले थी, जब बसपा का जन्म हुआ था॥(४०)

दलित राजनीति के अवसान में, 'चमचा युग' का आरंभ होगा।
दलित उनका प्रतिनिधि नहीं, बड़े दलों का चमचा होगा॥(४१)

कांसीराम ने एक किताब, जो 'दी चमचा ऐज' लिखी थी।
जिसमें उन्होंने विस्तार से, इसकी व्याख्या भी लिखी थी॥(४२)

लिखा कि किस तरह राजनीतिक दल, चमचे पैदा करते हैं।
दलित नेता अपने समाज के, हितों का सौदा करते हैं॥(४३)

यही पुस्तक बसपा विस्तार की, वैचारिक आधारशिला बनी।
दलित पिछड़े अल्पसंख्यक से, बहुजन का आधार बनी॥(४४)

दलित मध्य वर्ग निराश हो चुका, आम दलित समाज असहाय।
बसपा का यूपी में चुनाव जीतना, मुश्किल न हो जाय॥(४५)

इसका अर्थ यह नहीं कि बसपा, अप्रासंगिक हो जाएगी।
बसपा सौ सीटें जीत ले, तो यूपी में वजूद रख पायेगी॥(४६)

इसलिए यह साल दलित राजनीति में, मील का पत्थर होगा।
'चमचा युग' के हीरो पर, दलित बीच खलनायक होगा॥(४७)

आने वाला हर दिन, दलित राजनीति के लिए महत्वपूर्ण होगा।
बसपा को हर कदम, अब फूंक फूंक कर चलना होगा॥(४८)

कांसीराम के संघर्षों को, अब बहुजन नहीं भूल पायेगा।
कांसीराम नहीं तो फिर से, नया कांसीराम आयेगा॥(४९)

जो बहुजन की बात करेगा, नीला झंडा करेगा वार।
बूथ बूथ पर लहराएगा, हाथी पर लेगा अधिकार॥(५०)

जो परिपाटी भीमराव की, कांसी जिससे करते प्यार।
उसको आगे लाना होगा, तब सरकार बनेगी यार॥(५१)

त्रयोविंशतिः स्कंथः

मान्यवर कांसीराम एवं बौद्ध धर्म की मान्यताएं एवं विपस्सना बिधि

कांसीराम ने भरपूर प्रयाश किया, बोद्ध दीक्षा नहीं ले पाए।
उसका दिवस निश्चित कर दीना, पर उससे पूर्व स्वर्ग धाये॥(१)

लेकिन वह बोद्ध धम्म पर, अपनी पूरी श्रृद्धा रखते थे।
बोद्ध धम्म के पंचशील का, तब पूरा पालन करते थे॥(२)

बुद्ध धम्म की विपस्सना बिधि का, पूरा करते थे प्रयाश।
जब भी उनको समय मिल पाता, इसको पाते अपने पास॥(३)

इसीलिये अब हम बहुजन को, विपस्सना बतलायेंगे।
इसकी मान्यताएं एवं बिधि, अब पूरी तरह समझायेंगे॥(४)

विपस्सना मनुष्य जाति के लिए, सबसे अच्छा उपयोग है।
मानव इतिहास का सर्वाधिक, महत्वपूर्ण ध्यान प्रयोग है॥(५)

जितने व्यक्ति विपस्सना से, महान बुद्धत्व को उपलब्ध हुए।
उतने किसी और विधि से, कभी नहीं प्रबुद्ध हुए॥(६)

विपस्सना बिधि अपूर्व है, विपस्सना शब्द का अर्थ है देखना।
अपने आप को देखना, बार बार लौटकर पुनः देखना॥(७)

बुद्ध कहते थे "इहि पस्सिको", आओ और देखो।
एकाग्र होकर अपनी, सांस के प्रवाह को देखो॥(८)

बुद्ध किसी धारणा का, आग्रह कभी नहीं रखते।
"अत्त दीपो भव" कहकर, अपना दीपक बनों कहते॥(९)

बुद्ध के मार्ग पर चलने को, ईश्वर को मानना न मानना।
आवश्यक नहीं है, आत्मा को मानना अथवा न मानना॥(१०)

बुद्ध धर्म अकेला धर्म है पृथ्वी पर, जिसमें कोई आग्रह नहीं है।
इसमें मान्यता पूर्वाग्रह, विश्वास की आवश्यकता नहीं है॥(११)

बुद्ध धर्म भारत में प्रफुल्लित, एक अकेला वैज्ञानिक धर्म है।
बुद्ध कहते आओ और देखो, मानने की जरूरत नहीं है॥(१२)

देखो फिर मान लेना, जिसने देख लिया उसे मानना पड़ता है।
उसे मनाना थोड़े ही पड़ता है, उसे मान ही लेना पड़ता है॥(१३)

बुद्ध के देखने की जो प्रक्रिया थी, दिखाने की जो प्रक्रिया थी।
उसी का नाम है विपस्सना, जो एक सरल सी प्रक्रिया थी॥(१४)

विपस्सना बड़ा सीधा सरल प्रयोग है, जिसमें रहता साक्षी भाव।
आती जाती श्वास के प्रति, अनुभव होता साक्षी भाव॥(१५)

श्वास से ही जीवन है, श्वास ही इस जीवन का सेतु है।
श्वास रुके तो जीवन रुकता, श्वास ही जीवन हेतु है॥(१६)

श्वास से ही तुम्हारी आत्मा, और तुम्हारी देह जुड़ी है।
इधर देह है उधर चैतन्य, और मध्य में श्वास खड़ी है॥(१७)

यदि श्वास को ठीक से देखोगे, तो अनिवार्य रूपेण जानोगे।
अपरिहार्य रूप से शरीर से, तुम भिन्न अपने को मानोगे॥(१८)

श्वास को देखने के लिए जरूरी है, तुम एकाग्र हो जाओ।
तुम अपनी आत्मचेतना में, जाकर स्थिर हो जाओ॥(१९)

बुद्ध कहते कि नहीं आत्मा को मानो, पर अपने को पहचानो।
श्वास देखने का और कोई, उपाय नहीं उसे पहचानो॥(२०)

जो श्वास को देखेगा निश्चित ही, वह श्वास से भिन्न हो गया।
और जो श्वास से भिन्न हो गया, वह शरीर से भिन्न हो गया॥(२१)

क्योंकि शरीर सबसे दूर है, उसके बाद यह श्वास है।
उसके बाद तुम हो जिस पर, तुमको पूरा विश्वास है॥(२२)

अगर तुमने श्वास को देखा, तो श्वास देखने में लाभ होंगे।
शरीर से तुम्हारे सम्बन्ध, अनिवार्य रूप से छूटे होंगे॥(२३)

शरीर से छूटो श्वास से छूटो, तो शाश्वत का दर्शन लाई है।
उस दर्शन में उड़ान है, ऊंचाई है उसकी गहराई है॥(२४)

बाकी न तो कोई सांसारिक, ऊंचाइयां हैं जगत में।
न ही कोई सांसारिक गहराइयां, हैं इस जगत में॥(२५)

बाकी तो व्यर्थ की आपाधापी है, सब कुछ अपूर्ण है।
फिर मनुष्य जीवन में, श्वास अनेक अर्थों में महत्वपूर्ण है॥(२६)

यह तो तुमने देखा होगा, क्रोध में श्वास एक ढंग से चलती है।
सामान्यतः शांत और, करुणा में दूसरे ढंग से चलती है॥(२७)

अगर तुम तेज़ दौड़ते हो, तो श्वांस तेज़ी से चलती है।
आहिस्ता चलते हो, दूसरे ढंग से कुछ धीमी चलती है॥(२८)

जब चित्त ज्वरग्रस्त होता है, एक अलग ढंग से चलती है।
जब जीवन तनाव भरा होता है, अलग ढंग से चलती है॥(२९)

चित्त शांत होता है मौन होता है, तो धीमी गति से चलती है।
श्वास भावों से जुड़ी है, भाव बदलो श्वास बदल जाती है॥(३०)

इसी तरह श्वास को बदल लो, तो भाव भी बदल जाते हैं।
जरा कोशिश कर देखना, श्वांस के भी भाव बदल जाते हैं॥(३१)

अगर तुम्हें क्रोध आये, मगर श्वास को डोलने मत देना।
श्वास स्थिर रखना शांत रखना, श्वास संगीत अखंड रखना॥(३२)

अगर श्वास का छंद न टूटे, फिर तुम क्रोध न कर पाओगे।
तुम ऐसा अनुभव पाओगे, चाहकर क्रोध न कर पाओगे॥(३३)

अगर क्रोध उठेगा भी तो, वह गिरकर कम जायेगा।
क्रोध जब कभी आयेगा तो, श्वास आंदोलित हो जायेगा॥(३४)

अगर श्वास आंदोलित हो तो, भीतर का केंद्र डगमगाता है।
नहीं तो क्रोध देह पर ही रहेगा, देह पर असर डालता है॥(३५)

देह पर आये क्रोध का कुछ अर्थ नहीं, यह देह का काम है।
जब चेतना आंदोलित न हो, चेतना को मिलता आराम है॥(३६)

चेतना आंदोलित हो गई तो, जुडकर होता देह नुकसान है।
बीमारी को न्योता देता और, शरीर भी खोता सम्मान है॥(३७)

फिर इससे उल्टा भी सच है, यह भाव श्वांस की बाती है।
जब अपने भावों को बदलो, श्वास स्वतः बदल जाती है॥(३८)

तुम कभी सुबह उगते सूरज, नदी तट पर बैठ के देखो।
भाव शांत हैं कोई तरंगें नहीं चित्त में, अनुभव कर देखो॥(३९)

उगते सूरज के साथ तुम लवलीन हो, चित्तबृत्ति शांत हो गयी।
लौट देखना श्वास का क्या हुआ, श्वास बड़ी शांत हो गयी॥(४०)

श्वास में एक रस सा हो गया, एक स्वाद छंद से बंध गया।
श्वास संगीतपूर्ण हो गयी, वह रस आनंद दायक हो गया॥(४१)

विपस्सना का अर्थ है, श्वास बिना बदले शांत बैठकर देखें।
प्राणायाम और विपस्सना में, यही भेद है उसे परखें॥(४२)

प्राणायाम में श्वास को, बदलने की चेष्टा की जाती है।
विपस्सना में श्वास जैसी है, वही देखने की बात होती है॥(४३)

श्वांस ऊबड़ खाबड़ है अच्छी है बुरी है, तेज है शांत है जैसी है।
श्वांस दौड़ती है भागती है, ठहरी है जो कुछ है वैसी है॥(४४)

तुम अगर चेष्टा करके श्वास को, किसी तरह नियोजित करोगे।
चेष्टा से कभी कोई फल नहीं मिलेगा, असफल ही रहोगे॥(४५)

चेष्टा तुम्हारी ही है तुम ही छोटे हो, तुम्हारे हाथ छोटे हैं।
चेष्टा तुमसे बड़ी नहीं हो सकती, उसके अधिकार छोटे हैं॥(४६)

तुम्हारी चेष्टा की जहां छाप होगी, वहां वहां छोटापन होगा।
बुद्ध ने नहीं कहा तुम श्वास बदलो, यह ओछापन होगा॥(४७)

बुद्ध ने कभी भी प्राणायाम का, कोई समर्थन नहीं किया है।
शरीर को जो श्वांस मिली है, देखने का अभ्यास किया है॥(४८)

बुद्ध ने तो कहा तुम तो बैठ जाओ, श्वास तो चल ही रही है।
बस बैठकर देखते रहो, वैसा ही देखो जैसी चल रही है॥(४९)

जैसे राह किनारे बैठकर, कोई राह चलते यात्रियों को देखोगे।
खुली सड़क पर क्या क्या होता, वही सब तो देखोगे॥(५०)

तुम क्या करोगे राह पर निकली, कारें बसें ही तो देखोगे।
नहीं तो गाय भैंस निकलीं, तो केवल उनको देखोगे॥(५१)

अथवा नदी तट पर बैठ कर, नदी की बहती धार को देखोगे।
आई बड़ी तरंग तो देखोगे, नहीं आई तरंग क्या देखोगे॥(५२)

फिर जो भी है जैसा है, उसको वैसा ही देखते रहो।
जरा भी उसे बदलने की, किसी आकांक्षा पर न रहो॥(५३)

बस शांत बैठ कर श्वास को देखो, कैसे आती कैसे जाती है।
फिर क्या देखते ही देखते, श्वास और शांत हो जाती है॥(५४)

क्योंकि श्वास को ध्यान से, देखने में ही मिलती शांति है।
बिना श्वास को चुने देखने में, उससे भी बड़ी शांति है॥(५५)

करने का कोई प्रश्न ही नहीं, जैसा है ठीक है जैसा है शुभ है।
जो भी गुजर रहा है, आंख के सामने से वह सब शुभ है॥(५६)

फिर स्वयं सोचो हमारा उससे, कुछ लेना देना नहीं है।
तो शांत मन का उद्विग्न होने, का कोई सवाल नहीं है॥(५७)

आसक्त होने की कोई बात नहीं, क्योंकि तुम निरपेक्ष रहे हो।
जो विचार गुजर रहे हैं, उनको तुम निष्पक्ष देख रहे हो॥(५८)

तब तुम्हारी श्वास की तरंग, धीमे धीमे शांत होने लगेगी।
श्वास भीतर आती है, देखो स्पर्श नासापुटों में लगेगी॥(५९)

श्वास भीतर गयी फेफड़े फैले, अनुभव हो फेफड़ों का फैलना।
स्वांस संग भीतर जाओ, देखो फेफड़ों संग शरीर फैलना॥(६०)

फिर क्षण भर सब रुक गया, अनुभव करो रुके हुए क्षण को।
श्वास बाहर फेफड़े सिकुड़े, अनुभव करो सिकुड़ने को॥(६१)

फिर नासापुटों से श्वास बाहर गयी, वह क्या दिखलाती है।
अनुभव करो उत्तप्त श्वास, नासापुटों बाहर कैसे जाती है॥(६२)

फिर क्षण भर सब ठहर गया, फिर नयी श्वास आयी है।
यह जीव श्वांस का एक पड़ाव है, जो नई चेतना लायी है॥(६३)

श्वास का भीतर आना, क्षण भर श्वास का भीतर ठहरना।
श्वास का बाहर जाना, क्षण भर श्वास का बाहर ठहरना॥(६४)

फिर नयी श्वास का आवागमन, इसको चुपचाप देखते रहो।
करने की कोई भी बात नहीं, बस देखो और देखते रहो॥(६५)

यही विपस्सना का अर्थ है, और वाकी सब व्यर्थ है।
क्या होगा इस देखने से, देखने से होता भान अपूर्व है॥(६६)

इसके देखते देखते ही चित्त के, सारे रोग तिरोहित हो जाते हैं।
इसके देखते ही मैं देह नहीं हूं, प्रत्यक्ष प्रतीति हो जाते है॥(६७)

इसके देखते ही मैं मन नहीं हूं, स्पष्ट अनुभव हो जाता है।
और मैं श्वास भी नहीं हूं, इसका अंतिम अनुभव होता है॥(६८)

फिर मैं कौन हूं उसका कोई, फिर उत्तर तुम दे न पाओगे।
इसको तुम जान तो लोगे, मगर गूंगे का गुड़ ही पाओगे॥(६९)

पहचान तो लोगे कि मैं कौन हूं, मगर अब बोल न पाओगे।
वही है उड़ान अब अबोल होकर, शांत मौन हो जाओगे॥(७०)

गुनगुनाओगे भीतर ही भीतर, मीठा मीठा स्वाद लोगे।
नाचोगे मस्त होकर, बांसुरी बजाओगे पर कह न पाओगे॥(७१)

विपस्सना की सुविधा यह है, कि कहीं भी कर सकते हो।
किसी को कानों कान पता न चले, ऐसा कर सकते हो॥(७२)

बस में बैठे ट्रेन में सफर करते, भी विपस्सना कर सकते हो।
कार में बैठकर यात्रा करते हुए, भी ऐसा कर सकते हो॥(७३)

राह के किनारे दुकान पर, बाजार में कहीं भी कर सकते हो
घर में बैठे बिस्तर लेटे, विपस्सना का आनंद ले सकते हो॥(७४)

किसी को पता भी न चले क्योंकि, मंत्र उच्चारण नहीं करना है।
कभी करो शरीर का कोई, विशेष आसन नहीं चुनना है॥(७५)

धीरे धीरे इतनी सुगम और, सरल बात है समझ सकते हो।
और इतनी भीतर की है, कि कहीं भी कर ले सकते हो॥(७६)

और जितनी ज्यादा विपस्सना, तुम्हारे जीवन में फैलती देखोगे।
तब एक दिन बुद्ध के, अदभुत आमंत्रण को समझोगे॥(७७)

बुद्ध कहते हैं ईश्वर को मानना मत, क्योंकि शास्त्र कहते हैं।
बुद्ध कहते हैं इसलिए भी मत मानना, कि बुद्ध कहते हैं॥(७८)

मान लो तो चूक जाओगे, मानना तभी जब देख लो।
देखना दर्शन करना, दर्शन ही मुक्तिदायी है देख लो॥(७९)

मान्यताएं हिंदू बना देती हैं, मुसलमान बना देती हैं।
ईसाई बना देती हैं जैन बना देती हैं, बौद्ध बना देती हैं॥(८०)

मगर दर्शन तुम्हें परमात्मा के, साथ एक कर देता है।
न हिंदू हो न मुसलमान, न ईसाई जैन न बौद्ध बनाता है॥(८१)

फिर तुम परमात्ममय हो, यही एक अनोखा संयोग है।
और वही अनुभव पाना है, वही अनुभव पाने योग्य है॥(८२)

कांसीराम ने भी अनुभव किया, विपस्सना का लाभ उठाया।
मन को एकाग्र करके, सोच समझकर लाभ उठाया॥(८३)

इससे नए विचार आये, फिर उन पर मंथन खूब किया।
तब कांसीराम ने ज़मीन पर उतारा, उचित निर्णय लिया॥(८४)

बोद्ध धम्म अंगीगृत कर लो, पर विपस्सना जरूरी है।
बुद्ध शरण गृहण करो, पर पंचशील जरूरी है॥(८५)

धम्मं शरण गृहण करो, संघम शरण जरूरी है।
पंचशील और विपस्सना का, अपना प्रयोग जरूरी है॥(८५)

सब योगों में सबसे ऊपर, विपस्सना का योग है।
शरीर को कोई कष्ट न देना, विपस्सना ऐसा प्रयोग है॥(८५)

ऐसा भी कोई रोक नहीं कि केवल बोद्ध कर सकते हैं।
कोई किसी धर्म का हो, सब निजी तौर कर सकते हैं॥(८५)

चतुर्विंशतिः स्कंथ

मान्यवर कांसीराम तब और अब

मान्यवर कांसीराम जिनका, करिश्माई नेतृत्व ही आधार थे।
वह सामाजिक संस्कृति को, विकास का मानते आधार थे॥(१)

जिस समाज की ग़ैर राजनीतिक, जड़ें मज़बूत नहीं होतीं।
उसको अपनी राजनीतिक, आकांक्षाएं हासिल नहीं होतीं॥(२)

राजनीतिक संकटों के कारण, आज बसपा जमीन पर है।
लेकिन बहुजन आंदोलन का, असर हुआ हृदय पर है॥(३)

तब उनकी सभाओं का आधार, सांस्कृतिक पुनरुत्थान था।
कांसीराम का बहुजनों बीच, तर्कसंगत चेतना उत्थान था॥(४)

तर्कसंगत चेतना फैलाने का, हेगेलियन सिद्धांत आधार था।
रोज़मर्रा व्यवहार से, ब्रह्मणवाद के पर्दाफाश का वार था॥(५)

जो जाति विरोधी जागरूकता फैलाने, में देखा जा सकता है।
यह बात खूब जानता है, जो ख़ुद को बहुजन समझता है॥(६)

यह उस सांस्कृतिक राजनीतिक, इतिहास की याद दिलाता है।
जो उन्नीस सौ अस्सी के, दशक में शुरू हुआ दिखता है॥(७)

ये सांस्कृतिक पुन: कल्पना, बामसेफ संगठन में मौजूद थी।
यह डीएसफोर और, बौद्ध रिसर्च सेंटर में भी मौजूद थी॥(८)

बामसेफ, डीएसफोर और, बीआरसी को जैसे जाना जाता है।
उन्हें तीन बहुजन सांस्कृतिक के, स्तंभ माना जा सकता है॥(९)

जो बहुजन आंदोनल को, आज तक ऊपर उठाए हुए हैं।
बहुजन क्रान्ति की, मशाल को अब तक जलाए हुए हैं॥(१०)

बीएसपी का उद्देश्य, राजनीतिक संतुष्टि हासिल करना था।
उसे हासिल करने को, तीन स्तंभ को कार्य कारना था॥(११)

बामसेफ घोषणा पत्र में, चिंतन प्रक्रियाओं को एक साथ किए।
विशेष रूप से एक साहित्यिक, विंग बनाने की बात किए॥(१२)

बहुजन साहित्यिक परंपरा का प्रयास, सामाजिक इतिहास था।
बहुजन की वास्तविकता, समझने का भी प्रयास था॥(१३)

इसी तरह घोषणा पत्र में, बहुजनों बीच जाति विरोधी बात हुई।
जागरूकता फैलाने, जागृति जत्था बनाने की बात हुई॥(१४)

संकटकाल में अच्छी पत्रकारिता, अधिक मायने रखती थी।
सांस्कृतिक बामसेफ का, आवश्यक अंग हुआ करती थी॥(१५)

जिसमें पोस्टर्स संगीत कार्यक्रम, कविता पाठ शामिल होते थे।
बहुजन पूर्वजों के पाठ भी, आवश्यक अंग हुआ करते थे॥(१६)

बामसेफ की एक सबसे शुरुआती, सभा में यह एलान हुआ।
आंबेडकरवादी परम्पराओं को, आगे लाने का काम हुआ॥(१७)

सत्तरह मई अस्सी को बैठक, दिल्ली के शाहदरा में हुई थी।
उसको चलता फिरता आम्बेडकर, मेला थीम दी गई थी॥(१८)

जिसमें एक आर्ट गैलरी में, उसका प्रथम बार प्रदर्शन किया।
डॉ. आम्बेडकर के जीवन दर्शन को, प्रदर्शित किया गया॥(१९)

इस त्योहार जैसी परिपाटी ने, बहुजन समाज को खड़ा किया।
वैयक्तिक सामूहिक स्तर पर, एक ताने बाने में बुन दिया॥(२०)

बामसेफ के शुरुआती प्रतिभागी, कांसीराम को याद करते हैं।
विभिन्न बामसेफ सभाओं में, होने को भी याद करते हैं॥(२१)

दलित शोषित समाज संघर्ष समिति, का जब लॉन्च हुआ था।
इसमें छात्रों, युवाओं और, महिलाओं पर ज़ोर दिया था॥(२२)

ये एक सांस्कृतिक विंग, पहली बार पंजाब से शुरू हुई।
और शीघ्र ही उत्तर भारत के, कई प्रांतों में फैल गई॥(२३)

जिनमें हरियाणा हिमाचल प्रदेश, और उत्तर प्रदेश शामिल थे।
डीएसफोर शुरू करने में, बड़े उद्देश्य भी शामिल थे॥(२४)

बहुजनों को जाति विरोधी चेतना, साझा करने का मंच मिले।
अब तक होते रहे शोषण से भी, बहुजनों को मुक्ति मिले॥(२५)

दि ऑप्रेस्ड इंडियन सन बयासी के, संपादकीय में लिखा है।
कांसीराम ने डीएसफोर को, सबसे बड़ा क़दम लिखा है॥(२६)

जिससे पिच्चासी प्रतिशत बहुजन, मतदाता संगठित हो सकें।
राजनीति को तैयार होकर, नेतृत्व की भूमिकाएं ले सकें॥(२७)

बौद्ध रिसर्च सेंटर की स्थापना भी, कांशीराम ही किये थे।
वो हमेशा बौद्ध धर्म को, अपनाने के लिए तैयार रहते थे॥(२८)

लेकिन उनकी मौत के बाद, बड़े पैमाने पर धर्मांतरण रह गया।
उनकी परिकल्पना पर, मायावती ने अमल नहीं किया॥(२९)

न ही सांस्कृतिक मंच पर, कोई सामूहिक प्रयास किया।
जैसा कि कांसीराम ने, अपने जीवन भर प्रयास किया॥(३०)

बहुत से गायकों और सांस्कृतिक, कलाकारों को भुला दिया है।
राजनीतिक समर्थन न मिलने से, उनको रुला दिया है॥(३१)

इससे उत्तर प्रदेश में बौद्ध आबादी, एक प्रतिशत से कम है।
जिससे उनमें साम्प्रदायिक, हिन्दुओं की पहुँच में दम है॥(३२)

राजनीतिक शक्ति की अभिलाषा, कांसीराम हमेशा रखते थे।
लेकिन संस्कृति की ताक़त को, मज़बूत होते देखते थे॥(३३)

जिसे बहुजन लोग बौद्ध धर्म को, अपनाकर कर सकते थे।
ब्राह्मणवादी प्रथाओं का, भंडाफोड़ भी कर सकते थे॥(३४)

सांस्कृतिक आधिपत्य हटाने में, महत्वपूर्ण क़दम होगा।
बहुजन की सांस्कृतिक, प्रथाओं को अब लाना होगा॥(३५)

बहुजन आंदोलन के कट्टर पुरोधा, अभी भी खड़े हुए है।
जो बामसेफ डीएसफोर द्वारा, कांसीराम से जुड़े हुए हैं॥(३६)

उन्हें मान्यवर से मिलने की, छोटी छेटी बहुत सी बातें याद है।
इनके घरों पर भोजन को, आना अभी तक याद है॥(३७)

वो अपने करिश्माई नेता को, बड़ी शालीनता से याद करते हैं।
उत्तर भारत में आधुनिक, जाति विरोध की जड़ें खोदते हैं॥(३८)

वह अच्युतानंद प्रसाद, ललाई सिंह यादव की याद दिलातीं हैं।
जो मंगूराम और कई अन्य, समाज सेवियों तक जाती हैं॥(३९)

हालांकि उनकी पैदा की गई, बौद्धिक लहर सराहनीय है।
कांसीराम के बहुजन विचार में, परिवर्तन नहीं सहनीय है॥(४०)

कांसीराम का व्यक्तित्व ऐसा था, कि आम लोगों में जाते थे।
ख़ासकर बहुजन समाज की, महिलाओं से जुड़ जाते थे॥(४१)

ऐसी कई महिलाएं थीं जिन्होंने, बहुजन संघर्ष का नेतृत्व किया।
लेकिन आज उन्हें मुश्किल से, जानने का प्रयास किया॥(४२)

कांसीराम आंदोलन से जुड़े, व्यक्ति की अहमियत समझते थे।
वो अक्सर बहुजन काडर के, घर पर ही चले जाते थे॥(४३)

और उनके पास ठहरकर, लंबी बातचीत किया करते थे।
कहना कोई गलत नहीं, कि वो नीचे से उठे हुए नेता थे॥(४४)

जिनका आम लोगों के साथ, एक गतिशील रिश्ता था।
वो असली मायनों में एक, बड़े नेता नहीं फ़रिश्ता था॥(४५)

राजनीतिक उपलब्धियों के अलावा, उन्होंने ऐसा कार्य किया।
उन्होंने उत्तर भारत के, सामाजिक तंत्र को बदल दिया॥(४६)

सांस्कृतिक आइकॉन्स को, सामने लाने में अहम भूमिका है।
अनजाने बहुजन पूर्वजों को, सम्मान देने में भूमिका है॥(४७)

ज्योतिबा फुले सावित्रीबाई फुले, डॉ आम्बेडकर दिखते हैं।
साहूजी महाराज फातिमा शेख़, बिरसा मुंडा दिखते हैं॥(४८)

पेरियार ईवी रामासामी जैसे, पूर्वजों की याद कि जाती है।
दलित बहुजन आइकॉन्स को, श्रद्धांजलि दी जाती है॥(४९)

इसके लिए उनकी तस्वीरें, दीवार चित्रकारी देखी जातीं हैं।
आधुनिक कैलेण्डर प्रिंट्स और, पुस्तिकाएं बांटी जाती हैं॥(५०)

विभिन्न समूहों द्वारा एक उत्सव भी, आयोजित की जाती है।
जिसमें कांसीराम के विचारों, संघर्ष पर परिचर्चा होती है॥(५१)

नाटक गीत कविता पाठ जैसे, सांस्कृतिक कार्यक्रम होते हैं।
बहुजन द्वारा नारेबाज़ी होती है, जुलूस निकाले जाते हैं॥(५२)

कांसीराम जयन्ती वार्षिक उत्सव, उन कई उपायों में से एक है।
जिससे बहुजन समाज, एक दूसरे से जुड़ा अनेक है॥(५३)

इसके सदस्य एक दूसरे के, विचारों को साझा करते हैं।
जाति विरोधी संघर्ष के, अनुभव एक दूसरों को बताते हैं॥(५४)

एक काउंटर कल्चर उभरने को, ये उत्सव एक नया स्थान है।
दार्शनिक मिखाइल, बाख़तिन के कार्निवलस्क में है॥(५५)

पुनर्जागरण काल में उत्सवों, मेलों की स्थापना की गयी है।
सांस्कृतिक स्थानों की, अहमियत पर भी चर्चा की गई है॥(५६)

बहुजन उत्सव भी जाति विरोधी, परिकल्पना के नए स्थान है।
जो गरिमा और समानता पर, दावा करने के परिणाम हैं॥(५७)

कांसीराम जयंती के मायने, और सांस्कृतिक संभावनाएं हैं।
बहुजन समाज में इसका, जाति विरोधी भावनाएं हैं॥(५८)

यह राजनीतिक चेतना जगाने, को समर्पित किया जाता है।
जातिवादी प्रथाओं को, उखाड़ने संकल्प लिया जाता है॥(५९)

और साथ ही कांसीराम के, संघर्ष को याद किया जाता है।
इसका श्रेय बहुत बहुजन, वैचारिक श्रेणी को जाता है॥(६०)

जाति आधारित दबे कुचले, समुदायों को एक जगह ले आई है।
बहुजन के विचार की, जड़ें उसकी संस्कृति में समाई हैं॥(६१)

जब बहुजनवाद बहुजन आइकॉन्स, की याद मनाने आता है।
ऐतिहासिक अंतराल पर, चर्चा करने को आता है॥(६२)

संगीत की पुन:कल्पना, आदि के माध्यम से प्रकट होता है।
संगीत उद्योग गीतों द्वारा, जुड़ने की कोशिश करता है॥(६३)

ऐसे हर सांस्कृतिक पहलू ने, बहुजन की बात बनाई है।
सामूहिक यादों को एकत्र कर, अहम भूमिका निभाई है॥(६४)

कांसीराम का बहुजन आंदोलन, अच्छे से रची गई योजना थी।
सामाजिक सांस्कृतिक, राजनीति क्षेत्र में फैली योजना थी॥(६५)

इस समय बहुजन आंदोलन, भले ही कमज़ोर दिखता है।
लेकिन बहुजन विचार अभी भी, गहरे तक दिखता है॥(६६)

जिसमें उसके सदस्यों की ज़मीन, सोशल मीडिया तक है।
वह दोनों स्तरों पर पुनः, आन्दोलन पूरे इंडिया तक हैं॥(६७)

ये उत्साह और जोश से, राजनीतिक क्षेत्र में वापसी करेगा।
बहुजन आंदोलन संग, लोगों की भावनाओं को जोड़ेगा॥(६८)

जो उत्पीड़न के खिलाफ लोगों के, जीवन संघर्ष से पैदा हुई हैं।
सांस्कृतिक मापदंडों के साथ, उसकी ललक बनी हुई है॥(६९)

कांसीराम परिकल्पना ने, भावनात्मक रूप से जोड़ा था।
वह आंदोलन से जुड़ सकें, ब्राह्मणवाद को तोड़ा था॥(७०)

भारत के सामाजिक राजनीतिक, आसमान में पहचान दी है।
बहुजन लीडर की, बेमिसाल हैसियत निश्चित की है॥(७१)

पञ्चविंशति: स्कंथ

मान्यवर कांसीराम की राजनैतिक दृष्टि

कांसीराम की राजनैतिक दृष्टि, भीमराव से भिन्न नहीं थी।
केवल समय का अंतर था, जातिवाद भी क्रूर नहीं थी॥(१)

कांसीराम को मिली आजादी, बहुजन को संग लाने की।
भीमराव का समाज गुलाम था, लड़ाई उससे लड़ने की॥(२)

जो कांसीराम ने देखा समझा, और समाज संग आया।
खाते पीते सोते जगते, बहुजन समाज रंग लाया॥(३)

दलित दूर था कांग्रेस से, देख रहा था नया विकल्प।
जगजीवनराम के अपमान से, दलित ले रहा था संकल्प॥(४)

तब कांसीराम ने उसको परखा, एक नई शुरुआत करी।
दलितों के संग पिछड़े अल्पसंख्यक, सबने ही हुंकार भरी॥(५)

अब हम कुछ पीछे जाते हैं, कुछ ऐसा हमको आभास है।
उसको हम बतलायेंगे, सत्य बतलाने का प्रयास है॥(६)

डॉ. आंबेडकर का मानना था, और भारत का इतिहास है।
ब्राह्मण एवं बौद्ध संस्कृतियों बीच, यह संघर्ष का गवाह है॥(७)

एक सौ पिच्चासी ईसा पूर्व, ब्राह्मण सेनापति पुष्यमित्र शुंग ऐंठा
बौद्ध सम्राट बृहद्रथ की, धोखे से हत्या कर राजा बन बैठा॥(८)।

उसने बौद्ध संस्कृति के विरुद्ध, भयंकर हिंसक अभियान छेड़ा।
तब उसने बौद्ध भिक्षुओं के, सिर काटने का फरमान छेड़ा॥(९)

उस पर सोने की मुद्राएं पुरस्कार, देने की राजज्ञा जारी कर दी।
लेकिन केवल हिंसा और, राजसत्ता के सहारे हद कर दी॥(१०)

अधिपत्य के बल बौद्ध संस्कृति को, नष्ट करना संभव नहीं था।
इसलिए ब्राह्मण धर्मग्रंथों की, रचना का आदेश दिया था॥(११)

इन धर्मग्रंथों के द्वारा, बौद्ध संस्कृति मूल्यों को नष्ट किया।
बोद्ध जीवन पद्धति विरुद्ध, व्यापक प्रचार प्रसार किया॥(१२)

अधिपत्य के बल बौद्ध संस्कृति को, नष्ट करना संभव नहीं था।
इसलिए ब्राह्मण धर्मग्रंथों की, रचना का आदेश दिया था॥(११)

इन धर्मग्रंथों के द्वारा, बौद्ध संस्कृति मूल्यों को नष्ट किया।
बोद्ध जीवन पद्धति विरुद्ध, व्यापक प्रचार प्रसार किया॥(१२)

बारहवीं सदी आते आते, बौद्ध संस्कृति साहित्य प्रहार किया।
बोद्ध विहार तथा इमारतें, स्तूपों आदि को नष्ट कर दिया॥(१३)

लगभग एक हजाए वर्षों तक, ब्राह्मण अत्याचार करता रहा।
भिक्षुओं व बौद्ध विरुद्ध, रक्तरंजित अभियान चलता रहा॥(१४)

बौद्ध धर्म जिस धरती पर पैदा हुआ, वहीं नष्ट कर दिया गया।
बोद्ध भिक्षु पलायन कर गए, बाहर धम्म प्रसार किया॥(१५)

मध्य काल में इस्लाम भारत आया, राजसत्ता पर काबिज़ हुआ।
मुस्लिम सत्ता के होने पर, बौद्ध को राहत प्राप्त हुआ॥(१६)

तब ब्राह्मणों के रक्तरंजित, अभियान से थोड़ी राहत मिली।
बोद्धों को अपनी अस्मिता संग, रहने की तब छूट मिली॥(१७)

लेकिन तब भी ब्राह्मणों का, भारतीय समाज पर दबदवा था।
सामाजिक और सांस्कृतिक, वर्चस्व स्थापित हो चुका था॥(१८)

बौद्ध जनता शूद्र अछूत रूप में, स्वर्णिम अतीत भूल चुकी थी।
वह अभिशप्त जीवन जीने की, फिर से आदी हो चुकी थी॥(१९)

फिर इस्लाम के आगमन से, राजसत्ता पर अधिकार हुआ।
ब्राह्मण अधिपत्य कम होने से, समता का अहसास हुआ॥(२०)

बौद्ध संस्कृति मूल्यों को, स्थापित करने का प्रयास हुआ।
दलित और बोद्धों द्वारा, अस्मिता आंदोलन शुरू हुआ॥(२१)

रैदास कबीर से लेकर फुले, आंबेडकर बदलाव के सारथी हुए।
रैदास तथा कबीर जैसे, महापुरुष इसी दौर में पैदा हुए॥(२२)

जिन्होंने ब्राह्मणों एवं उनके, धर्मग्रंथों को चुनौती दिया।
आंदोलन को तुलसीदास जैसे, कवियों ने धक्का दिया॥(२३)

भक्त कवियों ने प्रभावहीन करने का, भरपूर प्रयास किया।
हिन्दू धर्म का प्रचार प्रसार कर, धर्म नाम पर एक किया॥(२४)

यूरोपीय पुनर्जागरण तथा, अंग्रेजों ने सत्ता की राह पकड़ी।
जिसके बाद ब्राह्मणों की, राजसत्ता पर पकड़ ढीली पड़ी॥(२५)

लेकिन सामाजिक जीवन पर, सांस्कृतिक वर्चस्व कायम था।
भारत में जोतीराव फुले ने, इसको रेखांकित किया था॥(२६)

'गुलामगिरी' की प्रस्तावना में, वे लिखते हैं जो दिखता है।
धर्म नाम पर ब्राह्मण, हर शूद्र काम में हस्तक्षेप करता है॥(२७)

घर खेत खलिहान या, कोर्ट कचहरी कहीं भी जाए पायेंगे।
ब्राह्मण वहां मौजूद होंगे और, ठगने के उपाय बताएँगे॥(२८)

किसी न किसी बड़े बहाने से, वह धूर्ततापूर्ण प्रयास करेगा।
कुटिल बुद्धि से उस शूद्र का, जितना हो शोषण करेगा॥(२९)

तथाकथित स्वतंत्रता संघर्ष बीच, डॉ. आंबेडकर ने निर्णय लिए।
ब्राह्मणों के वर्चस्व से मुक्ति, को अनेक प्रयास किये॥(३०)

अछूतों के लिए विधायिका में, पृथक निर्वाचक मंडल माँगा।
दो मतों के अधिकार संग ही, शिक्षा का अधिकार माँगा॥(३१)

सेवा क्षेत्र में जनसंख्या के, आधार पर नौकरी की मांग रखी।
विधायिका में प्रतिनिधित्व, सुनिश्चित करने की मांग रखी॥(३२)

कांग्रेस और गांधी को पृथक, निर्वाचक मंडल स्वीकार नहीं था।
दलित प्रतिनिधित्व को दो मत, अधिकार स्वीकार नहीं था॥(३३)

इसलिए उन्होंने जेल में, आमरण अनशन प्रारंभ कर दिया।
दो मतों का अधिकार, वापस लेने को धमकी भी दिया॥(३४)

फलस्वरूप उनके दबाव में, एतिहासिक पूना पैक्ट हुआ।
परअछूतों की राजनीतिक मुक्ति, मार्ग प्रशस्त नहीं हुआ॥(३५)

संविधान के मुख्य शिल्पकार, डॉ. आंबेडकर ने काम किये।
अछूतों सहित शूद्रों महिलाओं, को उनके अधिकार दिए॥(३६)

'एक व्यक्ति एक मत', एक मत मूल्य दिलाने में सफल हुए।
विधायिका शिक्षा सेवा क्षेत्र में, प्रतिनिधित्व दे सफल हुए॥(३७)

अछूतों को जनसंख्या के, अनुपात में प्रतिनिधित्व मिला।
शूद्रों को भविष्य में, शिक्षा सेवा क्षेत्र प्रतिनिधित्व मिला॥(३८)

कांशीराम (15 मार्च, 1934 – 9 अक्टूबर, 2006)

इसको सुनिश्चित कराने के लिए, पूरा इंतजाम किया गया।
संबिधान में अनुच्छेद तीन सौ चालीस, का प्रावधान किया॥(३९)

इस प्रकार लगभग सौ वर्षों के, संघर्षों पश्चात मुक्ति मिली।
बहुजन को हज़ारों वर्ष के, शोषण से मुक्ति मिली॥(४०)

मनुवाद से स्थापित ब्राह्मणों की, राजनीतिक सत्ता दूर हुई।
सामाजिक आर्थिक शैक्षणिक, शोषण से मुक्त हुई॥(४१)

जिसको तोड़ने का प्रावधान, भारतीय संविधान में किया गया।
भारत में स्वतंत्रता से सबको, जीने का अधिकार दिया॥(४२)

भारत में ही जोतीराव फुले, छत्रपति शाहूजी महाराज हुए।
पेरियार रामास्वामी नायकर, डॉ. आंबेडकर के कार्य हुए॥(४३)

उनके संघर्षों ने ब्राह्मण वर्चस्व, विरुद्ध धरातल तैयार किया।
जिसका प्रभाव भारत के पश्चिमी, दक्षिण में दिखाई दिया॥(४४)

परंतु उत्तर भारत अधिकाँश भाग, जिसे 'काउ बेल्ट' कहते हैं।
उसमें ब्राह्मण वर्चस्व था, ऐसा समाजशास्त्री कहते हैं॥(४५)

यह ब्राह्मण वर्चस्व संविधान लागू, होने के पश्चात भी जारी था।
व्यवहारिक धरातल पर, सत्ता की राजनीति में भारी था॥(४६)

उत्तर भारत में जिस महानायक ने, इनकी सत्ता को चुनौती दी।
सामाजिक व सांस्कृतिक, क्रियाकलापों में भी चुनौती दी॥(४७)

उस बहुजन महानायक का, नाम मान्यवर कांशीराम है।
दलित चेतना के नायक, जिसकी गाथा अविराम है॥(४८)

पंजाब के ख्वासपुर में जन्में, और पूरे उत्तर भारत के हो गए थे।
कांशीराम तीस वर्ष की उम्र में, सबके सामने आये थे॥(४९)

उन्नीस सौ चौसठ में, सरकारी नौकरी छोड़कर संघर्ष किया।
राजनीति में कदम रखा, फिर कभी नहीं आराम किया॥(५०)

उन्होंने लगभग बीस वर्षों का, सक्रिय सामाजिक जीवन जीया।
पचास वर्ष की उम्र में, राजनीतिक दल निर्माण किया॥(५१)

इन बीस वर्षों में कांशीराम ने, कई उतार चड़ाव देखे थे।
रिपब्लिकन पार्टी से लेकर, दलित पैंथर तक परखे थे॥(५२)

लगभग सभी तरह के, दलित आंदोलनों से संबंध रखा था।
उनको गहराई से, समझने का पूरा प्रयास किया था॥(५३)

उन्होंने जोतीराव फुले, शाहूजी महाराज का संघर्ष लिया।
डॉ. आंबेडकर के साहित्य का, गहन अध्ययन किया॥(५४)

वे उनीस सौ तिहत्तर से ही, पूरे देश में जगह जगह घूमते रहे।
दलित समाज के पढ़े लिखे, कर्मचारियों मिलते रहे॥(५५)

उनको जागरूक करने के लिए, अपने बल पर काम किया।
फिर उन्होंने पूरे देश में, संगोष्ठियों का आयोजन किया॥(५६)

सन तिहत्तर से लेकर, सन चौरासी तक भ्रमण उन्होंने किया।
मेहनत से पूरे देश में, वैचारिक आंदोलन खड़ा किया॥(५७)

जिसका उद्देश्य भारत की, सामाजिक स्थिति को परखना था।
राजनीतिक एवं सांस्कृतिक, परिस्थितियों को देखना था॥(५८)

शोषण के प्रति दलित पिछड़े, समाज को जागरूक करना था।
लंबे वैचारिक अभियान से, उनमें दलित चेतना भरना था॥(५९)

इससे न केवल वे सामाजिक, सांस्कृतिक जागरूकता लाये।
बल्कि स्वयं कांसीराम भी, राजनैतिक रूप से मुखर हुए॥(६०)

अपनी वैचारिकी को परिपक्व, करने में वह सफल हुए।
अपने संघर्षों को बेहद, धारदार बनाने में सफल हुए॥(६१)

इन कारणों से दलित नेताओं को, सवर्णों का चमचा कहा।
अपनी वैचारिकी एवं समझदारी को, देश के सामने कहा॥(६२)

उसे प्रस्तुत करने के लिए उन्होंने, एक नई शोध लिखी।
उन्नीस सौ बयासी में,'चमचा युग' पुस्तक लिखी॥(६३)

इसमें उन्होंने दलित पिछड़ों के, आंदोलन पर शोध किया।
समालोचनात्मक दृष्टि डालकर, उसका मूल्यांकन किया॥(६४)

इस पुस्तक में उन्होंने, मूलभूत तथ्यों को रेखांकित किया।
भारत की जनसंख्या को, आगे लाकर काम किया॥(६५)

जिसमें पिच्चासी प्रतिशत लोग, शोषित और उत्पीड़ित हैं।
उन बहुसंख्यक जनता का, कोई नेता वहां नहीं है॥(६६)

इस जनसंख्या में अनुसूचित जाति, अनुसूचित जनजाति हैं।
अन्य पिछड़े वर्ग जातियों की, आबादी भी आ जाती हैं॥(६७)

एससी और एसटी वर्ग को, संविधान में प्रतिनिधित्व दिया है।
संयुक्त निर्वाचक मंडल से, उद्देश्य पूरा नहीं हुआ है॥(६८)

वह सवर्णों का औजार अर्थात, चमचा बनकर रह गया है।
दलित प्रतिनिधि समाज का, नेतृत्व करने नहीं गया है॥(६९)

अन्य पिछड़ी जातियों के लिए भी, पूरा ध्यान रखा गया।
अनुच्छेद तीन सौ चालीस का, प्रावधान किया गया॥(७०)

इसके अंतर्गत काका कालेलकर, मंडल आयोग बनाए गए।
लेकिन रिपोर्टों पर तब तक, कोई कार्यवाही नहीं किये॥(७१)

परिणाम स्वरूप जो, बावन प्रतिशत जनसंख्या वाला वर्ग था।
वह पिछड़ा वर्ग, राजनैतिक रूप से नेतृत्व विहीन था॥(७२)

उस समय हरियाणा विधान सभा में, प्रतिनिधि का यह हाल था।
नब्बे सीटों में केवल एक, विधायक पिछड़े वर्ग का था॥(७३)

सत्तरह प्रतिशत मुसलमान, सवर्णों की दया पर निर्भर थे।
सांप्रदायिक दंगों के डर, उन्हें सदैव सताते रहते थे॥(७४)

ईसाई बेबस होकर किसी तरह, अपना जीवन घिसट रहे थे।
सिक्ख सम्मान जीवन के लिए, कडा संघर्ष कर रहे थे॥(७५)

बौद्ध तो अभी तक अपनी, पहचान भी नहीं बना पाए थे।
दलित की बात तो कौन कहे, कैसे शोषण सह पाए थे॥(७६)

यह परिस्थितियां स्वतः ही, यह बात प्रमाणित करती है।
पिच्चासी प्रतिशत जनता, राजनैतिक नेतृत्व नहीं पाती है॥(७७)

राष्ट्रीय स्तर के सात राजनैतिक दल, सक्रिय रूप में हैं।
राज्य व क्षेत्रीय स्तर की, पार्टियां सवर्णों के कब्जे में हैं॥(७८)

वे नहीं चाहतीं कि यह, पिच्चासी प्रतिशत शोषित जागरूक हो।
उत्पीड़ित जनता के बीच, समर्थ व सक्षम नेतृत्व पैदा हो॥(७९)

किताब में बतलाया कि, व्यापक बदलाव कैसे हो सकता है।
एससी व एसटी संभ्रांत वर्ग का, उदय कैसे हो सकता है॥(८०)

राजनैतिक आरक्षण तथा नौकरियों से, कुछ विकास हुआ है।
आर्थिक हैसियत सम्मान से, जीवन जीने लायक हुआ है॥(८१)

लेकिन जाति के कारण उनको, वह सम्मान नहीं मिलता है।
परिणामतः वे घुट घुट कर, जीवन जीने को मिलता हैं॥(८२)

कुछ लोग अभिजात्य व्यवसायिकता के, शिकार भी हो चुके हैं।
इनकी संख्या 20 लाख से अधिक है, जो संगठित नहीं हैं॥(८३)

इन्हीं पढ़े लिखे लोगों पर, डॉ. आंबेडकर ने दायित्व सौंपे हैं।
लेकिन आज वे खुद ही, अपने समाज से दूरी रोपे हैं॥(८४)

शेष समाज अपने जीवनयापन को, जमींदारों पर निर्भर है।
उनके उत्पीड़न से लड़ना, उनकी एक कल्पना भर है॥(८५)

क्योंकि इसका कारण अस्प्रश्य्ता, गरीबी और भुखमरी है।
स्वतंत्रता का थोड़ा सा प्रयाश, दे सकता बेरोजगारी है॥(८६)

जिससे वे डरते हैं क्योंकि, ग्रामीण अर्थव्यवस्था शोषणकारी है।
उसमें व्यापक बदलाव ही, शोषण मुक्त का अधिकारी है॥(८७)

शासक जाति की सरकारों की, इसमें कोई दिलचस्पी नहीं है।
उत्पीड़ित ग्रामवासी अपने बूते, बदलाव करता नहीं है॥(८८)

तथा जो उत्पीड़ित संभ्रांत वर्ग, कुछ करने की स्थिति में है।
वह शोषक के समाज से, अलगाव की स्थिति में नहीं है॥(८९)

शहरी इलाकों की मलीन बस्तियों में, भी हालत ठीक नहीं हैं।
वहां सामंत जमींदारों सताए, लोगों का आधार नहीं हैं॥(९०)

शहरी मलीन बस्तियों में भी, ये शोषण उत्पीड़न के शिकार है।
पिच्चासी प्रतिशत उत्पीडित, जनता इसकी शिकार है॥(९१)

पंद्रह प्रतिशत जातियों की स्थिति से, मामला स्पष्ट होता है।
अंग्रेजों बाद राजनीति, प्रशासन पर इनका कब्ज़ा होता है॥(९२)

स्वतंत्रता पश्चात एससी और, एसटी में नई चेतना आई।
राजनीतिक तथा प्रशासनिक, स्तर पर हिस्सेदारी पाई॥(९३)

लेकिन अन्य पिछड़े वर्ग ने, अब भी कुछ ख़ास नहीं पाया।
इनका हिस्सा सवर्णों ने, विशेषकर ब्राह्मणों ने हड़प पाया॥(९४)

भारत में अन्य पिछड़ी जातियो का, हिस्सा बावन प्रतिशत है।
वहीँ ब्राह्मणों और क्षत्रियों की संख्या, आठ नौ प्रतिशत है॥(९५)

वर्तमान संसद में यह, आठ नौ प्रतिशत का ज़लवा करते है।
इनका प्रतिनिधित्व, बावन प्रतिशत सांसद करते हैं॥(९६)

जबकि बावन प्रतिशत अन्य पिछड़े, लोग क्या करते हैं।
इनका प्रतिनिधित्व आठ नौ, फीसदी सांसद ही करते हैं॥(९७)

संसदीय लोकतंत्र में इस, प्रतिनिधित्व से भारी अंतर पड़ता है।
ब्राह्मणों का नौकरशाही पर, कब्जा भी ऊंचा रहता है॥(९८)

इस समय केन्द्रीय कैबिनेट में, तिरेपन प्रतिशत ब्राह्मण हैं।
आई.ए.एस. अधिकारियों में, इकसठ प्रतिशत ब्राह्मण हैं॥(९९)

अतः अब शोषितों को, स्वयं सक्षम नेतृत्व पैदा करना होगा।
समकालीन परिस्थितियों का, विश्लेषण भी करना होगा॥(१००)

इसके पश्चात कांसीराम, इस निष्कर्ष पर पहुंचते हैं।
उन्नीस सौ सैतालीस से भारत, अंग्रेजों से मुक्त करते हैं॥(१०१)

छब्बीस जनवरी उन्नीस सौ, पचास से लोकतंत्र स्थापित है।
समाजवादी धर्मनिरपेक्ष, गणतांत्रिक राज्य स्थापित है॥(१०२)

लेकिन अभी भी राज्य मशीनरी पर, सवर्णों का अधिकार है।
सवर्ण जातियों में विशेषकर, ब्राह्मणों का अधिकार है॥(१०३)

इन सवर्ण जातियों का हित, एससी एसटी शोषण से हुआ है।
ओबीसी जातियों के शोषण, उत्पीड़न से जुड़ा हुआ है॥(१०४)

शासक जातियां नहीं चाहती कि, शोषित ऊपर उठ पाए।
शोषित जातियों के अंदर से, वह आत्मनिर्भरता पाये॥(१०५)

उनके बीच से प्रभावकारी, राजनैतिक नेतृत्व उभर पाए।
शोषित जातियों को उनका, समर्थ नेतृत्व मिल पाए॥(१०६)

इसलिए इनको सक्षम नेतृत्व, स्वयं पैदा करना होगा।
अत्यधिक सक्षम कल्पनाशील, रुचिशील होना होगा॥(१०७)

जो परिश्रमी और ज्ञानी हो, साथ ही निश्वार्थी होना चाहिए।
दूरदृष्टि धैर्य कर्तव्य के प्रति, लगन भी होनी चाहिए॥(१०८)

इस नेतृत्व को समझदार एवं, समय पारखी भी होना चाहिए।
उचित समझ बोध, बड़े कार्य का साहस होना चाहिए॥(१०९)

जरूरतों को पूरा करने के, सभी प्रासंगिक बोध होने चाहिए।
सांगठनिक क्षमता एवं, भाषण प्रतिभा भी होनी चाहिए॥(११०)

एक सक्षम समाज ही, सक्षम नेतृत्व पैदा कर सकता है।
शिक्षित और संगठित समाज ही, ऐसा कर सकता है॥(१११)

कांसीराम ने बहुजन समाज की, अवधारणा को प्रस्तुत किया।
उसको याद दिलाकर, बहुजन चेतना से लैस किया॥(११२)

यह एससी एसटी अन्य पिछड़े वर्ग की, जातियों से ही होगा।
अल्पसंख्यक समुदायों का, गठबंधन भर भी नहीं होगा॥(११३)

इसीलिए कांशीराम ने, डॉ. आंबेडकर के तीन मंत्रों को लिया।
'शिक्षित बनो संगठित रहो, संघर्ष करो' का नारा लिया॥(११४)

बहुजन समाज को अधिकारों के प्रति, जागरूक करना पड़ेगा।
समाज को संगठित एवं संघर्ष को, तैयार करना पड़ेगा॥(११५)

इसके लिए उन्होंने पहले, बहुजन समाज को तैयार किया।
शिक्षित नौकरी पेशा लोगों संग, बामसेफ निर्माण किया॥(११६)

क्योंकि नौकरीपेशा वर्ग अपने, शोषित समाज का कर्जदार है।
इस वर्ग को अब उसका, कर्ज चुकाने की दरकार है॥(११७)

उन्होंने बहुजन को, 'पे बैक टू सोसायटी' का नारा दिया।
सक्षम समर्थ नेतृत्व के लिए, हर संभव प्रयाश किया॥(११८)

उनमें नेतृत्वकारी विचारधारा का, होना भी आवश्यक था।
ज्ञानवान ध्यानवान होना भी, उतना ही आवश्यक था॥(११९)

तब कांसीराम ने जोतीराव फुले, के काम को आगे बढाया।
शाहूजी महाराज, रामासामी नायकर का मान बढाया॥(१२०)

नारायणा गुरु और डॉ. आंबेडकर, के विचारों को अपनाया।
और उनके कार्यों को, अपानी नीति का आधार बनाया॥(१२१)

उन्होंने फुले के सिद्धांत, 'आर्य बाहर से भारत में आए थे।
यहां के मूल निवासियों को, अपना गुलाम बनाये' थे॥(१२२)

इस बचन को ही सामाजिक, विश्लेषण का आधार बनाया।
इसका खूब प्रचार किया, राजनीति में खूब अपनाया॥(१२३)

आर्यों के वंशज आज भी, मूल निवासियों पर शासन कर रहे हैं।
पिच्चासी बहुजनों पर, पंद्रह आर्य पुत्र शासन कर रहे हैं॥(१२४)

इस देश में लोकतंत्र है, लोकतंत्र में जिसके मत ज्यादा होते हैं।
उसकी सरकार होती है, वही देश पर शासन करते हैं॥(१२५)

इस आधार पर उन्होंने अपनी, वैचारिकी विकसित की थी।
जिसका उद्देश्य बहुजन की, राजनीतिक चेतना थी॥(१२६)।

कांसीराम का उद्देश्य मात्र, राजनैतिक सत्ता लेना नहीं था।
सत्ता पर बहुजन समाज का, कब्जा करना नहीं था॥(१२७)

राजनैतिक सत्ता तो सामाजिक, परिवर्तन का माध्यम मात्र है।
इसका मूल उद्देश्य सामाजिक, सांस्कृतिक परिवर्तन है॥(१२८)

जिससे भारत में संविधान अनुरूप, समाज का निर्माण हो सके।
जिसमें समता ममता और, भाई चारे का समाज हो सके॥(१२९)

वे कहते थे कि हम सामाजिक, परिवर्तन लाने के लिए लड़ेंगे।
इसको पाने को राजनैतिक, शक्ति का इस्तेमाल करेंगे॥(१३०)

परंपराओं संस्कृतियों, व्यवसायों धर्मों जातियों में सुधार करेंगे।
सब भाषाओं की विविधता को, आत्मसात करके करेंगे॥(१३१)

हम सभी नागरिकों के प्रति, आदर भाव को प्रदर्षित करेंगे।
सम्मान के आधार पर, समाज को पुनः संगठित करेंगे॥(१३२)

यह तभी संभव होगा जब, सत्ता की चाबी बहुजन के हाथ हो।
शासन और प्रशासन में, बहुजन समाज का हाथ हो॥(१३३)

कांसीराम की सूझबूझ और, नेतृत्व क्षमता से बात बन चली।
बसपा को राजनीति में उससे, आंशिक सफलता मिली॥(१३४)

लेकिन इसका बहुजन समाज में, प्रभाव बहुत ही व्यापक था।
यूपी में कांग्रेस को, सत्ता से बाहर करने लायक था॥(१३५)

इसके साथ भाजपा भी, लम्बे समय तक सत्ता से बाहर हो गई।
प्रशासन शासन में सवर्ण वर्चस्व भी, कमजोर हो गई॥(१३६)

लेकिन जल्दी ही बसपा ने, अपने मूल एजेंडे को छोड़ दिया।
'बहुजन समाज के निर्माण', का प्रयाश ही छोड़ दिया॥(१३७)

परिणामस्वरूप चौदह वर्षों बाद, यूपी में भाजपा पुनः आ गई।
बसपा संग ही सपा भी, निम्नतम संख्या बल पर आ गई॥(१३८)

आज मान्यवर कांशीराम, सशरीर हमारे बीच नहीं मौजूद हैं।
लेकिन उनके कार्य विचार, धरोहर रूप हमारे पास हैं॥(१३९)

यदि हम कांसीराम की धरोहर को, बचा पाए तो हो सकता है।
भविष्य में सवर्ण राजनीतिक, एकाधिकार टूट सकता है॥(१४०)

सामाजिक सांस्कृतिक और, आर्थिक वर्चस्व टूट सकता है।
भारत में सच्चे अर्थों में, लोकतंत्र स्थापित हो सकता है॥(१४१)

भारत विश्व में सबसे अधिक, विविधताओं वाले देशों में से है।
कई स्तरों पर वर्ण जाति, भाषा क्षेत्र संस्कृति विविधता है॥(१४२)

यहाँ रहन सहन खान पान, पर्यावरण इत्यादि एक नहीं हुआ।
भारत कभी भी एक 'राष्ट्र', रूप में विकसित नहीं हुआ॥(१४३)

हालांकि मौर्य काल से ही, इसके लिए अनेक प्रयास होते रहे।
भारत एक राष्ट्र रूप विकसित, करने के प्रयास होते रहे॥(१४४)

इसमें भारतीय संविधान का, लागू होना युगांतरकारी घटना है।
भारतीय नागरिकों को, लोकतंत्र देना प्रमुख रचना है॥(१४५)

वोट देने का अधिकार संविधान की, सबसे महत्वपूर्ण बात है।
प्रजा को शासक के रूप में, देखा जाना प्रमुख बात है॥(१४६)

मंशा यह थी कि अब शासक, रानी के पेट से पैदा नहीं होगा।
बल्कि जनता से चुना जाएगा, उसके वोट से पैदा होगा॥(१४७)

वह सरकार जनता और, संविधान के प्रति जवाबदेह होगी।
प्रति पांच वर्ष के बाद, जनता को अपना हिसाब देगी॥(१४८)

भावी सरकारों पर शंका कर, डॉ. आंबेडकर ने कहा था।
पच्चीस नवम्बर उनंचास को, संविधान सभा में कहा था॥(१४९)

'संविधान कितना भी अच्छा क्यों न हो, क्रियान्वन पर निर्भर है।
यदि क्रियान्वित करने वाले, ख़राब लोग हों तो निर्झर है॥(१५०)

शासन वर्ग की नीयत खराब हो, तो संविधान ख़राब ही होगा।
शासन वर्ग की नीयत नेक हो, तो संविधान उत्तम होगा॥(१५१)

किसी संविधान को अच्छी तरह से, काम करना होता है।
यह सिर्फ उसकी, प्रकृति पर निर्भर नहीं करता है॥(१५२)

संविधान को लागू करने वालों की, भूमिका इसमें महत्वपूर्ण है।
शासक दल व उसके नेतृत्व की, नीयत भी महत्वपूर्ण है॥(१५३)

डॉ. आंबेडकर ने समाज की, सामाजिक विषमता को जिया।
घोर आर्थिक विषमता को, रेखांकित करके वर्णन किया॥(१५४)

हम लोग विसंगति से भरे हुए, जीवन में प्रवेश करने वाले हैं।
राजनीतिक दृष्टि से लोगों बीच, समता लाने वाले हैं॥(१५५)

पर सामाजिक और आर्थिक जीवन में, समता नहीं रहेगी।
सामाजिक आर्थिक रचना के कारण, विषमता रहेगी॥(१५६)

ऐसी विसंगति भरा जीवन, अब हम लोग कब तक जियेंगे।
सामाजिक आर्थिक जीवन में, कब तक विसमता पीयेंगे॥(१५७)

यदि दीर्घकाल तक हम उसे, नकारते रहे तो बहुत झेलेंगे।
इससे राजनीतिक लोकतंत्र को, खतरे में डाल लेंगे॥(१५८)

अगर इस विसंगति को हम, यथाशीघ्र दूर नहीं करेंगे ।
तो विषमता के शिकार, व्यवस्था को ही ध्वस्त कर देंगे॥(१५९)

आजादी के इतने वर्षों पश्चात, यह प्रश्न लाजिमी हो गया है।
क्या संविधान के लक्ष्यों को, हासिल किया जा सका है॥(१६०)

यदि नहीं तो क्यों नहीं हम में, इसे हासिल करने का दम है।
निरंकुश सत्ता के कल्याणकारी, की संभावना कम है॥(१६१)

एक कहावत है कि निरंकुश सत्ता, पूरी तरह से भ्रष्ट बनाती है।
मुझे लगता है यह कहावत ही, पर्याप्त नहीं बताती है॥(१६२)

'निरंकुश सत्ता न सिर्फ सत्ताधारी को, पूरी तरह भ्रष्ट बनाती है।
बल्कि यह जनता का भी, अधिकतम शोषण कराती है॥(१६३)

सत्तर के दशक में आपातकाल, लागू होना इसका कारण है।
वर्तमान में अघोषित, आपातकाल इसके उदाहरण हैं॥(१६४)

आजादी के बाद लम्बे समय तक, पूर्ण बहुमत रही सरकार है।
मिली जुली सरकारों बाद, फिर पूर्ण बहुमत सरकार है॥(१६५)

देश में ज्यादातर समय, पूर्ण बहुमत वाली सरकारे रहीं हैं।
वह सरकारें अपना, कार्यकाल भी पूरा करती रहीं हैं॥(१६६)

यदि बहुमत सरकार से, समस्याओं का समाधान संभव होता।
तो आज ज्यादातर समस्याओं का, हल हो चुका होता॥(१६७)

और सैकड़ों राजनीतिक दलों का, कोई अस्तित्व भी न होता।
एक दल जनता को संम्तुष्ट कर, शासन कर रहा होता॥(१६८)

देश में इतने सारे दलों का होना, यह बात साबित करता है।
कि एक दल देश की, समस्याए दूर नहीं कर सकता है॥(१६९)

जब जब केंद्र में पूर्ण बहुमत की, सरकारे शासन में रहीं हैं।
जनता की आकांक्षाओं का, पूरा करने में सक्षम नहीं हैं॥(१७०)

इतिहास से अनुभव दर्शाता है कि, जो भी फैसले लिये गए।
पूंजीपतियों और सामंती, शक्तियों के हक़ में किए गए॥(१७१)

शासन में क्षेत्रीय आकांक्षाओं का, कभी संज्ञान नहीं लिया है।
लोक कल्याण जन हित कार्यों को, नज़रंदाज़ किया है॥(१७२)

राजनीतिक दलों और, पूंजीपतियों के गठजोड़ देख कहा था।
खुलासा कर बीएसपी संस्थापक, कांसीराम ने कहा था॥(१७३)

'मनुवादी राजनीतिक दल, जब पूंजीपतियों से पैसा लेते हैं।
सरकार बनने पर जनता को, लूटने की छूट देते हैं॥(१७४)

कांसीराम ने मज़बूत नहीं, मजबूर सरकार का नारा दिया था।
उस पर अपना मत भी, पूरी तरह से स्पष्ट किया था॥(१७५)

'मज़बूत सरकारे मनमानी कर, संविधान संशोधन करती हैं।
जो पूंजीपतियों मनुवादी, समाजों के हित में करती हैं॥(१७६)

इनका ध्यान कभी भी, बहुजन समाज की ओर नहीं जाता है।
क्योंकि बहुजन से सामना, केवल चुनाव में होता है॥(१७७)

इसलिए केवल चुनाव में ही, वे चुनावी घोषणाएं करती हैं।
इसलिए बहुजन का, त्वरित विकास नहीं करती हैं॥(१७८)

न्याय पालिका भी इनकी, बन गयी अंधी दासी है।
क्योंकि उसमें प्रतिनिधित्व की, सदैव रही उदासी है॥(१७९)

वहां एक वर्ग विशेष के, न्यायधीशों की भरमार है।
वे संबिधान अनुच्छेदों पर, न्याय को भरमाते हरबार है॥(१८०)

इसीलिये अब लोकतंत्र के, चारो खम्बों को लेना होगा।
केवल विधायिका के वल पर, नहीं समाधान होगा॥(१८१)

कार्य पालिका न्याय पालिका पर, दलित अधिकार जमायेंगे।
पत्रकारिता प्रिंट मीडिया, पर भी अधिकार जमायेंगे॥(१८२)

तभी शोषण की कड़ी टूटेगी, शोषण मुक्त भारत होगा।
सबको सामान अधिकार मिलेंगे, भारत विश्व गुरु होगा॥(१८३)

विधायिका के विधान को लेकर, कार्य पालिका आयेगी।
उसको लागू करे समय से, और जब स्वतंत्रता पायेगी॥(१८४)

न्याय पालिका न्याय करेगी, जनमन को सुखदायी होगी।
न्यायालय का सम्मान बढेगा, न्याय की ज़िन्दावाद होगी॥(१८५)

पत्रकारिता अपने वल पर, सही खबर पहुंचाएगी।
साम्प्रदायिकता दूर भागेगी, वह न जगह कोई पायेगी॥(१८६)

तभी यह भारत की जनता, हुई स्वतंत्र कहलायेगी।
संता ममता और न्याय का, परचम जग में फहरायेगी॥(१८७)

षड् विंशति: स्कंथ

मान्यवर कांसीराम का महापरिनिर्वाण और उसका असर

दलितों के हित चिंतक रूप में, ख्याति पाने वाले कांसीराम।
दलितों संग बहुजन को भी, संगठित करने वाले कांसीराम॥(१)

इस समाज सुधारक का, महापरिनिर्वाण आ हुआ खडा।
सन उन्नीस सौ पिच्चानवे में, जब दिल का दौरा पड़ा॥(२)

बीमारी झेलते झेलते, दो हज़ार तीन में ब्रेन हैमरेज हुआ।
जीवन संघर्ष की परिभाषा, सिखाने वाले का समय हुआ॥(३)

इस महान व्यक्तित्व ने, आखिर अपनी लीला समेट ली।
नौ अक्टूबर दो हज़ार छह को, दुनिया से विदा ले ली॥(४)

करोड़ों अनुयाइयों को दुःख हुआ, और दिल्ली में एकत्र हुए।
बुद्ध धर्म के अंतर्गत बोद्ध रूप, उनके अंतिम संस्कार हुए॥(५)

कांसीराम के अनुयायी अब भी, जब उनको याद करते हैं।
साहब अथवा मान्यवर कहकर, उनका सम्मान करते हैं॥(६)

वे उत्तर भारत और देश की, राजनीति को बदल देने वाले थे।
बहुजन आंदोलन नेता कांसीराम, बहुजन जगाने वाले थे॥(७)

उनके द्वारा बनाई गई पार्टी, बीएसपी भी पुरानी हो रही है।
उनकी पार्टी उनके, राजनीतिक दर्शन पर चल रही है॥(८)

बसपा के अलावा वर्तमान में, ऐसी कोई भी पार्टी नहीं है।
जिसका केंद्रीय एजेंडे में, सिर्फ दलित वयार वही है॥(९)

दलितों को संगठित कर वह, एक राजनीतिक आधार दे गए हैं।
उनकी मेहनत का फल है, दलित प्रश्न प्रमुखता पा गए हैं॥(१०)

आज सभी दल दलितों को, अपनी तरफ करते नजर आते हैं।
आजादी बाद दलितों की, बड़ी आवाज बनकर उभरते हैं॥(११)

आज असमानता मिटाने वाले, आंदोलन में कमी आई है।
बहुजन आंदोलन बनाम क्रांति, प्रतिक्रांति का दौर लाई है॥(१२)

भारतीय राजनीति में विशेषतया, यूपी में जो बदलाव हुआ।
सामाजिक परिदृश्य में, वह एक बड़ा बदलाव हुआ॥(१३)

नब्बे का दशक सामाजिक न्याय, सामाजिक परिवर्तन लाया।
यही मण्डल आयोग की, सिफारिशें को लागू कर पाया॥(१४)

दलित पिछड़ी जातियों को, शासन प्रशासन में भागीदारी हुई।
इसी दशक में दलित राष्ट्रपति, बात राजनीति में गर्म हुई॥(१५)

इसी दशक में दलितों पिछड़ों का, दल भारत में उदय हुआ।
अल्पसंख्यकों का राजनीतिक, ध्रुवीकरण प्रचंड हुआ॥(१६)

यह यूपी में दलित महिला को, मुख्यमंत्री देने का दशक है।
केन्द्र में पिछड़े वर्गों की, भागीदारी का यही दशक है॥(१७)

अति दलितों तथा महिलाओं को, नेतृत्व देने की बात हुई।
उनके पृथक आरक्षण की माँग, इसी दशक मुखर हुई॥(१८)

इसी दशक में दो बड़ी, राजनैतिक महत्व की घटनाएं हुईं।
पहली सामाजिक न्याय की, राजनीति अस्तित्व में आई॥(१९)

राजनीति में यह जनता दल नेता, विश्वनाथ प्रताप सिंह ने दिया।
यह नारा निश्चित रूप से, बसपा उभार के विरूद्ध दिया॥(२०)

जो सामाजिक परिवर्तन का, आंदोलन बसपा चला रही थी।
व्यवस्था परिवर्तन के साथ, सामाजिक न्याय ला रही थी॥(२१)

वही सामाजिक न्याय के नारे का, अर्थ उसी व्यवस्था से था।
उसी से न्याय की अपील करना, जो न्याय के विरुद्ध था॥(२२)

इसलिये राजनीति में इस नये नारे को, व्यापक आधार मिला।
कांग्रेस वामपंथी को, सामाजिक न्याय स्वीकार मिला॥(२३)

लेकिन भाजपा को सामाजिक न्याय, नारे से भी परेशानी थी।
उन्नीस सौ नब्बे में दूसरी घटना घटी, वह युगांतकारी है॥(२४)

वह हैं विश्वनाथ प्रताप सिंह की, सरकार द्वारा निर्णय लेना।
सन व्यासी से लंबित, मण्डल आयोग को लागू करना॥(२५)

पिछड़ी जातियों के लिये, यह एक बड़ी राजनैतिक क्रांति थी।
यह घोषणा महत्वपूर्ण, सामाजिक बदलाव की क्रांति थी॥(२६)

पिछड़ी जातियों को शासन सत्ता में, भागीदारी मिलनी थी।
पिछड़े वर्गों में इसको, जबरदस्त स्वागत मिलनी थी॥(२७)

इस क्रांति के विरूद्ध सवर्ण की, जबर्दस्त प्रतिक्रांति हुई।
भाजपा नेतृत्व में पूरे देश में, आरक्षण विरोधी लहर हुई॥(२८)

दलित व पिछड़े वर्गों के विरूद्ध, वे हिंसा पर उतारू हो गए।
सवर्ण मीडिया में वीपी सिंह, एक खलनायक बन गए॥(२९)

इस तरह दलित आंदोलन, क्रमिक ऐतिहासिक परिप्रेक्ष्य हुआ।
दलित आंदोलन चरण रूप, उत्तर भारत में उदय हुआ॥(३०)

देश के सबसे बड़े राज्य, उत्तर प्रदेश में इसका असर हुआ।
सामाजिक राजनैतिक, क्षितिज पर फिर से प्रकट हुआ॥(३१)

दलितों में आत्मनिर्भर राजनीति, आगे आकर नव रूप हुई।
दलित चेतना अपने विकसित, संगठित रूप में प्रकट हुई॥(३२)

सन चौरासी में बहुजन समाज पार्टी, ने अपना रूप लिया है।
बसपा ने विकास की कई, ऊंचाइयों को प्राप्त किया है॥(३३)

सन चौरासी में सामाजिक आंदोलन, राजनीति में बदल गया।
दलितों में नवीन राजनैतिक, चेतना का संचार हुआ॥(३४)

इसी नई उभरती चेतना के कारण, भारत में कुछ नया हुआ।
बसपा के सत्ता पाने पर, अनेक इतिहासों को जन्म हुआ॥(३५)

इसीने दलित समाज में, नवीन प्रतीकों को स्थापित किया है।
इस नवीन चेतना ने दलितों में, सामुदायिक भाव दिया है॥(३६)

आत्मविश्वास पहचान की शक्ति, संचार करने में सफल हुई है।
सामाजिक आंदोलनों से, दलित समाज में जागृति हुई है॥(३७)

यह बढ़ती राजनीतिक चेतना, व्यापक जनाधार ले चुकी है।
जिससे बसपा भारतीय, राजनीति का केन्द्र बन चुकी है॥(३८)

जिसने बसपा व दलित आंदोलन, इस स्तर तक पहुंचाया है।
कांसीराम के कार्यों को, कोई नजर अंदाज नहीं किया है॥(३९)

उन्होंने डा. अम्बेडकर के वैचारिक, आंदोलन को बढाया है।
उसे जमीन पर क्रियान्वित, करने का काम किया है॥(४०)

दलितों में सामाजिक राजनैतिक, चेतना का प्रारम्भ हुआ था।
जो उन्नीस सौ अडतीस में, आईएलपी के साथ हुआ था॥(४१)

इन वर्षों में यह चेतना एआईएससीएफ, से होकर आई है।
आरपीआई एवं दलित पैन्थर्स से, बसपा तक आई है॥(४२)

इस अंतराल में हर वर्ष, दलित चेतना का विस्तार हुआ है।
इसकी व्यापकता में, दिन प्रतिदिन विस्तार हुआ है॥(४३)

बीच में ऐसा जरूर लगा कि, अब यह खत्म हो जायेगी।
परन्तु दूसरे ही क्षण यह, और तीव्र होती देखी जायेगी॥(४४)

उन्नीस सौ चौरासी में, बहुजन समाज पार्टी का गठन हुआ।
फिर कांसीराम का मन, चुनाव लड़ने से पीछे नहीं हुआ॥(४५)

तर्क था चुनाव में भागीदारी से, पार्टी संगठन में जान आती है।
जनता बीच जाने से जनाधार, लामबन्दी रास्ते आती हैं॥(४६)

दलितों के बीच में पार्टी और, संगठन की लोकप्रियता बढ़ेगी।
बहुजन इकट्ठा होने से, राजनैतिक पावर दुनियां देखेगी॥(४७)

मुख्यधारा के दलों और, मीडिया ने उन पर आरोप लगाया।
व्यापारियों से पैसे लेकर, चुनाव लड़ने का आरोप लगाया॥(४८)

लेकिन कांसीराम कभी इनके, आरोपों से विचलित नहीं हुये।
चंदे और अपने संगठनों के, माध्यम से ही पैसा लिए॥(४९)

उसको उन्होंने कभी भी, व्यक्तिगत तौर पर खर्च नहीं किया।
न ही किसी परिवारीजन, अथवा नेता को कभी दिया॥(५०)

उन्होंने अपना जीवन संगठन और, पार्टी को समर्पित किया था।
उनके जीवन में व्यक्तिगत जैसे, शब्दों का स्थान नहीं था॥(५१)

विलासिता से हमेशा दूर रहे, उनका जीवन इसका प्रमाण था।
किसी के दिए वस्त्र पहनना, सदैव ही इसकी पहचान है॥(५२)

आरोपों को दरकिनार कर, बसपा को किया खड़ा था।
फिर उन्होंने तिरानवे में, इटावा से वह चनाव लड़ा था॥(५२)

लोकसभा में चुनाव लड़कर, संसद में प्रवेश किया था।
कांसीराम मुलायम सिंह ने, जब समझोता किया था॥(५३)

जिसके फलस्वरूप तिरानवे में, उत्तर प्रदेश में बात बनी।
समाजवादी पार्टी और, बीएसपी गठबंधन सरकार बनी॥(५४)

इस गठबंधन सरकार के मुख्यमंत्री, मुलायम सिंह यादव बने।
लेकिन यह दोस्ती और सरकार, दूर तक नहीं चलके बने॥(५५)

सन पिच्चानवे में बहुजन समाज, पार्टी ने गठबंधन तोड़ दिया।
मुलायम की सरकार गिर गई, जो करना था वही किया॥(५६)

तब भाजपा के सहयोग से, बसपा ने अपनी सरकार बनाई।
तब मायावती मुख्यमंत्री बनीं, और दलित ने ली अंगडाई॥(५७)

पर दोनों ही सरकारों में, कांसीराम किसी भी पद से दूर रहे।
वह अभी जल्दबाज़ी में नहीं थे, बाहर से अपनी बात कहे॥(५८)

कांसीराम की राजनीति का, अध्ययन करने वाले कहते हैं।
वह कभी कांग्रेस और, भाजपा सबके सहयोगी रहे हैं॥(५९)

जब दलित हित की खातिर, जरूरत पड़ी साथ खड़े हुये।
जब जरूरत नहीं रही तो, गठबंधन तोड़कर अलग हुए॥(६०)

कांसीराम के बारे में कहते हैं, कि उन्होंने नया प्रयोग किया।
अवसरों को अक्सर अवसरों की, तरह ही प्रयोग किया॥(६१)

वह कहते थे कि राजनीति में, आगे बढ़ने को सब जायज है।
सदियों से सताए बहुजन को, सत्ता पर लाना जायज है॥(६२)

तिरानवे में सपा सहयोग से, अपना लोकसभा चुनाव जीता।
जीतने के बाद पिच्चानवे में, सपा को झटका देकर बीता॥(६३)

भाजपा जैसे धुर विरोधी के, साथ जाने में देरी नहीं लगाई।
कांग्रेस के साथ भी उन्होंने, तालमेल करके बात बनाई॥(६४)

अटल बिहारी बाजपेयी की, केंद्र की सरकार जब गिरा रहे थे।
तब वह बिल्कुल नए, राजनैतिक किरदार में आ गए थे॥(६५)

कांसीराम इस समय तक, राजनीति के धुरंधर हो गए थे।
हर खेल को बनाने बिगाड़ने की, हैसियत में आ गए थे॥(६६)

वह कहते सत्ता में होने वाली, हरकत पर नज़र रखनी होगी।
हर राजनैतिक उथल पुथल में, भागीदारी करनी होगी॥(६७)

क्योंकि इसी से जनता में तेजी से, जाने का अवसर मिलता है।
राजनीति के खेल में, भागीदारी का अवसर मिलता है॥(६८)

इससे दलितों के बीच भी, राजनैतिक महत्वाकांक्षा बढेगी।
सामान्य दलितों के अंदर भी, इसकी प्रेरणा पैदा होगी॥(६९)

अस्सी के दशक से यूपी में, "सामाजिक आंदोलन" आया।
बहुजन समाज पार्टी द्वारा, राजनैतिक आंदोलन लाया॥(७०)

इसकी लहर ने सामाजिक न्याय का, जमकर उद्घोष किया।
लोकतांत्रिक परिवर्तन के, दृष्टिकोण को मजबूत किया॥(७१)

इसने राज्य एवं दलित आंदोलन का, परिदृश्य तैयार किया।
बसपा ने दलित आंदोलन को, राजनीतिक पहचान दिया॥(७२)

इसने दलितों में सामाजिक, राजनैतिक पहचान चेतना दी है।
इससे दलित समुदाय को, अधिकारों प्रति सजगता दी है॥(७३)

दलित अपनी पहचान को प्राप्त, करने का प्रयास कर रहा है।
विचारधारा में व्यापक, परिवर्तन लाता हुआ दिख रहा है॥(७४)

इसी वजह से क्रिस्टोफेर जेफरेलांट, तब ऐसा कह देते हैं।
बसपा आंदोलन को एक, मौन क्रांति की संज्ञा देते हैं॥(७५)

किन्तु पिछले कुछ वर्षों से, बसपा नेतृत्व में असर दिखता है।
बसपा की विचारधारा में, व्यापक परिवर्तन दिखता है॥(७६)

पहले इसमें सवर्ण जातियों के प्रति, उग्र नजरिया दिखता था।
वह ''बहिर्वेशन की राजनीति'', पर पूरा दिखता था॥(७७)

वहीं हाल के वर्षों में यह, काफी परिवर्तित हुआ दिखता हैं।
बसपा में सामाजिक इंजीनियरिंग, फार्मूला दिखता है॥(७८)

समावेशी राजनीति द्वारा इसमें, ब्रम्हणवादी प्रवेश पा रहा है।
अन्य सवर्ण जातियों का, उच्च पदों पर प्रवेश हो रहा है॥(७९)

दो हज़ार सात यूपी विधानसभा, चुनाव में यह सामने आ गया।
तब भारी संख्या में सवर्ण, ब्राम्हणों को टिकट दिया गया॥(८०)

इस समीकरण से ही वह, चुनाव जीतने में भी सफल हुए।
बिना किसी गठबंधन के, अपने बल पर सफल हुए॥(८१)

इस ब्राम्हाण दलित समीकरण, से बसपा बहुमत में आई।
यूपी में मायावती के नेतृत्व में, सरकार भी बन पाई॥(८२)

पर बसपा सरकार बनाकर, ब्राह्मण से ना कोई काम लिया।
वह बसपा से दूर हो गया, सपा ने उसको पटा लिया॥(८३)

बसपा दलित आंदोलन की दिशा पर, प्रश्न चिन्ह लग गया है।
कांसीराम की नेक कमाई को, अब दूर कर दिया गया है॥(८४)

अनेक विद्वानों ने इसे सोची समझी, रणनीति रूप में देखा है।
कई विद्वानों ने विचारधारा से, भटकाव रूप में देखा है॥(८५)

कांसीराम के समय केंद्र में, हमेशा दलित समस्या रही है।
उन्होंने पिछड़ा वर्ग गरीब, मुसलमान की बात कही है॥(८६)

अन्य गरीब समुदायों को कैसे, एक मंच पर लाया जाये।
यही उनका बहुजनवाद था, उसको क्यों बिसराया जाय॥(८७)

और इसी की राजनीति को, मान्यवर कांसीराम कर रहे थे।
इसी बहुजन के काम में, कासीराम कामयाब भी रहे थे॥(८८)

अपनी बहुजनवाद की राजनीति से, तब यूपी पर राज किया।
दो बड़े दलों कांग्रेस, भाजपा को पीछे धकेल दिया॥(८९)

दो दशक से अधिक समय, इनको हाशिये पर धकेल दिया।
इन दो दशकों की राजनीति को, अपनी धुरी बना दिया॥(९०)

कभी बसपा भाजपा की, गठबंधन सरकार रूप में आये।
कभी पूर्ण बहुमत की, सरकार रूप जमकर आये॥(९१)

यह सब उनकी मर्जी से और, उनकी शर्तों के आधार पर था।
जब बसपा सत्ता में नहीं रही, तो भी उनका जनाधार था॥(९२)

तब पिछड़े आधार वाली, समाजवादी पार्टी सत्ता में रही।
सत्ता किसी न किसी रूप में, बहुजनवाद के पास रही॥(९३)

जहां हिन्दुत्व विरोधी मुहिम पिछड़े, दलितों के साथ बड़ी।
मुसलमानों के गठजोड़ से, बहुजन चेतना परवान चढ़ी॥(९४)

और अन्त में यही गठजोड़, इसके उभार में बाधक बन गया।
राजनीतिक हार के बाद, भाजपा को हथियार मिल गया॥(९५)

दलितों के हाथ में राजनीतिक सत्ता, आने से जो कष्ट हुआ।
हिन्दुत्ववादी राजनीति को, राम जन्मभूमि का लाभ हुआ॥(९६)

लेकिन कांसीराम के न रहने से, बहुजनवाद कमजोर हुआ।
दो हज़ार उन्नीस लोकसभा, चुनाव में पूरा बिखर गया॥(९७)

राजनीतिक रूप से दलितों, पिछड़ों की एकता कमजोर हुई है।
जिसके कारण यूपी में, भाजपा अपना जनाधार बढ़ाई है॥(९८)

हिंदुत्ववादी राजनीति से, सांप्रदायिक राजनीति आगे आई है।
केंद्र और यूपी में भाजपा ने, अपनी सरकार बनाई है॥(९९)

वर्तमान राजनीतिक स्थितियों को, देख कर ऐसा लगता है।
कांशीराम का बहुजनवाद, विरोधाभास में फंस गया है॥(१००)

जो था 'जिसकी जितनी संख्या भारी, उसकी उतनी हिस्सेदारी'।
जिसकी जितनी थैली भारी, उसकी उतनी हिस्सेदारी॥(१०१)

उनके द्वारा स्थापित दल ने, उनके मत को तिलांजलि दे दी है।
कांसीराम के बहुजनवाद को, सवर्णवाद में ला दी है॥(१०२)

आज देश कठिन राजनीतिक, परिस्थितियों से जूझ रहा है।
कांसीराम की बीएसपी की, चुप्पी से गड़बड़ लग रहा है॥(१०३)

कांसीराम यदि होते तो, बहुजन आंदोलन के संग होते।
एक स्पष्ट नीति से वैचारिक, राजनीतिक लाइन लेते॥(१०४)

सप्तविंशतिः स्कंध

मान्यवर कांसीराम और उनके शिष्य

उत्तर प्रदेश में कांसीराम का, आन्दोलन जब रंग लाया।
शोषित पीड़ित और दलित संग, पिछड़े अल्पसंख्यक लाया॥(१)

जो संघर्ष के साथी बनकर, तब वह बीएसपी संग आये थे।
वह अब कहाँ कहाँ पहुंचे, जो कठिन राह अपनाए थे॥(२)

मायावती प्रमुख शिष्य हैं, वही उनकी विरासत पायीं हैं।
चार बार मुख्यमंत्री यूपी की, बसपा प्रमुख पद पायीं हैं॥(३)

उनको पूरा जग ही जानता, टीका टिप्पणी ठीक नहीं।
बाक़ी लोग कहाँ तक पहुंचे, उनका पुरसा हाल नहीं॥(४)

संघर्षों के साथी थे जो, अपना घर परिवार तक छोड़ दिया।
खेतीबाड़ी सूखी रह गयी, बसपा से नाता जोड़ लिया॥(५)

कईयों ने सरकारी नौकरी छोड़ी, उनमें मैं भी शामिल था।
कईयों ने दी छोड़ वकालत, कईयों का अपना वल था॥(६)

एक एक कर खोज खबर ले, उनको अब बतलायेंगे।
जो प्रमुख शिष्य थे कांसीराम के, उनके दर्शन करवाएंगे॥(७)

दलित समुदाय में जन्मे, या फिर पिछड़ों में जन्म पाए।
अल्पसंख्यक समुदाय में जन्मे, ऐसे भी शिष्य आए॥(१०)

मुख्य हुए थे राजबहादुर, जो जीपीओ में नौकरी करते।
दलित जाटव समुदाय में जन्मे, खुशहाली जीवन जीते॥(११)

एक दिसंबर सन इकतालीस, सर्दी पड़ रही भारी थी।
ब्रह्म महूर्त के उस पहर में, पीड़ा में महतारी थी॥(१२)

अड़ोसी पड़ोसी जमा हो गए, राजबहादुर जन्म पाए।
माता सत्यवती ने देखा, तब पिता नगहा भी हर्षाये॥(१३)

बाबा लहुरी खुशी से गदगद, गाँव रमईपुर नवाद सूर्य उगा।
प्रतापगढ़ का पोस्ट फतेहपुर, सुवह चार बजे गाँव जगा॥(१४)

परबाबा थे भीखीदास, जो स्वर्ग से थे आशीर्वाद दे रहे।
जाटव वंश में जन्म लिया, इनके वंशज बलवान रहे॥(१५)

कबीर पंथी परिवार मिला था, कबीर को खूब मानते थे।
बाद में सब बोद्ध हो गए, ऐसा ही सब जानते थे॥(१६)

बचपन बीता हंसी खुशी से, फिर प्राइमरी में शिक्षा पाए।
सभी भाई बहिनों के बीच में, लाड प्यार से खूब नहाए॥(१७)

उन्नीस सौ साठ में दसवीं पास कर, बासठ इंटर पास किया।
गोरखपुर यूनिवर्सिटी से, पैसठ में बीए पास किया॥(१८)

एलएलबी क़ानून की डिग्री, लखनऊ यूनिवर्सिटी से मिल पाई।
स्काउट एनसीसी का प्रशिक्षण, देश भक्ति दी दिखलाई॥(१९)

पूर्व बसपा मंत्री राजबहादुर

टेलीग्राफ सुपरवाईजर की नौकरी, जीपीओ में करते थे।
लखनऊ उनको रास आ गया, परिवारी संग वस्ते थे॥(२०)

अर्जक संघ के सदस्य रहे, रविदास महासभा अध्यक्ष रहे।
शडयूल कास्ट फेडरेशन टेलीग्राफ के, भी अध्यक्ष रहे॥(२१)

बामसेफ और डीएसफोर से जुड़कर, संघर्षी राह पकड़ी।
बामसेफ के कन्वीनर, डीएसफोर प्रदेश अध्यक्ष कड़ी॥(२२)
बीआरसी चेयरमेन रहे, यूपी में ऐसे मिलती गयी कड़ी।
सरकारी नौकरी छोड़कर, फिर बसपा की राह पकड़ी॥(२३)

अपने संघर्षों के बल पर, वह प्रदेश अध्यक्ष बन पाए थे।
सरकार बनी तो मंत्री हो गए, पर अधिक नहीं रह पाए थे॥(२४)

संघरशील राज बहादुर बसपा के, प्रमुख दलित नेता रहे हैं।
जो कांसीराम द्वारा स्थापित, संगठन बामसेफ में रहे हैं॥(२५)

इसके बाद इक्यासी में, कांसीराम ने डीएस फोर बनाली।
चौरासी में जिसने, बहुजन समाज पार्टी की शक्ल ले ली॥(२६)

राज बहादुर उत्तर प्रदेश, बहुजन समाज पार्टी के अध्यक्ष रहे।
वर्षों तक प्रदेश अध्यक्ष रहे, तब लड़े भिड़े और मस्त रहे॥(२७)

वर्ष चौरानवे में पहली बसपा और सपा की साझा सरकार बनी।
राज बहादुर कैबिनेट मंत्री बने, तो कईयों से रार ठनी॥(२८)

जब पिच्चानवे में मायावती ने, जब भाजपा से समझौता किया।
इसे बीएसपी सिद्धांत विरुद्ध, कहकर बगावत कर दिया॥(२९)

मुख्यमंत्री बनकर मायावती, बसपा की दिशा से बहक गई।
राज बहादुर ने बसपा छोड़ी, फिर नई पकड़ी राह नई॥(३०)

क्योंकि जब दिशा ग़लत होती है, तो समाज की दुर्दशा होती है।
बहुजन समाज नेताओं की, गलत रूप पहचान होती है॥(३१)

बसपा से अलग होकर, कई अन्य विधायक संग अलग हुए।
अपनी बसपा आर बनाकर, राजनीति के अलावदार हुए॥(३२)

बसपा आर नहीं चली तो, सोचकर कांग्रेस की राह पकड़ी।
कांग्रेस राष्ट्रीय पार्टी है, सो उससे मिलती गयी कड़ी॥(३३)

राज बहादुर अम्बेडकरवादी, कांग्रेस को करीबी मानते हैं।
क्योंकि कांग्रेस ने डॉ. अम्बेडकर कानून मंत्री बनाये हैं॥(३४)

और कांग्रेस ने ही उनके, विचारों का प्रचार प्रसार किया।
भारत का संबिधान बनाकर, भारत पर उपकार किया॥(३५)

किन्तु वहां सम्मान न पाया, इससे वह भी रास नहीं आया।
भारतीय पंचशील पार्टी बनाकर, राष्ट्रीय अध्यक्ष पद पाया॥(३६)

आजकल राजबहादुर, पंचशील पार्टी का नेतृत्व करते हैं।
बुद्ध के पंचशील अपनाकर, बोद्ध राह पर चलते हैं॥(३७)

अकेले नेता नहीं हैं, जिन्होंने बीएसपी छोड़ी या निकाले गए।
आरके चौधरी, डॉक्टर मसूद, शाकिरअली भी अलग हुए॥(३८)

राशिद अल्वी जंग बहादुर पटेल, बरखू राम वर्मा को छोड़ा।
सोने लाल राम लखन वर्मा, भगवत पाल का दिल तोड़ा॥(३९)

राजाराम पाल राम खेलावन पासी, श्रीराम यादव गए।
और अनेकों बहुजन नेता, जो बीएसपी से बाहर गए॥(४०)

आरके चौधरी चंद्रपाल आईएएस, अपनी पार्टी चला रहें हैं।
कई दूसरी पार्टियों में गए, जहां अपनी बात बना रहे हैं॥(४१)

सोने लाल पटेल की अपना दल पर, संतानों का कब्जा है।
एक समाजवादी और, एक का एनडीए में जलवा है॥(४२)

लेकिन अधिकतर बहुजन नेता, अन्य जगह को चले गए हैं।
जो कांग्रेस या समाजवादी, पार्टी में शामिल हो गए हैं॥(४३)

पूर्व मंत्री शाकिर अली, समाजवादी पार्टी से चुनाव लड़ रहें हैं।
डॉक्टर मसूद बलिहारी बाबू, रामाधीन कांग्रेसी हो गए हैं॥(४४)

मेवा लाल बागी राम खेलावन पासी, कांग्रेस चुनाव लड़ रहें हैं।
कई पुराने बीएसपी नेता, इस समय कांग्रेस से सांसद हैं॥(४५)

मायावती अपने को ऐसे नेताओं से, असुरक्षित समझती थीं।
जिनको सीधे कांसीराम से, बात करते हुए पातीं थीं॥(४६)

इसलिए उन्होंने उन सभी लोगों को, बीएसपी से बाहर किया।
जो नेतृत्व को चुनौती देते थे, उनका बहिष्कार किया॥(४७)

कांसीराम ने कभी कहा था, कुर्मी नेता को मुख्यमंत्री बनाएंगे।
इससे कुर्मी नेता विशेषकर, मायावती के शिकार पायेंगे॥(४८)

भाजपा का साथ लेने बाद, मायावती ने सवर्ण का साथ लिया।
और ब्राह्मण नेताओं को, ज्यादा महत्त्व देना शुरू किया॥(४९)

क्योंकि उनसे उन्हें अपने, नेतृत्व को खतरा नही लगता था।
सवर्ण समुदाय साथ मिलने से, सत्ता का बल मिलता था॥(५०)

दो हज़ार सात में मायावती, चौथी बार मुख्यमंत्री बन गयीं।
लेकिन इस प्रक्रिया में, बहुजन की बात को भूल गयीं॥(५१)

कांसीराम द्वारा बनाया, बहुजन सामाजिक समीकरण टूट गया
पंद्रह बनाम पिच्चासी का, संघर्ष का रास्ता दूर गया॥(५२)

पिछड़ी जातियों और मुस्लिम, समुदाय की भागीदारी टूट गयी।
बहुजन समाज पार्टी में, वोट की ताकत भी कम हो गयी॥(५३)

बाबू सिंह कुशवाहा का निष्कासन भी, अब ऐसा रंग लाएगा।
बहुजन समाज पार्टी को, राजनीतिक नुकसान पहुंचाएगा॥(५४)

यूपी विधानसभा चुनाव बाईस में, जो मुख्य मुकाबला हुआ था।
भाजपा और समाजवादी, पार्टी के बीच ही हुआ था॥(५५)

लेकिन इन बड़े दलों को भी, छोटे दलों पर निर्भर रहना था।
जिनकी भूमिका इस चुनाव में, कोई कम न कह रहा था॥(५६)

इनमें ओमप्रकाश राजभर, संजय निषाद, सोनेलाल पटेल हैं।
उन सबमें महान दल के, केशव देव मौर्य भी शामिल हैं॥(५७)

इन सभी बहुजन नेताओं के, राजनीतिक गुरु कांसीराम रहे हैं।
जिन्हें केवल बसपा के, आइकॉन की तरह देख रहे है॥(५८)

उनके यह राजनीतिक शिष्य, जातिगत समीकरण साध रहे हैं।
यूपी की पॉलिटिक्स में, महत्वपूर्ण भूमिका निभा रहे हैं॥(५९)

सुहेलदेव भारतीय समाज पार्टी नेता, ओमप्रकाश राजभर हैं
जो पूर्वांचल में अपनी पार्टी की, राजनीति चमका रहे हैं॥(६०)

राजभर ने कॉलेज दिनों में, केडर केम्प में हिस्सा लिया।
कांसीराम और उनके विचारों से, प्रेरित हो निर्णय लिया॥(६१)

इसके बाद वह कांसीराम की, राजनीति का हिस्सा बन गए थे।
काम धाम को छोड़ किनारे, बहुजन सेवा में लग गए थे॥(६२)

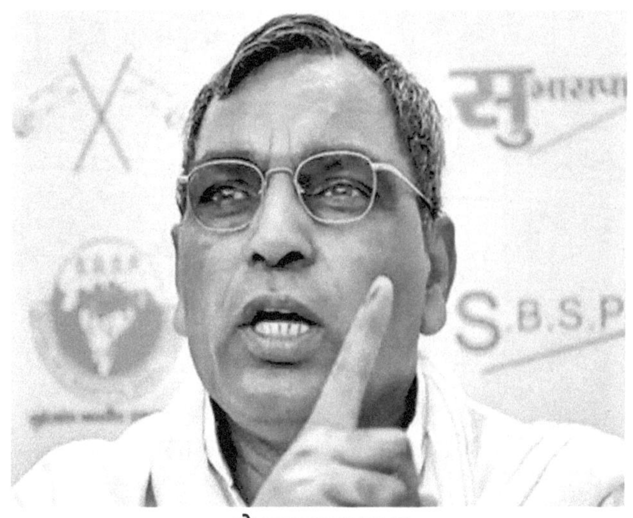

ओमप्रकाश राजभर

राजभर ने बताया कि वह, मीटिंग का आयोजन करते थे।
लोगों को कांशीराम के विचार, बातें समझाया करते थे॥(६३)
वहीं निषाद पार्टी अध्यक्ष, बीजेपी के सहयोगी संजय निषाद हैं।
शुरुआती राजनीतिक जुड़ाव में, कांशीराम के साथ हैं॥(६४)

संजय निषाद भी उस समय, बामसेफ संगठन का हिस्सा थे।
जिसे कांसीराम बहुजन कर्मचारी, साथ चलाया करते थे॥(६५)

संजय निषाद का काम गोरखपुर, आसपास इलाकों में था।
बामसेफ बैठक आयोजित कर, कैडर तैयार करने में था॥(६६)

संजय निषाद को कांसीराम ने, बामसेफ में ही रहने दिया।
कांसीराम सक्रिय नहीं रहे, तो अपने को अलग किया॥(६७)

निषाद पार्टी अध्यक्ष संजय निषाद

तब संजय निषाद ने दो बार, खुद का संगठन तैयार किया।
लेकिन आखिरकार उन्होंने, निषाद पार्टी का गठन किया॥(६८)

निषाद समुदाय को अनुसूचित, जाति दर्जा देने की मांग की है।
बीजेपी ने चुनाव बाद निषादों को, आरक्षण बात की है॥(६९)

वहीं अपना दल के संस्थापक, सोनेलाल पटेल प्रमुख थे।
यूनिवर्सिटी के दिनों से ही वे, कांसीराम के संपर्क में थे॥(७०)

और वे कांसीराम की, विचारधारा से पूरे प्रभावित रहे थे।
सोनेलाल पटेल बसपा, पार्टी के गठन में शामिल थे॥(७१)

लेकिन जब कांसीराम ने, मायावती को अधिक महत्व दिया।
पटेल ने अपना दल नाम से, नई पार्टी का गठन किया॥(७२)

मायावती, आंबेडकर, कांशीराम की मूर्तियां

उन्हें किसी भी चुनाव में, कभी कोई सफलता नहीं मिली।
उनकी बेटी अनुप्रिया पटेल को, सफलता खूब मिली॥(७३)

जिन्होंने आगे बढ़ते हुए, केंद्रीय मंत्री तक का सफर किया।
एनडीए संग मिलकर, यूपी में भी अपना झंडा गाड़ दिया॥(७४)

आज सोनेलाल पटेल का, अपना दल दो भागों में बट गया है।
दूसरा पत्नी कृष्णा पटेल, बेटी पल्लवी पटेल संग गया है॥(७५)

जिन्होंने अपना दल कमेरावादी का, अलग से गठन किया है।
समाजवादी पार्टी के साथ, चुनावी गठबंधन किया है॥(७६)

ऐसा ही किस्सा महान दल के, अध्यक्ष केशव देव मौर्य का है।
उनका भी कद बीएसपी के, एक बड़े कार्यकर्ता का है॥(७७)

उन्हें कांसीराम के साथ, काम करने का मौका नहीं मिला।
दलित पिछड़ी जातियों को, राजनीतिक आधार मिला॥(७८)

यह सब प्रमुख बसपा नेता, जो कांसीराम के शिष्य रहे।
किन्तु आज बसपा से अलग हैं, पर वह खूब निडर रहे॥(७९)

ऐसे ही थे जी.आर. खन्ना, जो विकास नगर में रहते थे।
प्लानिंग कमीशन काम करते, समाज संग जुड़े रहते थे॥(८०)

आंबेडकर जयंती खूब मनाते, बामसेफ में नाम था।
डीएसफोर संगठन में, घर घर घूमना काम था॥(८१)

बात प्रभाकर कहता सच्ची, कांसीराम का साथ मिला।
छोड़ नौकरी सरकारी, तब समाज में सम्मान मिला॥(८२)

बामसेफ का रहा कोर्डिनेटर, लखनऊ में पैगाम था।
डीएसफोर में नाम कमाया, बसपा में किया काम था॥(८३)

अम्बेडकर विचार संस्थान में, चेयरमेंन का पद पाया।
उसके संस्थापक चेयरमेंन, समाज को एक संघ लाया॥(८४)

और नेता भी हो सकते है, जिनका मुझको याद नहीं।
फिर कभी उनको बतलायेंगे, अभी उनका संज्ञान नहीं॥(८५)

किन्तु जहां भी वह रहते हैं, काम कौम का करते हैं।
कांसीराम विचारधारा से, समझोता वह नहीं करते हैं॥(८६)

अष्टाविंशति: स्कंथ

मान्यवर कांसीराम और उनकी न्याय दृष्टि

मान्यवर कांशीराम का, जीवन पर्यंत संघर्ष किये जाना।
मुख्य उद्देश्य था सामाजिक, एवं आर्थिक परिवर्तन लाना॥(१)

तब उनका प्रमुख उद्देश्य, एक ऐसा समाज बनाना था ।
समता स्वतंत्रता न्याय और, बंधुत्व आधारित लाना था॥(२)

अपने लक्ष्य प्राप्ति के लिए वे, सत्ता को एक साधन मानते थे
लेकिन वे अपने सामने, अनेक कठिनाइयाँ जानते थे॥(३)

अपने संघर्ष और लक्ष्य प्राप्ति की, लेकिन वह राह जानते थे।
मनी माफिया और मीडिया को, सबसे बड़ा रोड़ा मानते थे॥(४)

इनसे मुकाबला करने के लिए, अलग अलग रणनीति बनायीं।
साथ ही समाज के लोगों को, इनसे बचने की रीति बतायी॥(५)

कांसीराम ने किस प्रकार की, परिस्थितियों का सामना किया।
तब चुनावों में सफलता का, बड़ा कीर्तिमान स्थापित किया॥(६)

बहुजन समाज को सत्ता के, मंदिर तक पहुँचाने के लिए।
बहुजन समाज इकट्ठा कर, मजबूत आधार प्रदान किये॥(७)

उनकी न्यायप्रियता का, एक अजब किस्सा सुनाता हूँ।
क्या क्या पापड उन्होंने बेले, वह सब बात बताता हूँ॥(८)

उन्नीस सौ चौरासी लोकसभा चुनाव, जब पहली बार लड़ा था।
कांसीराम ने वह चुनाव, जांजगीर मध्यप्रदेश से लड़ा था॥(९)

उस लोकसभा चुनाव के लिए, उनके पास न तो कोई पैसा था।
न संगठन न ही कोई शक्ति, न किसी का भरोसा था॥(१०)

लेकिन फिर भी उन्होंने हिम्मत, हौसला कर निर्णय लिये।
और उस चुनाव में अपने, कुछ उम्मीदवार खड़े किये॥(११)

छतीसगढ़ में कुछ साथियों को, जो उनके साथ चल रहे थे।
उनको चुनाव लड़ाने को वह, वे मध्य प्रदेश पहुंच रहे थे॥(१२)

लेकिन छत्तिसगढ़ के लोग, सो वह तो पक्के कांग्रेसी थे।
टी. आर. खुंटे को लड़ाने गए, उनके परिवार कांग्रेसी थे॥(१३)

फिर खुंटे के ही घर में ही, उनके ठहरने की व्यवस्था थी।
उनके पिताजी ने घर बाहर, भूख हड़ताल कर दी थी॥(१४)

यह कहते हुए कि मेरे लड़के का, दिमाग ख़राब हो गया है।
ये कांसीराम के चक्कर में, चुनाव लड़ने को आ गया है॥(१५)

उसे यह बहुजन समाज पार्टी से, चुनाव लड़ना चाहता है।
मैं कांग्रेस वालों को क्या जवाब दूंगा, वह क्या चाहता था॥(१६)

इस तरह वह बेचारे वहां, भूख हड़ताल पर बैठे हुए थे।
और उन्हीं के घर के भीतर, कांसीराम ठहरे हुये थे॥(१७)

तब कांसीराम ने सोचा कि, अब उन्हें क्या करना चाहिए।
जिसको लड़ाने को आये, उसके पिता को क्या कहिये॥(१८)

उन्होंने सोचा वह तो इसे, लड़ाने की तैयारी करके आये हैं।
विकाट समस्या यह कि, नामांकन का आखिरी दिन हैं॥(१९)

क्या अब मुझे ही लड़ना चाहिए, लेकिन कार्य कठिन था।
तब नामांकन की जमानत राशि, भरने का भारी प्रश्न था॥(२०)

तब कांसीराम ने उधर चादर बिछाई, और आवाहन किया था।
बहुजन समाज के जिन लोगों को, उन्होंने तैयार किया था॥(२१)

उनसे कहा आप लोग, इस चादर पर थोड़ा थोड़ा पैसा डालें।
ताकि हम पांच सौ रूपये, जमा कर नामांकन कर डालें॥(२२)

जब वहाँ उपस्थित लोगों ने, पैसा डाला और गिना तो पाया।
उनका जमा किया गया पैसा, सात सौ रुपया हो पाया॥(२३)

उसमें पांच सौ रूपये, चुनाव की जमानत राशि भर दी गयी।
शेष बचे दो सौ रूपये में, एक साइकिल खरीद ली गयी॥(२४)

क्योंकि अब उन्हें अपना, चुनाव प्रचार भी तो करना था।
इसलिए उनके पास साईकिल, का भी होना जरूरी था॥(२५)

उन्होंने सोचा साथी कर्मचारी, अपनी अपनी साइकिलें लेंगे।
और सब इकट्ठे होकर, साइकिल से चुनाव प्रचार करेंगे॥(२६)

इस तरह से साथियों, सब लोगों ने प्रचार शुरू कर दिया।
कांसीराम ने बत्तीस हजार, वोट लेकर नाम किया॥(२७)

सन सतासी में हरिद्वार लोकसभा, सीट का उपचुनाव हुआ।
कांग्रेस ने यूपी के गृहमंत्री को, चुनाव में उतार दिया॥(२८)

तब कांग्रेस का मुकाबला करना, उतना आसान नहीं होता था।
सारी विपक्षी पार्टियों को, मिलकर लड़ना पड़ता था॥(२९)

उन सभी विपक्षियों ने रामविलास, पासवान को खड़ा किया।
और हिन्दू वोट की खातिर, तब नया हथकंडा पैदा किया॥(३०)

उन्होंने रामविलास पासवान को, चुनाव पूर्व उसे नहलाया।
उसको हरिद्वार में हर की पौड़ी पर, गंगा स्नान करवाया॥(३१)

ठाकुर चंद्रशेखर ने पासवान को, कंधे बैठाकर स्नान कराया।
पंडितों से रामविलास पासवान को, आशीर्वाद दिलवाया॥(३२)

पंडितों ने कहा कि, इसने पवित्र जगह से गंगा स्नान किया है।
इसलिए चुनाव जरूर जीतेगा, ऐसा आशीर्वाद दिया है॥(३३)

कांग्रेस प्रत्याशी ने कहा, 'मैं तो गंगा किनारे ही पैदा हुआ हूँ।
मैं ही जीतूँगा क्योंकि मैं हमेशा, गंगा स्नान करता रहा हूँ॥(३४)

तब मायावती को उनसे, एक फर्लांग ऊपर ले जाया गया।
और वहां मायावती को, प्रतीकात्मक गंगा स्नान कराया॥(३५)

कांसीराम ने कहा कि, और पार्टी प्रत्याशी जिधर नहाये हैं।
उधर गंगा मैली हो चुकी है, इधर साफ गंगा पाए है॥(३६)

इधर स्नान करो ताकि मैं, कह सकूं हमारा उम्मीदवार जीतेगा।
वह अन्ध विश्वासों से नहीं, बहुजन के वोट से जीतेगा॥(३७)

अब चुनाव इस खर्च को, हमारे पास कोई पैसे नहीं थे।
चुनाव आने पर एक एक, दो दो रुपया इकठ्ठा किये थे॥(३८)

तब हरिद्वार लोकसभा के, अंतर्गत पांच विधानसभा क्षेत्र लिये।
पांच चुनाव कार्यालय खोलकर, सिल्वर बर्तन इकट्ठे किये॥(३९)

ताकि इन जगहों पर, पार्टी कार्यकर्ताओं के लंगर चल सकें।
चुनाव ख़त्म हो गया, आखिर तक लंगर नहीं चला सके॥(४०)

कांसीराम की साईकिल, कार्यकर्ताओं संग क्षेत्र में घूमती थी।
मायावती साइकिल नहीं जानती, तो बस से ही घूमती थी॥(४१)

मायावती बोलीं मेरे बस में, घूमने से सन्देश गलत जाता है।
लोग कहते कि देखो, इसका दलित पार्टी से नाता है॥(४२)

चुनाव तक कांसीराम ने, एक गाड़ी लेने की सोची पर रह गए।
वह गाड़ी नहीं ले सके, और चुनाव के पांच दिन रह गये॥(४३)

एक पुरानी जीप किराये पर ली, जिसकी टंकी ख़राब थी।
तेल की टंकी के स्थान पर, तेल की पीपी रखी उदास थी॥(४४)

तब मायावती बोलीं अगर, जीप में आग लगी तो क्या होगा।
जीप में बैठने को मायावती को, कैसे तैयार किया होगा॥(४५)

फिर सारे देश भर से, पार्टी कार्यकर्ताओं को पैसा भेजना पड़ा।
सत्तासी हज़ार रुपया इकठ्ठा हुआ, जिससे चुनाव लड़ा॥(४६)

वह सत्तासी हज़ार रुपया, चुनाव प्रचार पर खर्च करने पड़े।
सुश्री मायावती को, एक लाख छत्तीस हजार वोट पड़े॥(४७)

कांग्रेस उम्मीदवार को, एक लाख उनंचास हजार वोट मिले।
संयुक्त विपक्ष के रामविलास को, बत्तीस हजार वोट मिले॥(४८)

ऐसे मात्र तेरह हजार वोट से, सुश्री मायावती को हारना पड़ा।
तेइस मार्च सत्तासी की बात है, जो बसपा ने चुनाव लड़ा॥(४९)

इसके बाद यह पश्चाताप रहा कि, अगर एक लाख रूपये होते।
मायावती को मजबूती के साथ, लड़ाकर सांसद बना देते॥(५०)

फिर सुश्री मायावती को, दो साल इन्तजार के बाद बात बनी।
सन नवासी में बिजनौर से, वह पार्लियामेंट मेम्बर बनीं॥(५१)

सन अट्ठासी में इलाहबाद, संसदीय सीट का उपचुनाव हुये।
वहां से कांसीराम अपना, नामांकन भर उम्मीदवार हुए॥(५२)

जहाँ एक तरफ कांग्रेस पार्टी के, उम्मीदवार मैदान में थे।
और संयुक्त विपक्ष के, वी. पी. सिंह चुनाव मैदान में थे॥(५३)

दोनों उम्मीदवारों के पास, खर्च करने को करोड़ों रूपये थे।
तब भी कांसीराम के पास, वहां पर भी पैसे कम ही थे॥(५४)

कांसीराम ने एक डिब्बा ख़रीदा, एक रेड़ी किराये पर लिया।
रेड़ी पर हारमोनियम संग, गानेवालों का साजबाज लिया॥(५५)

उस रेड़ी के पीछे पीछे, कांसीराम प्रचार करते हुए चले।
'एक वोट संग एक नोट', डालने वाला डिब्बा लेकर चले॥(५६)

गाना गानेवाले चलते हुए कहते, नोट भी दो और वोट भी दो।
इस प्रकार हर गाँव, हर गली घूमकर कहा वोट दो॥(५७)

बहुजन समाज से अपील की, निर्धन समाज का उमीदवार है।
अब मुकावले में बहुजन, निर्धन समाज का उमीदवार है॥(५८)

निर्धन समाज का मुकाबला, धनवान मनुवादी समाज से है।
आपका भाई अभी आप, लोगों से वोट मांगने आया है॥(५९)

आपको यदि आगे आना है तो, एक वोट डालकर जिताना है।
उससे पहले अपने वोट के साथ, एक नोट भी डालना है॥(६०)

आप निर्धन समाज के लोग हैं, आपको आता वोट डालना है।
अभी से मन बना लें कि, वोट संग एक नोट भी डालना है॥(६१)

चुनाव भर में यह कार्यक्रम, पूरे समय सब जगह चलेगा।
इसके बाद चुनाव में, मतदान का अवसर मिलेगा॥(६२)

जब मैं आपकेसमर्थन संग, आपका एक नोट भी पाउँगा।
तब अंदाजा लगाउंगा कि, मैं कितना वोट पाउँगा॥(६३)

इसके साथ ही हमारे कुछ, पेन्टर कार्यकर्ता भी सामने आये।
उनको बोला इलाहबाद की, हर दीवार पर हाथी बनाये॥(६४)

उन्होंने इलाहबाद की दीवारों पर, एक लाख हाथी बना दिये।
इसके आलावा चुनाव में हम, कोई प्रचार नहीं किये॥(६५)

उन हाथियों को देखकर, अख़बार वाले भी लिखने लग गये।
कांग्रेस और विपक्षी पार्टियों के, नेता देखते ही रह गए॥(६६)

तब लगा कि बसपा से, कांशीराम भी चुनाव मैदान में है।
जब चुनाव का दिन आया, लगा नीला झंडा टक्कर में है॥(६७)

मत गणना बाद आयोग ने, घोषणा कर निष्कर्ष निकाला।
कांसीराम को छियासी हजार, वोट मिले बयान निकाला॥(६८)

जबकि कांग्रेस उम्मीदवार को, मात्र बानवे हजार वोट मिले।
कांग्रेस के कांसीराम से, छह हजार वोट ज्यादा निकले॥(६९)

थोड़े से ज्यादा वोट लेकर, विपक्षी वी. पी. सिंह जीत गया।
बाक़ी पार्टी उम्मीदवारों लोगों का, सूपड़ा साफ़ हो गया॥(७०)

कांसीराम ने अब तक जितने भी, संबैधानिक चुनाव लड़े थे।
समाज तैयार करने उसका हौसला, बढ़ाने को लड़े थे॥(७१)

वह कहते थे जब तक, पचास बसपा सांसद नहीं बनते।
तब तक मुझे भी संसद में, नहीं जाना चाहिए कहते॥(७२)

वह चाहते थे कि बहुजन समाज, पूरी तरह तैयार हो जाय।
तब पूरी ताकत के साथ, भारत की संसद में जाया जाय॥(७३)

परन्तु इक्यानवे के लोकसभा, चुनावों के बाद उत्साह जगा।
पूरे देश के कार्यकर्ताओं ने, उनसे आग्रह किया तो लगा॥(७४)

सामाजिक परिवर्तन की, लहर को आगे बढाना जरूरी है।
आगे बढ़ने के लिए उनका, लोकसभा में जाना जरुरी है॥(७५)

सहयोगियों कार्यकर्ताओं की, इच्छा देखकर तब निश्चय किया।
उन्होंने इटावा संसदीय क्षेत्र से, नामांकन दाखिल किया॥(७६)

इटावा में चुनावी सभाओं में, उन्होंने ऐसा ऐलान कर दिया।
उन्होंने इटावा से चुनाव, जीतने का संकल्प लिया॥(७७)

कार्यकर्ताओं को भी कहा कि, हम ही यह चुनाव जीतेंगे।
नहीं जीते तो समाज का, मनोबल ऊँचा नहीं कर पाएंगे॥(७८)

इसलिए हमें बहुजन समाज का, मनोबल हर हाल बढ़ाना है।
उसके लिए पूरी ताकत से, मिलकर यह चुनाव लड़ाना है॥(७९)

चुनाव में कांसीराम के मुकाबले, सजपा के रामसिंह शक्य थे।
भाजपा के लाल सिंह वर्मा, कांग्रेस के शंकर तिवारी थे॥(८०)

कड़े मुकाबले के संघर्ष में, कांसीराम ने पहला स्थान पाया।
भाजपा को इक्कीस हजाए, साड़े नौ सो मतों से हराया॥(८१)

इस एतिहासिक विजय मिलने से, एक नई विधा रची गयी।
कांसीराम जीत से बहुजन में, ख़ुशी की लहर दौड़ गयी॥(८२)

लोगों का आभार व्यक्त कर, उन्होंने सार्वजानिक पत्र लिखा।
इस चुनाव से बहुजन समाज में, काफी हर्षोल्लास दिखा॥(८३)

इसके बाद देश विदेश से, असंख्य बधाई पत्र टेलीग्राम आये।
इतने बधाई पत्रों टेलीग्राम का, जवाब देना असंभव पाये॥(८४)

इस तरह मान्यवर कांसीराम ने, क्षमता अनुसार काम किया।
उपलब्ध छोटे साधनों का, बड़े पैमाने पर इस्तेमाल किया॥(८५)

तथा धनवानों से मुकाबला करने को, समाज का साथ लिया।
अपने निर्धन समाज से थोड़ा, धन का बंदोबस्त किया॥(८६)

साइकिल यात्रा कर करके, अपने विरोधी परास्त किये।
और सफलता के नए नए, कीर्तिमान स्थापित किये॥(८७)

बहुजन नायक कांशीराम, जब पहली बार संसद पहुंचे।
बीस नवम्बर इक्यानवे, प्रातः ग्यारह बजे संसद पहुंचे॥(८८)

उस समय जब संसद में, कांशीराम पहला कदम रखे थे।
तब तक संसद में सभी, सांसद प्रवेश कर चुके थे॥(८९)

संसद के मुख्य द्वार पर जैसे ही, मान्यवर कांसीराम पहुंचे।
सैकड़ों पत्रकार फोटो ग्राफर, आदि भी उन्हें घेर पहुंचे॥(९०)

कुछ देर तक फोटोग्राफर, उनके इतने फोटो खींचते रहे।
उनके कैमरे बिजली की सी, चका चौंध करते रहे॥(९१)

संसद की सीढियों पर, हर फोटोग्राफर फोटो खींच रहा था।
हर सीढ़ी पर रुक रुक कर, आगे बढ़ना पड़ रहा था॥(९२)

पत्रकारों की निगाह में, सांसद तो बहुत जीतकर आते थे।
किन्तु कांसीराम की जीत के, मायने कुछ और बताते थे॥(९३)

उनके इंतजार में आज, पत्रकार दस बजे ही पहुंचे थे।
तब मान्यवर कांशीराम, खुद संसद भवन पहुंचे थे॥(९४)

मुख्य हाल में लोकसभा अध्यक्ष, श्री शिवराज पाटिल ने पाया।
अपनी सीट छोडकर लेने पहुंचे, और उनसे हाथ मिलाया॥(९५)

मुख्य हाल में प्रवेश करते ही, सभी सांसदों ने स्वागत किया।
अपने स्थान खड़े होकर, कांसीराम का सम्मान किया॥(९६)

प्रधानमंत्री श्री पी. वी. नरसिम्हाराव, और अन्य पार्टी नेता आये।
सभी नेताओं ने आगे बढ़कर, कांसीराम से हाथ मिलाये॥(९७)

शून्यकाल से पहले जब, मान्यवर को शपथ दिलायी गयी।
उस वक्त भी संसद में, तालियों की गूंज सुनाई गयी॥(९८)

मान्यवर कांसीराम ने अंग्रेजी में, "सत्यनिष्ठा" की शपथ ली थी।
तब उन्होंने उस शून्य से, शिखर तक की राह ली थी॥(९९)

अपितु भारतीय राजनीति में, बहुजन की दशा बदल दी।
भारत में राजनीति की, दिशा और परिभाषा बदल दी॥(१००)

आजादी के बाद पिछले पिचहत्तर, वर्षों में दलित लड़ा है।
भारतीय राजनीति को विविध, पड़ावों से गुजरना पड़ा है॥(१०१)

इन पड़ावों के अलग अलग पहलू, अलग अलग नायक रहे हैं।
अधिकांश संख्या उनकी है, जो ब्राह्मणवादी ही रहे हैं॥(१०२)

वह स्वयं को देश के स्वतन्त्रता, आन्दोलन से जोड़ते थे।
अथवा स्वतन्त्रता आन्दोलनकारी, विरासत से जोड़ते हैं॥(१०३)

पचास से अस्सी के दशक तक, कांग्रेस का राज रहा।
राजनीति के सितारे, जवाहर लाल नेहरु का राज रहा॥(१०४)

उसके बाद लाल बहादुर शास्त्री, इन्दिरा गांधी ने राज किया।
राममनोहर लोहिया, जयप्रकाश नारायण ने प्रहार किया॥(१०५)

जगजीवन राम और, चौधरी चरण सिंह सरीखे नेता खड़े थे।
जो स्वतन्त्रता आन्दोलन में, किसी भी रूप से जुड़े थे॥(१०६)

अस्सी दशक बाद जिन नेताओं ने, राजनीति में कदम रखे थे।
अधिकांश कांग्रेस की, राजनीतिक विरासत परखे थे॥(१०७)

अथवा कांग्रेस विरोधी समाजवादी गुट, राममनोहर लोहिया थे।
जो जयप्रकाश नारायण के, आन्दोलनों की पैदाइश थे॥(१०८)

राजीव गांधी मनमोहन, वी.पी. सिंह चन्द्रशेखर ने राज किया।
मुलायम सिंह देवी लाल, लालू प्रसाद यादव किया॥(१०९)

रामविलास पासवान जैसे नेताओं ने, चमचा युग आगाह किया।
इन्हीं विरासतों पर, अपना राजनीति महल खड़ा किया॥(११०)

मान्यवर कांसीराम सभा को संबोधित करते हुए

बसपा संस्थापक मान्यवर, कांसीराम इन सबसे अलग थे।
वे ऐसे नेता थे जो इन, प्रचलित विरासतों से अलग थे॥(१११)

उन्होंने एक नए तरह की, राजनीतिक पारी शुरू की थी।
ऐसा नहीं है कि उनकी कोई, अपनी विरासत नहीं थी॥(११२)

उसकी विरासत इन दोनों, प्रचलित धाराओं से भी प्राचीन थी।
लेकिन कांसीराम के, उद्भव के, समय वह लुप्तप्राय थी॥(११३)

इस धारा को कांसीराम ने खोजा, उस पर गंभीर प्रयाश किया।
इसके खोये मार्ग को, अधिक गहरा और चौड़ा किया॥(११४)

यह धारा इतनी ताकतवर थी, मार्ग पाते ही सुनामी बन गयी।
जिससे तात्कालिक 'राजनीति' में, उथल पुथल मच गयी॥(११५)

साहित्यिक सांस्कृतिक, सामाजिक क्षेत्रों में भूचाल आ गया।
जो भारत की सामाजिक, राजनीतिक तस्वीर बदल गया॥(११६)

पूना में जब नौकरशाही की, ब्राह्मणवादी सोच का भान हुआ।
उससे लड़ने की दलितों की, इच्छा का फरमान हुआ॥(११७)

ब्राह्मण अधिकारियों ने छुट्टियों से, बुद्ध जयन्ती को हटा दिया।
अम्बेडकर जयन्ती की, छुट्टियों को निरस्त कर दिया॥(११८)

इसके साथ ही दीपावली की, छुट्टियों को दो दिन बढ़ा दिया।
इसका विरोध दलित, कर्मचारियों ने जोरदार किया॥(११९)

आन्दोलन को दबाने को, ब्राह्मण अधिकारियों ने जोर दिया।
दलित कर्मचारी नेता, दीनाभाना निलम्बित कर दिया॥(१२०)

यह संघर्ष काफी लम्बा चला, दलित संघर्ष ने अंगड़ाई ली।
फिर अदालत से दलित, कर्मचारियों ने जीत लड़ाई ली॥(१२१)

इस घटना ने कांसीराम के, जीवन पर गहरा प्रभाव डाला।
इसने उनके जीवन के, उद्देश्य को ही बदल डाला॥(१२२)

बसपा प्रमुख मायावती के साथ कांशीराम

दीनाभाना तथा डी.के. खापर्डे ने ही, कांसीराम को बताया।
उनका परिचय बाबासाहब के, साहित्य संघर्ष से कराया॥(१२३)

कांसीराम ने सन चौसठ में, बाबासाहब विचारों को अपनाया।
संघर्ष का संकल्प लेकर, फिर नौकरी को त्याग दिया॥(१२४)

वे बाबासाहब की पुस्तक, एनीहिलेशन ऑफ कास्ट' लाये थे।
उसे पढ़ने के पश्चात, कांसीराम काफी विचलित पाये थे॥(१२५)

इस तथ्य को उन्होंने स्वयं भी, भाषण में उद्‌घाटित किया था।
बाबासाहब के साहित्य का, गहन अध्ययन किया था॥(१२६)

फूले शाहूजी महाराज, रामास्वामी नायकर को नमन किया।
उनके साहित्य और संघर्षों, का गहन अध्ययन किया॥(१२७)

इन अध्ययनों व स्वयं संघर्ष में, शामिल होने का अनुभव हुआ।
उससे कांसीराम का व्यक्तित्व, विचारधारा निर्माण हुआ॥(१२८)

कांसीराम का जीवन त्याग, और निष्ठा का उत्कृष्ट उदाहरण है।
जिसकी जड़ें भूत में थी, लेकिन भविष्य का कारण है॥(१२९)

इस प्रकार उन्होंने अपने, जीवन का लक्ष्य निर्धारित किया।
'सामाजिक परिवर्तन आर्थिक मुक्ति', को अपना लिया॥(१३०)

तथा इसकी प्राप्ति के लिए, अपना सर्वस्व समर्पित कर दिया।
घर परिवार त्याग कर, सन्यासी का सा जीवन बना लिया॥(१३१)

कांसीराम ने संकल्प लिया कि, अब मैं घर कभी नहीं आऊँगा।
मैं दबे कुचले लोगों के लिए, इंसाफ की लड़ाई लडूंगा॥(१३२)

कांसीराम ने चौबीस पेज का खत, भेज कर संकल्प बताया।
इस निर्णय से घर वालों को, भलीभांति अवगत कराया॥(१३३)

पत्र में उन्होंने स्पष्ट किया था कि, मैं कभी शादी नहीं करूँगा।
मैं न कभी घर आऊँगा, न कोई सम्पत्ति नहीं बनाऊँगा॥(१३४)

मैं किसी भी सामाजिक समारोह, विवाहोत्सव में नहीं जाउंगा।
न किसी मृत्युभोज में, कभी सम्मिलित नहीं होऊँगा॥(१३५)

और मैं आगे से कभी भी, कोई भी नौकरी नहीं करूँगा।
अपना सम्पूर्ण जीवन, दलित हितों को समर्पित करूंगा॥(१३६)

कांशीराम जीवन पर्यन्त, अपने फैसले पर कायम देखे गए थे।
वे अपने पिता की मृत्यु पर भी, अपने घर नहीं गये थे॥(१३७)

बहुजन समाज पार्टी के संस्थापक कांशीराम की एक पेंटिंग

कांसीराम ने ऐसा मार्ग चुना था, जिसके नेता भी वे स्वयं थे।
'सामाजिक परिवर्तन आर्थिक मुक्ति', कार्यकर्ता भी थे॥(१३८)

यह लक्ष्य किसी एक व्यक्ति से, पूरा होने वाला नहीं था।
उन्होंने एक विस्तृत योजना, तैयार कर लक्ष्य किया था॥(१३९)

इस योजना की पहली कड़ी, विचारधारा का चुनाव था।
बाबा साहब विचारधारा, गहन अध्ययन का प्रभाव था॥(१४०)

इसके साथ उन्होंने तत्कालीन, राजनीति पर शोध किया।
सामाजिक आर्थिक परिस्थितियों का, अध्ययन किया॥(१४१)

अन्ततः उन्होंने बहुजनवाद की, नई सोच स्वयं विकसित की।
पिच्चासी पर पंद्रह प्रतिशत की, नई सच्चाई सामने की॥(१४२)

उन्होंने कहा कि भारत में, लोकतांत्रिक प्रणाली शासन है।
फिर भी भारत में अल्पजन का, सत्ता पर आसन हैं॥(१४३)

भारत के बहुजन गुलामों की तरह, जीवन निर्वाह कर रहे थे।
वहीँ अल्पजन सदियों से, शासन सत्ता सुख भोग रहे थे॥(१४४)

कांसीराम ब्राह्मण, क्षत्रिय और वैश्यों को अल्पजन कहते थे।
बहुजन में दलित पिछड़ा व, अल्पसंख्यक रहते थे॥(१४५)

जब तक बहुजन हाथ में, राजनीतिक सत्ता नहीं आ जाती है।
तब तक बहुजन समस्या, समाधान सम्भव नहीं पाती है॥(१४६)

कांसीराम राज सत्ता को, सबकी 'मास्टर चाबी' कहते हैं।
जिससे सभी क्षेत्र के बन्द, दरवाजे खोले जा सकते हैं॥(१४७)

राजसत्ता को साध्य नहीं, सामाजिक परिवर्तन साधन मानते थे।
जिससे आर्थिक मुक्ति' के, साधन प्राप्त कर सकते थे॥(१४८)

कांसीराम दर्शन की यह भाषा, बहुजन को समझाने की थी।
यह लोकतांत्रिक, 'राज्य' की निर्णायक भूमिका थी॥(१४९)

वे इसे यंत्र की तरह इस्तेमाल, करने के सिद्धान्त से सहमत थे।
वे 'राज्य' पर बहुजन का, आधिपत्य स्थापित चाहते थे॥(१५०)

योजना की दूसरी कड़ी में, कार्यकर्ताओं को तैयार किया।
इसलिए उन्होंने दलित, पिछड़े समुदाय को साथ लिया॥(१५१)

जो बाबा साहब के आन्दोलन के, फल को चख रहा था।
पढ़ लिखकर आरक्षण से, सरकारी नौकरी कर रहा था ॥(१५२)

कांशीराम ने उनसे 'समाज को वापस करो' का आह्वान किया।
इससे कांसीराम को, समर्थ कार्यकर्ता समूह मिल गया॥(१५३)

जिसके पास धन के साथ, समझदारी भी मिलता गया।
उसने अपना समय लगाया, वो ही आगे केडर बन गया॥(१५४)

विचारधारा कार्यकर्ता और, नेता जैसे स्तम्भों के साथ आगे बड़े।
कांसीराम बहुजन उन्नयन, संघर्ष यात्रा पर निकल पड़े॥(१५५)

मुलायम सिंह यादव के साथ कांशीराम

उन्होंने संघर्ष के लिए, आवश्यक अंगों को तैयार किया।
फिर कांशीराम ने संगठन, निर्माण कार्य प्रारम्भ किया॥(१५६)

कार्यकर्ता प्रशिक्षण तथा, संगठन निर्माण एक साथ चला।
इसका फल बाबासाहब, परिनिर्वाण दिवस पर मिला॥(१५७)

छः दिसम्बर अठहत्तर को, उन्होंने 'बामसेफ' का गठन किया।
बामसेफ को पूर्णरूप से, गैर राजनीतिक संगठन किया॥(१५८)

इस अनौपचारिक संस्था का, पंजीकरण भी नहीं कराया गया।
छः दिसम्बर इक्यासी को, डीएसफोर का गठन हुआ॥(१५९)

इसका पूरा नाम, 'दलित शोषित समाज संघर्ष समिति' था।
यह सामाजिक संगठन भी, राजनैतिक दल तो नहीं था॥(१६०)

लेकिन इसकी गतिविधियाँ, राजनीतिक दल जैसी ही थीं।
इसी संगठन की ओर से, धरना प्रदर्शन की जातीं थीं॥(१६१)

इसी के बैनर तले चार विशाल, रैलियाँ आयोजित की गयी थीं।
उद्देश्य स्पष्ट था राजसत्ता की, चाबी कब्जा करवाई थीं॥(१६२)

चौदह अप्रैल चौरासी को, बाबासाहब के जन्मदिन पर भीड़ थी।
तब कांसीराम ने, बहुजन समाज पार्टी स्थापना की थी॥(१६३)

बसपा के साथ ही कांसीराम ने, शुद्ध राजनीति में कदम रखा।
बसपा ने चौरासी से ही, राष्ट्रीय राजनीति में कदम रखा॥(१६४)

साइकिल पर लगा हाथी निशान वाला, नीला झण्डा चल गया।
जो उनके आन्दोलन का, एक बड़ा प्रतीक बन गया॥(१६५)

कांसीराम ने चुनावों में दमदारी से, राजनीति में हस्तक्षेप किया।
निरन्तर आन्दोलनों से, अपनी विचारधारा प्रचार किया॥(१६६)

बिहार के पूर्व मुख्यमंत्री लालू प्रसाद के साथ कांशीराम

पंद्रह अगस्त अट्ठासी से पंद्रह अगस्त, नवासी का समय पाया।
पांच सूत्रीय सामाजिक, रूपान्तरण आन्दोलन चलाया॥(१६७)

ये वही पांच सूत्र थे, बहुजन आत्मसम्मान के लिए संघर्ष।
दलित मुक्ति के लिए संघर्ष, और समता के लिए संघर्ष॥(१६८)

हिन्दू समाज में व्याप्त अभिशप्त, जाति उन्मूलन के लिए संघर्ष।
और सम्पूर्ण समाज में, भाईचारा बनाने के लिए संघर्ष॥(१६९)

तब उन्होंने देश के पांच कोनों से, साइकिल यात्रायें निकालीं।
सत्तरह सितम्बर अट्ठासी को, कन्याकुमारी से निकालीं॥(१७०)

पेरियार के जन्मदिन के बाद, दूसरी यात्रा कोहिमा से चली।
तीसरी कारगिल चौथी पुरी, पांचवी पोरबन्दर से चली॥(१७१)

सभी यात्रायें सत्ताईस मार्च नवासी को, दिल्ली पहुँच गयीं।
यात्रायें देश में व्यापक, सन्देश पहुँचाने में सफल हुयीं॥(१७२)

बसपा ने उत्तर प्रदेश में, ग्राम पंचायत चुनाव में भाग लिया।
नगर निकायों के चुनाव में, अच्छी सफलता प्राप्त किया॥(१७३)

योजनाबद्ध आन्दोलनों से उत्साहित, बहुजन तब हुआ खडा।
बसपा ने नवासी में लोकसभा, विधान सभा चुनाव लड़ा॥(१७४)

जिसमें तीन सांसदों और पंद्रह विधायकों को जिता लिया।
उ0प्र0 और म0प्र0 में, बड़ी सफलता प्राप्त किया॥(१७५)

स्वयं कांसीराम ने राजीव गांधी के, विरुद्ध चुनाव लड़ा।
गांधीवाद के विरुद्ध, अम्बेडकरवाद को किया खड़ा॥(१७६)

छः दिसंबर नव्वे को कांसीराम की, प्रचार यात्रा प्रारम्भ हुई।
दो सौ तीस दिनी यात्रा, देश के कोने कोने प्रारम्भ हुई॥(१७७)

यह यात्रा घूमते हुए पंद्रह मार्च, इक्यानवे को दिल्ली पहुँची।
दिल्ली पहुंचकर इस यात्रा का, समाधान लेकर पहुंची॥(१७८)

इस यात्रा के स्वागत में, एक विशाल रैली का आयोजन हुआ।
चौदह अप्रैल इक्यानवे को, समापन महू रैली संग हुआ॥(१७९)

इस प्रकार कांसीराम बहुजनो बीच, अपने पैर जमा चुके थे।
देश के राजनीतिक दल, नये दौर में प्रवेश कर चुके थे॥(१८०)

मण्डल आयोग सिफारिशों का, लागू होना एतिहासिक था।
राम मन्दिर आन्दोलन, नई आर्थिक नीति का दौर था॥(१८१)

कांसीराम ने परिवक्क राजनीतिक, रूप खुद को प्रस्तुत किया।
मुलायम सिंह सहयोग से, इटावा लोकसभा जीत लिया॥(१८२)

उन्नीस सौ बानवे का यह चुनाव, मील का पत्थर साबित हुआ।
इसीसे दलित पिछड़ा, वर्ग गठजोड़ का बीज हुआ॥(१८३)

जिसका प्रभाव भविष्य की, भारतीय राजनीति पर पड़ना था।
तिरानवे में सपा व बसपा को, संग मिलकर लड़ना था॥(१८४)

यह ऐतिहासिक गठजोड़ हुआ, उत्तर भारत को नई दिशा दी।
यूपी की सामाजिक और, राजनीतिक तस्वीर बदल दी॥(१८५)

तिरानवे में यूपी विधानसभा, चुनाव कांशीराम ने किया खड़ा।
मुलायम सिंह को मुख्यमंत्री, रूप पेश कर चुनाव लड़ा॥(१८६)

सपा बसपा ने एक सौ छिहत्तर, सीट जीत सरकार बनाई।
बसपा की सडसठ सीटें, पर सरकार नहीं चल पाई॥(१८७)

तीन जून पिच्चानवे को, मायावती ने मुख्यमंत्री शपथ लिया।
ऐतिहासिक दिन कांसीराम, सपनों को साकार किया॥(१८८)

जिस दिन मायावती ने शपथ लिया, बहुजन खुश हो रहे थे।
करोड़ों दलितों की आँखों में, ख़ुशी के आंसू वह रहे थे॥(१८९)

भारत के दलित उत्थान और, उनके अधिकारों का मान है।
उनकी तमाम लड़ाइयों में, कांसीराम का ही योगदान है॥(१९०)

कांसीराम ने दलितों को, सपने देखने का अवसर पैदा किया।
जिसकी ब्राह्मणवादी व्यवस्था में, कल्पना नहीं किया॥(१९१)

उसीका नतीजा है कि दलित, अपनी ताकत को पहचान गये।
कांसीराम वह कार्य कर गए, जिससे बहुजन तर गए॥(१९२)

एक तरफ उन्होंने बड़े ही, सूझ बूझ से वह कार्य किया।
वैज्ञानिक दृष्टि से अपने, आन्दोलन को नियोजित किया॥(१९३)

तो दूसरी तरफ इसके लिए, उन्होंने सन्यासी का जीवन जिया।
व्यक्तिगत आवश्यकताओं, सेहत परवाह नहीं किया॥(१९४)

उच्च सुगर समेत विभिन्न बीमारियों से, जूझते हुए अंत हो गया।
नौ अक्टूबर छः दिल का, दौरा पड़ने से निधन हो गया॥(१९५)

मगर जाने से पहले दलितों को, राजसत्ता का सपना दिखा गए।
बल्कि राजसत्ता पर कब्जा, करने का फार्मूला दे गए॥(१९६)

वह सत्ता का फार्मूला बहुजन को, सदैव ऐसा याद रहेगा।
शोषण से मुक्ति पायेगा, और मनुवाद को टक्कर देगा॥(१९७)

बहुजन को राज सत्ता दे, उसे प्राप्त करके भी दिखाया।
बहुजन सदैव आभारी रहेगा, कांसीराम ने पाठ पढाया॥(१९८)

नवविंशति: स्कंध

मान्यवर कांसीराम की वर्तमान में प्रासंगिकता

यूपी दो हज़ार बाईस के, विधानसभा चुनाव का संकेत है।
बसपा को केवल एक सीट, मिलना देता कई संकेत है॥(१)

यह चुनाव प्रदेश और देश में, पार्टी की स्थिति बतलाता है।
बहुजन में उसका कितना प्रभाव, सही तस्वीर दिखलाता है॥(२)

पंद्रह मार्च को पार्टी संस्थापक, कांसीराम का जन्म दिन था।
बहुजन आंदोलन के प्रणेता, के कामों का चिंतन दिन था॥(३)

क्या उनके सपनों और आकांक्षा, से पार्टी दूर होती जा रही है।
बहुजन आंदोलन की, प्रासंगिकता खत्म होती जा रही है॥(४)

क्या था कांसीराम का सपना, और क्या वह रंग ला पाया है।
क्या बहुजन आंदोलन, पूरा करने में खरा उतर पाया है॥(५)

कांसीराम बाबा साहब, डॉ. अंबेडकर से बहुत प्रभावित थे।
वे एनिहिलेशन ऑफ कॉस्ट, पुस्तक से बहुत प्रेरित थे॥(६)

अपने संघर्ष से जल्दी ही उनको, नौकरी में सस्पेंड किया।
उन्होंने अधिकारी की पिटाई की, जिसने निलंबित किया॥(७)

इसके बाद उन्होंने बामसेफ का, उस समय किया गठन था।
जो ना तो राजनैतिक था, और ना ही धार्मिक संगठन था॥(८)

मान्यवर कांसीराम पदयात्रा कर जनसंपर्क करते हुए

इक्यासी में उन्होंने दलित शोषित समाज संघर्ष समिति बनाई।
जो सामाजिक संगठन के साथ, राजनैतिक प्रभाव भी लाई॥(९)

लेकिन अफसोस कि कांसीराम का, दलित उत्थान का सपना।
लगता है केवल दलित महिला को, मुख्यमंत्री बनवाना॥(१०)

आगे वह प्रधानमंत्री बनवाने के, सपने तक देखा जाने लगा।
वह भी चकनाचूर हुआ, जब उसे सर्वजन का रोग लगा ॥(११)

बसपा दलितों के उत्थान के, लक्ष्य पर केंद्रित ना रह पाई।
वह सर्वजन हिताय की, राजनीति में उलझ कर रह गई॥(१२)

मायावती के मुख्यमंत्री बनते ही, पार्टी सर्वजन की हो गई।
तब वह केवल सोशल, इंजीनियरिंग तक सीमित हो गईं॥(१३)

तब मायावती केवल खुद पर, केंद्रित होती ही दिखतीं थीं।
उनकी लगवाई गई मूर्तियों ने, धारणा को मजबूती दी थी॥(१४)

नतीजा यह रहा कि जो कभी, सत्ताधारी ताकतवर पार्टी रही है।
बसपा हर चुनाव में अपना, जनाधार घटते देख रही है॥(१५)

कांसीराम ने सादगी अपनाकर, जीवन समर्पित कर दिया था।
खुद को अपने परिवार से, पूरी तरह अलग कर दिया था॥(१६)

वह देश समाज में हमेशा, बसपा सुप्रीमो ही कहे जाते थे।
लेकिन वास्तव में हमेशा, जमीनी कार्यकर्ता जाने जाते थे॥(१७)

जो हमेशा ज्यादा से ज्यादा, लोगों को साथ लेकर चलते थे।
और उन्हें अपनेआंदोलन में, जोड़ने का प्रयास करते थे॥(१८)

उनके निधन के बाद उनकी जगह, मायावती ने जरूर ली है।
लेकिन वे कांशीराम के कद को, शायद छू नहीं सकीं है॥(१९)

सन सत्तरह के उप्र विधानसभा, चुनाव में भाजपा लहर थी।
बसपा ने बाईस फीसदी वोट संग, उन्नीस सीटें हासिल थीं॥(२०)

वहीं दो हज़ार बाईस में पार्टी का, तेरह प्रतिशत वोट रह गया।
और उसके खाते में केवल, एक ही विधायक रह गया॥(२१)

कारण कुछ और भी हो सकते हैं, पर साथ में केवल जाटव था।
लेकिन त्याग दृढ़ता व संकल्पित, बहुजन का अभाव था॥(२२)

कांसीराम की ताकत अब बसपा में, दिखाई नहीं दे रही है।
बहुजन आंदोलन को कांसीराम की, कमी खल रही है॥(२३)

और इस कमी को अब, किस तरह पूरा किया जाएगा।
क्या कांसीराम का सपना, सपना बनकर ही रह जाएगा॥(२४)

अगर ऐसा हुआ तो, बहुजन का जीवन फिर नर्क होगा।
चमचे पुनः पैदा होंगे, चमचागीरी ही उनका वर्क होगा॥(२५)

अतः समाज को पुनः एक, कांसीराम पैदा करना होगा।
जो त्याग निश्वार्थ सादा जीवन, आधारित चला होगा॥(२६)

वर्तमान दलित नेताओं में ऐसी, कोई संभावना नहीं दिखती।
सत्ता प्राप्ति के अलावा, उनमें कोई भावना नहीं लखती॥(२७)

अब नई पीड़ी के युवाओं को, फिर से सामने आना होगा।
बाबा साहब आंबेडकर और, कांसीराम बनना होगा॥(२८)

जो बिखरे हुए बहुजन समाज को, एक सूत्र में साथ लाये।
संबिधान पर हो रहे प्रहार से, उसे मुक्ति भी दिलवाये॥(२९)

जो दलितों बहुजन को बाँट रही, शक्तियों को भी रोके।
उन पर जो अत्याचार कर रहे, ऐसे लोगों को रोके॥(३०)

जो साम्प्रदायिक सौहार्द बिगाड़े, उसे समाज से दूर करे।
बाबा साहब के लोकतंत्र को, धक्का दे उसे दूर करे॥(३१)

कांसीराम की राजनीति पर, जो वह आगे बढ़ जाए।
सत्ता की चावी लेकर, बहुजन को सत्ता कब्जाए॥(३२)

जो सामाजिक न्याय का प्रथम, सोपान बना है आरक्षण।
सरकारी संस्थाए बेच कर, आरक्षण का हो रहा भक्षण॥(३३)

दलित सरकारी नौकरी चाहता, व्यापार उसका आधार नहीं।
व्यापार कोई ना करने देता, सामाजिक व्यवहार नहीं॥(३४)

खेती किसानी पास नहीं है, सो भूमिहीन वह मरता है।
भूमिहीन मजदूर का जीवन, मर मर कर वह जीता है॥(३५)

शिक्षा पाया बहुत है लेकिन, दिया शास्त्र का ज्ञान नहीं।
ब्रहामण मंदिर कब्जाए हैं, पूजा का अधिकार नहीं॥(३६)

दलित पलायन कर शहर को जाता, पाता गंदी बस्ती है।
घुट घुट कर जीवन को जीता, बड़ी काम की मंदी है॥(३७)

वह चाय पकोड़े बेच न सकता, जो सामाजिक पाबंदी है।
जाति साथ में करे पलायन, बनता शिव का नंदी है॥(३८)

बाबा साहब ने राह दिखाई, कांसीराम ने समझाई।
प्रसान्गिकता ख़त्म नहीं है, लडनी होगी और लड़ाई॥(३९)

वह अंतरजातीय विवाह करें, तभी जाति से मुक्त होंगे।
शिक्षा और संगठन के वल, संघर्ष के युक्त होंगे॥(४०)

बड़े मकान का छोड़ के सपना, जमीनों में निवेश करें।
अपने को जमीदार बनाए, एलिट क्लास प्रवेश करें॥(४१)

बाबा साहब की एक इक्षा, हाईकोर्ट जज बनने की थी।
किन्तु समाज की पीड़ा देखी, उनका जीवन तरने की थी॥(४२)

बाब साहब की वह इक्षा, अब हमको पूरा करना है।
हाई कोर्ट और सुप्रीम कोर्ट में, कोटा पूरा करना है॥(४३)

बच्चों को न्याय पालिका भेजे, वहां कोई ना दिखता है।
बीए एमए को भी छोड़ें, वह कहीं नहीं बिकता है॥(४४)

अगर किया बीए एमए तो, पुलिस प्रशासन में जाएँ।
आईपीएस आईएएस बनकर, समाज में नाम कमायें॥(४५)

ऊंची सोच रखनी होगी, एक रोटी कम खायेंगे।
संतानों को करें प्रतिष्ठित, तब इन्कलाब लायेंगे॥(४६)

चुनाव लड़ना बहुत मंहगा है, सस्ता इसको करना होगा।
तभी दलित हिस्सा ले पाए, ऐसा कुछ करना होगा॥(४७)

कांसीराम ने टक्कर ली थी, धनवल और वाहुवल से।
जनवल इसको टक्कर देगा, बहुजन के वोट वल से॥(४८)

तभी मिशन उनका हो पूरा, ऐसा मुझको दिखता है।
एक वोट और नोट की ताकत, लोकतंत्र में दिखता है॥(४९)

इस पर कब्जा करना होगा, तो सत्ता चावी मिल पायेगी।
जो रह गयी है बात अधूरी, तब वह पूरी हो पायेगी ॥(५०)

त्रिंशत् स्कंथ

मान्यवर कांसीराम मिशन का कारवां

कांसीराम का मिशन कारवाँ, कहाँ तलक पहुँच पाया
उस पर आगे बात करेंगे, उसको कितना अपनाया॥(१)

उनका अनुयायी जो कहते, कहीं नहीं अब दिखते हैं
कुछ सत्ता के मोह में फंस गए, कुछ घर बैठे दिखते हैं॥(२)

जब कांसीराम ने लड़ी लड़ाई, बहुजन को आगाह किया।
बामसेफ की तैयारी से, नव नेतृत्व का प्रवाह किया॥(३)

तब समाज के बीच पहुंचकर, डीएसफोर आगाज़ किया।
केडर मीटिंग कर करके, गाँव गाँव आवाज़ दिया॥(४)

ब्राह्मण ठाकुर बनिया छोड़, बाकी सब हैं डीएसफोर।
ऐसे नए नारे देकर, उन्होंने समाज में बनाया ठोर॥(५)

जब बसपा का गठन हुआ तब, सोचा इससे समाज तरेगा।
जो बहुजन की बात करेगा, वही देश पर राज करेगा॥(५)

सो ऐसे नारे सुनते थे तब, जो मनुवाद पर करते थे वार।
तिलक तराजू और तलवार, इनमें मारो जूते चार॥(६)

जितनी जिसकी संख्या भारी, उसकी उतनी हिस्सेदारी।
ऐसा कहकर कांसीराम ने, पाई बहुजन की अलबदारी॥(७)

कांसीराम ने कभी भी, दौलत को नहीं हाथ लगाया।
केडर को लाते थे ऊपर, उसको सदैव चुनाव लड़ाया॥(८)

करोड़ों में आज टिकट बिक जाते, लेकर वोट खिसक जाते।
वह बसपा से नाता ना रखते, बहुजन उनको नहीं भाते॥(९)

जाटव के वोटों की खातिर, नए समीकरण बन जाते।
वोट लिया और खिसक गए, सम्मानित पद पा जाते॥(१०)

ऐसा ही अब नज़र आ रहा, मिशन भीम का भूल गए।
कांसीराम को किया किनारे, बहुजन खंड खंड बंट गए॥(११)

अब यह नारे बदल गए हैं, हाथी अब गणेश हो गया।
सत्ता के मोह में पड़कर, दलित का बंटाधार हो गया॥(१२)

चार दशक बाद में यह सब, नारे अब बदले जा रहे थे।
दो हज़ार बाईस में, यूपी विधानसभा चुनाव हो रहे थे॥(१३)

बसपा ब्राह्मण प्रबुद्ध समाज, की गोष्ठियां कर रही थी।
दलित बहुजन के स्थान पर, ब्राह्मणवादी जोड़ रही थी॥(१४)

इनका मकसद ब्राह्मण त्यागी, और भूमिहार को जोड़ना था।
इनको अपने पाले में कर, चुनावी मैदान फतेह करना था॥(१५)

दो हज़ार सात में अपनाई, रणनीति को सफल बनाना था।
जिसके जरिए फिर से, उस सत्ता को हथियाना था॥(१६)

लेकिन यह रणनीति इस बार, वही परिणाम नहीं दे पाई थी।
जिससे दो हज़ार सात में, जब बसपा सत्ता में आई थी॥(१७)

यह बसपा की राजनीति का, सर्वजन हिस्सा हो सकता था।
लेकिन यह बहुजन मिशन को, आगे न ले जा सकता था॥(१८)

हो सकता है कि पार्टी को, सभी जातियों के वोट चाहिए।
इसलिए इस रणनीति को, गलत भी नहीं मानना चाहिए॥(१९)

इन गोष्ठियों में ब्राह्मण भी, जोर शोर से हिस्सा ले रहे थे।
लेकिन दिल से वह भाजपा को, ही जितवाना चाह रहे थे॥(२०)

समाज में ब्राह्मण सबसे अधिक, बुद्धिजीवी लोग होते हैं।
और जो लंबे समय से, संसाधनों पर कब्जा कर रहते है॥(२१)

अब तक सभी सरकारों ने, ब्राह्मणों को पूरा सम्मान दिया है।
उनकी आवादी के मुकावले, सर्वाधिक लाभ दिया है॥(२२)

कांसीराम कहते थे कि, ऊंची जाति के लोग आ सकते हैं।
पार्टी सदस्यता ले सकते, पर नेतृत्व नहीं कर सकते है॥(२३)

उन्होंने कहा था नेतृत्व हमेशा, सब बहुजन के हाथ रहेगा।
बहुजन ने संघर्ष किया है, तो वह ही उसका फल लेगा॥(२४)

सवर्ण नेतृत्व आया तो वह, बदलाव प्रक्रिया किनारे कर देंगे।
दलित शोषित पीड़ित बहुजन, ही उसके शिकार बनेंगे॥(२५)

दो हज़ार सात विधानसभा चुनाव, बसपा को फलदायी था।
कांसीराम के निधन बहुजन, एक वर्ष अकुलाई था॥(२६)

तब इस चुनाव में बसपा की, सोशल इंजीनियरिंग सफल हुई।
साथ ही कांसीराम निधन की, सहानुभूति की लहर हुई॥(२७)

तब बसपा ने चार सौ तीन में से, दो सौ छः सीटें पाई।
उसका वोट प्रतिशत भी बढ़ कर, तीस फीसदी हो पाई॥(२८)

मायावती ने "सर्वजन" के, नारे को सफल कर दिया था।
ब्राह्मण संग दलित वोटों को, अपने पाले कर लिया था॥(२९)

यह भी उल्लेखनीय है कि, तब बसपा का भी नारा था।
जिसकी जितनी संख्या भारी,उसकी उतनी हिस्सेदारी था॥(३०)

जब ब्राह्मण बसपा की रैली में, बढ़ चढ़कर हिस्सा लेते थे।
जिसकी जितनी तैयारी, उसकी उतनी भागीदारी करते थे॥(३१)

तब बसपा ने छियासी ब्राह्मण, उम्मीदवार को टिकट दिए थे।
जिनमें चालीस ही जीत पाए, जो आधे भी नहीं हुए थे॥(३२)

उस समय बसपा पार्टी में, बड़े पिछड़े नेता भी खूब थे ।
जो पिछड़े वोट लाने में, सरकार बनाने के महबूब थे॥(३३)

कांसीराम साहब का निधन, दो हजार छः में हुआ था।
बहुजन ने श्रद्धांजलि स्वरूप, बसपा को वोट दिया था॥(३४)

यूपी का राजनीतिक परिदृश्य, आज बहुत बदल गया है।
कुर्मी, कुशवाहा राजभर, बसपा से दूर हो गया है॥(३५)

दो हज़ार बारह में पच्चीस प्रतिशत, वोट हासिल कर पाई थी।
फिर विधानसभा में बसपा की, सीटें घटकर ही आईं थी॥(३६)

चुनाव में अधिकतर मुस्लिम सीटों पर, जीत दर्ज कर पाई थी।
समाजवादी पार्टी दो सौ चौबीस, सीटों संग सत्ता पाई थी॥(३७)

दो हज़ार सत्तरह चुनाव में, भाजपा ने उच्च जाति वोट पाया।
गैर जाटव दलित और, गैर यादव पिछड़ा वर्ग साथ पाया॥(३८)

इन समुदायों के समर्थन से, भाजपा तीन सौ बारह सीटें पाईं।
और उनतालीस प्रतिशत, वोटों संग बीजेपी सत्ता में आई॥(३९)

बसपा का वोट प्रतिशत बाईस, और सीटें उन्नीस तक आ गईं।
सवर्ण ने किनारा किया, सोसल इंजीनियरिंग भी फ़ैल हुईं॥(४०)

राज्य की आबादी में दलित, लगभग चौबीस प्रतिशत है।
और यूपी की आबादी में, जाटव चौदह प्रतिशत हैं॥(४१)

इनके द्वारा बसपा को वोट, दिए जाने के बावजूद हार गईं।
मायावती अन्य समुदायों का, समर्थन भी जो नहीं पाईं॥(४२)

दो हज़ार सात यूपी में बीजेपी, उतनी मजबूत पार्टी नहीं थी।
जितनी वह अब हो गई, और निरंतर आगे बड़ रही थी॥(४३)

दो हज़ार सात के बाद, बसपा दो हज़ार चौदह तक आई।
इस लोकसभा चुनावों में बसपा, कोई सीट नहीं पाई॥(४४)

बारह के विधानसभा चुनाव में, पार्टी को करारी हार मिली।
समाजवादी के सामने, सोसल इंजिनीयरिंग नहीं चली॥(४५)

तब बसपा ने एलान किया कि, वह अकेले ही चुनाव लड़ेगी।
वह किसी भी दल संग, कोई गठबंधन नही करेंगी॥(४६)

सत्तरह के विधानसभा चुनाव में, बसपा के उन्नीस विधायक थे।
जिनमें बारह विधायक बसपा ने, पार्टी से निकाल दिये थे॥(४७)

दो हज़ार उन्नीस के लोकसभा, चुनाव में समीकरण बदल गए।
समाजवादी पार्टी और लोकदल, उसके सहयोगी हो गए॥(४८)

गठबंधन का फायदा बसपा को, दस लोकसभा सीटों में मिला।
लेकिन गठबंधन चुनाव बाद, ज्यादा दिनों तक नहीं चला॥(४९)

और जल्द ही गठबंधन टूटने के, परिणाम भी सामने आ गए।
अन्य बसपा से किनारा कर गए, जो सपा संग आ गए॥(५०)

प्रबुद्ध सम्मेलनों संग, बसपा पिछड़ा सम्मेलन भी चल रहा था।
बहुजन सुखाय नारा छोड़, सर्वजन सुखाय पल रहा था॥(५१)

बसपा के अंदर कोई भी, पार्टी के विंग नहीं होते हैं।
भाईचारा कमेटी सेक्टर प्रभारी, ही महत्वपूर्ण होते हैं॥(५२)

पार्टी में प्रवक्ता की भूमिका भी, कम ही समझी जाती है।
फिर चार प्रवक्ताओं की, पार्टी द्वारा घोषणा की आती है॥(५३)

प्रबुद्ध वर्ग सम्मेलन लेकर, मायवती ने तीन बार ट्वीट किया है।
और इस पर उन्होंने अपनी, दो प्रेस कॉन्फ्रेंस भी किया है॥(५४)

बसपा का वोटर साइलेंट वोटर, समझा और माना जाता है।
वह ज्यादा मुखर हो कर, कभी भी सामने नहीं आता है॥(५५)

बसपा के लोग अधिकतर, मीडिया से दूरी बनाए रखते हैं।
इसे कांसीराम का मिशन मानते, उसी तरह अपनाते है॥(५६)

दो हज़ार बाईस के यूपी विधान सभा, चुनाव में झटका लगा है।
बसपा का केवल एक ठाकुर, विधायक ही जीत सका है॥(५७)

बसपा का वोट प्रतिशत भी, इस बार काफी कम मिला है।
दलित पिछड़े को छोड़ें, जाटव वोट भी पूरा नहीं मिला है॥(५८)

बसपा नेतृत्व को इस पर खुलकर, विचार विमर्श करना होगा।
पार्टी की इस दुर्गति का, हिसाव समाज को देना होगा॥(५९)

वरना मान्यवर कांसीराम और, बाबा साहब का मिशन अधूरा।
बसपा मायावती मिलकर, अपने बल कैसे करेंगे पूरा॥(६०)

आज दलित बहुजन अपने, बच्चों का भविष्य देख रहा है।
आरक्षण और संबिधान की, दुर्गति होते देख रहा है॥(६१)

साम्प्रदायिक शक्तियां सर पर, नंगी होकर नाच रही हैं।
अल्पसंख्यक और दलित को, अपना निशाना बना रहीं हैं॥(६२)

इनका मिलकर मुकावला, नहीं किया तो मनुवाद फिर आयेगा।
अल्पसंख्यकों दलितों का जीवन, फिर अंधकारमय होगा॥(६३)

आओ अब फिर से यह प्रण लें, फिर मिशन भीम का लायेंगे।
मान्यवर कांसीराम का सपना, जो पूरा कर दिखलायेंगे॥(६४)

बसपा अगर नहीं सुधरी तो, विकल्प भी लेकर आयेंगे।
बहुजन सुखाय बहुजन हिताय का, लक्ष्य पूरा कर पायेंगे॥(६५)

एकत्रिंशत् स्कंथ

मान्यवर कांसीराम के बाद भविष्य की राह पर बहुजन

भीमराव का मिशन अधूरा, कांसीराम करने वाले थे पूरा ।
लेकिन असमय वह चले गए, उनका काम रह गया अधूरा॥(१)

उनका काम जो रहा अधूरा, बहुजन को मिलकर करना पूरा।
चल पडा फिर से मिशन भीम का, अब करके छोड़ेंगे पूरा॥(२)

मांगने से कुछ भी नहीं मिलेगा, दे दो भाई कुछ भी दे दो।
जो बाबा साहब ने कहा था, अपनी दीवारों पर लिख दो॥(३)

कि आप लोग इस देश के हुक्मरान हो, हुक्मरान बनना है।
तो लेने की आदत छोड़ कर, देने की आदत डालना है॥(४)

तभी वोट वाले लोग, नोट वालों का मुकाबला कर पाओगे।
तभी आप बाबा साहब के, सपने को पूरा कर पाओगे॥(५)

अन्यथा नोट वालों के पास आपके कीमती वोट जाते रहेंगे।
आप कीमती वोट देकर भी, केवल दलित ही बने रहेंगे॥(६)

जब कांसीराम महाराष्ट्र छोड़कर, दिल्ली से यूपी आये।
यूपी में सम्मान मिला तब, सत्ता की बागडोर पाए॥(७)

मुलायम सिंह यादव से मिलकर, बहुजन समाज तैयार किया।
पिछड़े दलित एक हो गए, अल्पसंख्यक ने भी साथ दिया॥(८)

वह एतिहासिक समझोता था, अगर वह आज तलक होता।
भाजपा का नाम न होता, और दलित प्रधानमंत्री होता॥(९)

इससे समाज में एकता आई, नए नारे को मिला मुकाम।
मिले मुलायम कांसीराम, आंधी में उड़ गए जय श्री राम॥(१०)

किन्तु आरएसएस काम कर गयी, उसने नेता तोड़ लिए।
भाई बहिन का रिश्ता करके, पवित्र सम्बन्ध जोड़ लिए॥(११)

समाज में नफरत फैलाकर, यादव जाटव दूर किये।
भाई से भाई को लडवाया, मंसूबे अपने पूरे किये॥(१२)

इससे अल्पसंख्यक दूर हो गए, बाबरी मस्जिद का घाव था।
बीजेपी के जो भी साथ था, उससे न कोई लगाव था॥(१३)

बसपा भाजपा सरकार बन गयी, कांसीराम भी टूट गए।
ह्रदय घात का दौरा पड़ गया, राजनीति से दूर गए॥(१४)

गंभीर बीमारी के कारण, वह अक्सर नहीं मिल पाते थे
जो उनके थे संगी साथी, वह भी नहीं मिल पाते थे॥(१५)

फिर जब उन्हें ब्रेन हेमरेज हो गया, वह कौमा में चले गए।
मिली विरासत मायावाती को, बसपा में नए प्रयोग भये॥(१६)

बहुजन चलकर सर्वजन हो गया, हाथी चलकर गणेश हुए।
सतीश मिश्र महासचिव, रामवीर उपाध्याय ख़ास हुए॥(१७)

कांसीराम के त्याग के बदले, परिवारवाद इसमें पाया।
वोट के बदले नोट मांगकर, माफियाओं का पाया साया॥(१८)

इससे केडर दूर हो गया, कोर्डिनेटर ने की ठेकेदारी।
कोर्डिनेटर कहते वह ही होता, कोई नहीं जवाबदारी॥(१९)

कोर्डिनेटर की प्रथा चलाकर, जन संघर्षों को दूर किया।
संघर्ष नहीं सड़क पर दिखता, जन संवाद से दूर किया॥(२०)

नए राजनैतिक समझोते होते, पल भर में तोड़ दिए जाते।
एक वोट संग एक नोट, मांगने को कोई नहीं जाते॥(२१)

सन दो हज़ार उन्नीस चुनाव में, फिर से एक प्रयास हुआ।
अखिलेश मुलायम की पहल पर, सपा से समझोता हुआ॥(२२)

इससे नई राह खुल गयी थी, तब दूरगामी परिणाम होते।
दस लोकसभा सीटें पाईं, सपा बसपा के नाम होते॥(२३)

लेकिन मनुवादी को रास न आया, सीबीआई डर दिखलाया।
मायावती पर दवाब डालकर, यह समझोता भी तुड़वाया॥(२४)

इससे बहुजन दूर हो गया, और जाटव भी निराश हुआ।
दो हज़ार बाईस के चुनाव में, दलित का बंटाधार हुआ॥(२५)

विधान सभा में एक सीट ही पाई, वह भी ठाकुर अपने वल है।
ऐसी दुर्गति कभी न देखी, अब बहुजन का ही संबल है॥(२६)

अब चमचों की भीड़ खड़ी है, जो दलितों का करते व्यापार।
आरक्षण में घात लगाकर, जो मनुवाद करते साकार॥(२७)

मनुवाद की सेवा करना, है इनका एक मात्र अधिकार।
हाथरस काण्ड में देख लिया है, इनका था कैसा व्यवहार ॥(२८)

बाल्मीकि सांसद कोरी विधायक, ठाकुर के साथ खड़े रहे।
चाय पीने जेल में पहुंचे, आरोपी के साथ ही पड़े रहे॥(२९)

बाल्मीकि पर तरस न आया, उसकी कन्या का बलात्कार हुआ।
हत्या करके लाश जला दी, प्रशासन का भी सहयोग रहा॥(३०)

बहुजन अब इंसाफ माँगता, ऐसे प्रतिनिधि ना चहिए।
जो बहुजन की बात करे ना, ऐसा ना प्रतिनिधित्व चाहिए॥(३१)

अब बहुजन को जागना होगा, जो खोया वह पाना है।
जो बहुजन की बात करे, उसको ही अब लाना है॥(३२)

बाबा का आदेश पुराना, उसको अब अमल में लाना है।
शिक्षित और संगठित होकर, संघर्ष राह अपनाना है॥(३३)

और इसी के रास्ते चलकर, फिर से सत्ता को पाना है।
शिक्षा महंगी कर दी जिसने, मुफ्त शिक्षा कारवाना है॥(३४)

एक सामान शिक्षा हो सबकी, अब ऐसा माहौल बनाना है।
मेहनतकश मजदूर का बेटा, धनी के संग पढ़ाना है॥(३५)

एक सामान शिक्षा पाकर, जब वह कम्पटीशन में आयेंगे।
न्यायपालिका प्रशासन में, प्रतिनिधित्व स्वयं ही पायेंगे॥(३६)

पुलिस प्रशासन में ऊचे पद, अपनी मेहनत से पायेंगे।
और देश की रक्षा करने, वह अधिकारी बन जायेंगे॥(३७)

और ऊंची डॉक्टरी पढ़कर, चिकत्सा में नाम कमाएंगे।
अपने चिकत्सा संस्थान खोलकर, सेवा में जुट जायेंगे॥(३८)

सभी क्षेत्र व्यापार करेंगे, उसकी सब बारीकी सीखेंगे।
हीरा पन्ना अथवा मोती, सौना चांदी के गहनों को परखेंगे॥(३९)

बड़े बड़े कारखाने खोलकर, बहुजन को देंगे रोज़गार।
और देश निर्माण करेंगे, भीम का स्वप्न करें साकार॥(४०)

कांसीराम की बात करें तो, वह बहुजन सत्ता चाहते थे।
सत्ता की चावी से खुलते, सब दरवाज़े बताते थे॥(४१)

इसीलिये कांसीराम ने, फिर राजनीति पर ध्यान दिया।
बसपा बना पहचान कराई, बहुजन को प्लेटफार्म दिया॥(४२)

नए नए प्रयोग करके, अपने समाज से धन इकट्ठा किया।
उस धन को धनवानों से, मुकाबला करने में प्रयोग किया॥(४३)

बोले यह प्रयोग देशभर किया तो, बहुजन समाज जीतेगा।
और धनवान नोटों वाला, मनुवादी समाज हमेशा हारेगा॥(४४)

अगर आप नोटों वाले समाज की, जीत को रोकना चाहते हैं।
वोटों वाले अपने बहुजन समाज को, जिताना चाहते हैं॥(४५)

तो थोड़ा थोड़ा धन बहुजन से, इकट्ठा करना बड़ा जरुरी है।
और इसी धनबल के बलबूते, लाना इन्कलाब जरूरी है॥(४६)

एक नोट और एक वोट से, चन्दा देने की अपील किया।
अधिक नहीं लिया किसी से, धनवानों को निराश किया॥(४७)

उस जमा धन को कांसीराम ने, निजी खर्चों में नहीं लिया।
समाज से लिया समाज को दिया, ऐसा नया प्रयोग किया॥(४८`)

किन्तु कांसीराम बाद बसपा ने, सारे नियम बदल डाले।
धनवानों के ही धनवल से, उनको ही चुनाव लड़ा डाले॥(४८)

वह वोट लिया और खिसक गया, बसपा को धोखा देता है।
रोज़ नई पार्टी बदलकर, बहुजन का सौदा करता है॥(४८)

कभी बसपा कभी सपा, कभी भाजपा में भी जाता है।
जिसकी आती सत्ता देखे, उस सत्ता से जुड़ जाता है॥(४९)

बहुजन भी अब चेत रहा है, अब नया कलेवर पकड़ेगा।
या तो बसपा सुधर जाए, नहीं तो उसे सुधार देगा॥(५०)

मनुवाद किनारे करके, अब पिच्चासी का आधार बनाएं।
सत्ता ले बाबासाहब के, सपनों को साकार बनाएं॥(५१)

तो इन सारी चीजों से हमें, एक नया सबक सीखना होगा।
उस पर ही कार्क्रम चलाकर, मूवमेंट आगे बढ़ाना होगा॥(५२)

आज बहुजन समाज की, आवाज कहीं दब सी गयी है।
साम्प्रदायिक शक्तियों के आगे, गर्दन झुक सी गयी है॥(५३)

अब बहुजन समाज को पुनः, उसी भाँति संगठित होना होगा।
बाबा साहब तथा कांसीराम के, मिशन आगे लाना होगा॥(५४)

टुकड़ों में बिखरे नेताओं को, अब एक मंच पर आना है।
आपसी मतभेद भुलाकर, सबको साथ निभाना है॥(५५)

निजी स्वार्थों का करके त्याग, समाज भविष्य देखना होगा।
शोषित पीड़ित और दलित हित, फिर संघर्ष करना होगा॥(५६)

एक नया डॉ. अम्बेडकर और, कांसीराम पैदा करना होगा।
नई चेतना नई डगर पर, अब बहुजन को चलना होगा॥(५७)

तब ही सरकारी संस्थाए बचेंगी, रोज़गार पैदा होंगे।
आरक्षण का लाभ मिलेगा, आर्थिक पक्ष मज़बूत होंगे॥(५८)

तब बाबा का संबिधान बचेगा, लोकतंत्र की लाज रहेगी।
मनुवाद से मुक्ति मिलेगी, और विकास की बयार बहेगी॥(५९)

तब आओ अब हम यह प्राण लें, देश भक्ति ना छोड़ेंगे।
जो भी इसका विरोध करेगा, गर्दन उसकी तोड़ेंगे॥(६०)

कवि व लेखक का परिचय

नामः देवेन्द्र कुमार प्रभाकर

पिता का नामः स्व° बसुदेव सिंह

जन्म तिथि : 7 नवम्बर 1955

जन्म स्थान : जमालपुर माफी, अलीगढ़

शैक्षिक योगिताः डिप्लोमा इन सिविल इंजीनीयरिंग

बैचलर आफ सिविल इंजीनीयरिंग

उच्च शिक्षा संस्थानःअलीगढ़ मुस्लिम यूनिवेर्सिटी

पत्नी का नामः श्रीमती पूनम प्रभाकर

वर्तमान निवासः ४/१०५१, विकास नगर, सेक्टर-४, लखनऊ

प्रोफेशनल कार्य बिवरणः

- एक गरीब मजदूर (राजगीर) परिवार में जन्म के बाद उच्च शिक्षा लेकर निम्न महत्वपूर्ण कार्य, समाज सेवा व सहित्य सृजन किए

- भारत सरकार के कलकत्ता स्थित प्रथम भूमोगत मेट्रो रेल प्रोजेक्ट के मैदान स्टेशन के निर्माण में महत्वपूर्ण भूमिका तत्पश्चात दुर्गापुर (प॰ब॰) थर्मल पावर स्टेशन व ललितुर (उ॰प्र॰) बांध परियोजना का निर्माण
- विशाखापटनम स्टील प्लांट निर्माण के बाद
- 1984 से भारतीय अंतरिक्ष विभाग के PSLV प्रोजेक्ट त्रिवेनद्रुम व लखनऊ (उ॰प्र॰) के ईटीवी स्टुडेओ, इस्ट्रेक ग्राउंड स्टेशन तथा रेमोट सेन्सिंग एप्लिकेशन सेंटर का निर्माण
- कटक (उढ़ीसा) स्थित नेताजी सुभास चंद बॉस जन्म स्थान का पुनुरुद्धन व म्यूजियम बनाने का सम्पूर्ण कार्या।
- प्रभाकर उद्योग प्रा॰ लिमि॰के चेयरमेन व प्रबंध निदेशक रहते अनेक निर्माण

सामाजिक कार्य:-

- डा॰ अंबेडकर राष्ट्रीय एकता परिषद में प्रदेश अध्यक्ष का कार्य
- सर्व समाज हितकारी महासभा में सभापति का दायित्व
- अंबेडकर एकेडमी में सभापति का दायित्व
- सिद्धार्थ सहकारी श्रम संविदा समिति अलीगढ़ में सभापति का दायित्व
- सिद्धार्थ सहकारी आवास समिति लखनऊ में सचिव का दायित्व
- उ॰प्र॰ श्रम एवं निर्माण सकरी संघ लखनऊ में निदेशक का दायित्व

साहित्य सृजन:

- "भीम वेदना" हिन्दी साप्ताहिक लखनऊ के प्रधान संपादक १९९५ से २००५ तक
- "सामाजिक न्याय का प्रथम सोपान "आरक्षण" पुस्तक के रचनाकार (ISBN no 978-1649512796)
- "शोषित के भगवान डा° बी° आर° अंबेडकर" का गद्य/ पद्य पुस्तक के रचनाकार (ISBN no 978-1649513199)
- "कृष्णअनुषंधान अथवा भगवान से साक्षात्कार" का गद्य/ पद्य पुस्तक के रचनाकार (ISBN no 978-1649519060)
- "प्रभा प्रभाकर तरुणाई" कविता रूप पुस्तक के रचनाकार (ISBN no 978-1649832993)
- "बुद्ध शरण की राह में" का गद्य/ पद्य पुस्तक के रचनाकार (ISBN no 978-1649834188)
- "डा° बी° आर° अंबेडकर और भारत का संविधान" पुस्तक के रचनाकार (ISBN no 978-1636061610)
- "भारतीय समाज और जातिवाद" पुस्तक के रचनाकार (ISBN no 978-1636065595)
- "ब्रहामणवाद" पुस्तक के रचनाकार (ISBN no 978-1636330235)
- "कोरोना वाइरस और भारतीय समाज" पुस्तक के रचनाकार (ISBN no 978-1636334325)
- भय, भूख और भृष्टाचार" पुस्तक के रचनाकार (ISBN no 978-1637450130)
- "हिन्दू कोड बिल" पुस्तक के रचनाकार (ISBN no 978-1637450017)

- जातवाद पर करें प्रहार, शिक्षा, स्वस्थ्य और संस्कार" पुस्तक के रचनाकार (ISBN no 978-1637149607)
- "शूद्रों का राष्ट्र निर्माण में योगदान" पुस्तक के रचनाकार (ISBN no 978-1637813492)
- "शिक्षा संघ संघर्ष प्रबीण" पुस्तक के रचनाकार (ISBN no 978-1638503903)
- "पूंजीवाद" पुस्तक के रचनाकार (ISBN no 978-1637813485)
- "राष्ट्रीय लोकतान्त्रिक समाजवाद" पुस्तक के रचनाकार (ISBN no 978-1638378855)
- "लोकतन्त्र के तानाशाह" पुस्तक के रचनाकार (ISBN no 978-1638503910)
- "भारतीय किसान और ग्रामीण विकास" पुस्तक के रचनाकार (ISBN no 978-1638738435)
- “अंबेडकर दर्शन” पुस्तक के रचनाकार (ISBN no 9781639402991-)
- “आदि मानव, उद्भव और विस्तार” पुस्तक के रचनाकार (ISBN no 978- 1639405978)
- “बचपन एक भगवान का” पुस्तक के रचनाकार (ISBN no 978 - 1685094300)
- “परियोजना प्रबंधन” नामक तकनीकी पुस्तक के रचनाकार (ISBN no 978 - 1684875832)
- “भवन निर्माण” नामक तकनीकी पुस्तक के रचनाकार। (ISBN no 978 - 16875016)
- "निर्माण श्रमिक” नामक तथ्यपूर्ण पुस्तक के रचनाकार (ISBN no 978 - 1684878473)

- “निर्माण आंकलन” नमक तक्नीकी पुस्तक के रचनाकार (ISBN no 978 - 1684878871)
  - “शोषित का संकल्प” पुस्तक के रचनाकार (ISBN no 978 - 1684879168)
  - “आत्मनिर्भर” पुस्तक के रचनाकार (ISBN no 978 - 1684944736)
  - “शक्ति स्वरूपा” पुस्तक के रचनाकार (ISBN no 978 - 1684949571)
  - “बहुजन शक्ति स्वरूपा” पुस्तक के रचनाकार (ISBN no 979 - 8885034357)
  - “डॉ° अंबेडकर और उनका धम्म” पुस्तक के रचनाकार (ISBN no 979 - 8885039338)
  - “धर्म और उसका व्यापार” नामक पुस्तक के रचनाकार (ISBN no 979 - 8885215572)
  - “सत्ता की चाबी” ऐतिहासिक व राजनैतिक पुस्तक के रचनाकार (ISBN no 979 - 8885300018)
  - “चौकीदार” नामक खोजपूर्ण पुस्तक के रचनाकार (ISBN no 979 – 8885305570)
  - " प्रभा प्रभाकर जीवन तरंग" कविता रूप पुस्तक के रचनाकार (ISBN no 979 – 8885306683)
  - “योग, योगी और राजनीति” नामक पुस्तक के रचनाकार (ISBN no 979 – 8885308687)
  - “कन्यादान” नामक पुस्तक के रचनाकार (ISBN no 979 – 8885461719)
  - “कलयुग के कर्णधार” नामक पुस्तक के रचनाकार (ISBN no 979 – 8885464871)

- “पूना पैक्ट अर्थात राजनैतिक गुलामी का दस्तावेज़” नामक पुस्तक के रचनाकार (ISBN no 979 – 8885466264)
- “माटी का अध्यात्म और माया” नामक पुस्तक के रचनाकार (ISBN no 979 – 8885467902)
- “दलित स्वतन्त्रता का इतिहास” नामक पुस्तक के रचनाकार (ISBN no 979 – 8885551267)
- “राजनैतिक भृष्टाचार” नामक पुस्तक के रचनाकार (ISBN no 979 – 8885912297)
  “भीम चरित मानस भीमायाण” नामक खंड काव्य के रचनाकार (ISBN no 979 – 8886673432)
- “कांसीराम चरित मानस कांसीरामायाण” नामक खंड काव्य के रचनाकार

www.ingramcontent.com/pod-product-compliance
Lightning Source LLC
LaVergne TN
LVHW041015150826
845672LV00001B/92